国家出版基金项目
NATIONAL PUBLICATION FOUNDATION

西安明城志——中国历史城市文化基因系列丛书

街志

生活维度中的西安明城街道

U0330654

李昊 徐诗伟 贾杨 编著

中国城市出版社 中国建筑工业出版社

审图号：GS（2020）7009号

图书在版编目（CIP）数据

街志：生活维度中的西安明城街道 / 李昊，徐诗伟，贾杨编著．—北京：中国城市出版社，2020.12

（西安明城志：中国历史城市文化基因系列丛书）

ISBN 978-7-5074-3314-2

Ⅰ．①街… Ⅱ．①李… ②徐… ③贾… Ⅲ．①城市道路—城市史—西安 Ⅳ．①K924.11

中国版本图书馆CIP数据核字(2020)第242754号

《西安明城志——中国历史城市文化基因系列丛书》的第三辑《街志 生活维度中的西安明城街道》着眼于历史进程中的街道变迁，从关中地区的社会生活观念和人群性格特征入手，研究街道在不同发展阶段的空间属性与社会价值，提取代表性街道的形态图谱，探讨基于人本原则的当代街道空间内涵。

责任编辑：陈　桦　王　惠
责任校对：李美娜

西安明城志——中国历史城市文化基因系列丛书

街志　生活维度中的西安明城街道

李昊　徐诗伟　贾杨　编著

*

中国城市出版社、中国建筑工业出版社出版、发行（北京海淀三里河路9号）

各地新华书店、建筑书店经销

北京雅昌艺术印刷有限公司印刷

*

开本：880毫米×1230毫米　1/16　印张：24　字数：553千字

2020年12月第一版　2020年12月第一次印刷

定价：168.00元

ISBN 978 - 7 - 5074 - 3314 - 2

　　　（904306）

发现历史空间的谱系
呈现在地日常的丰饶

旧石器时代早期，蓝田猿人开始在蓝田县公王岭一带狩猎采集，距今约100万年。

新石器时代晚期，母系氏族聚落出现于浐河东岸半坡，距今约6500年。

公元前11世纪末，周文王在沣河西岸营建丰京，至今3000余年。

公元前202年，刘邦借秦二宫，营建汉长安城，至今2220年。

公元618年，唐王朝建都长安，续建隋大兴城，至今1400年。

公元904年，佑国军节度使韩建以唐皇城为基础改建长安城，至今1114年。

公元1378年，明洪武十一年西安府城扩城定型，至今640年。

公元1649年，清顺治六年拆毁明秦王府，修筑满城，至今369年。

公元1912年，陕西都督拆除满城西、南两面城墙，至今106年。

公元1952年，修建西安火车站广场拆除解放门城墙，首开豁口。

公元2004年，三个大跨度的拱桥式城门连接原解放门豁口，明城墙终于合拢。

经过漫长的生命进化，人类脱颖于动物世界，以主体自觉重新审视自然客体，开启"观乎天文，以察时变；观乎人文，以化成天下"的文化进程。从"逐水草而居"的渔猎游牧到"日出而作、日落而息"的农耕定居，从氏族部落到国家政权，人类文明的帷幕在生产力的推动下拉开。城市的出现是文明发展的重要标志，不仅成就了地球上最为独特的人类景观，更是人类文化基因的物质载体和深层结构。

关中平原地处北纬33°~34°，夹峙于陕北高原和秦岭山脉之间，山环河绕、地域宽阔、原隰相间、土地肥沃，优良的自然环境条件为聚落文明的萌发提供了厚实的土壤与养分，并直接作用于聚落的营建观念和空间形态。从原始社会的氏族村落、农业社会的大国都城、近现代的西北重镇到今天的国家中心城市，西安在世界聚落营建史上留下浓墨重彩，是研究中国城市历史发展的典型样本。西周、秦、西汉、新、绿林、赤眉、东汉献帝、西晋愍帝、前赵、前秦、后秦、西魏、北周、隋、唐、黄巢的大齐、李自成的大顺，先后有六个统一王朝、五个分裂时期政权、两位末代皇帝以及四个农民起义政权在此建都，代表中国古代文明标志性节点的周、秦、汉、唐位列其中。层积的历史与风土共同形成了独特的地域文

化图谱，在中华文明的宏大谱系中华光夺目。

西安明城区源于隋唐长安城皇城，明洪武年扩城形成了目前的格局，是保存至今最为完整的、规模最大的中国古代城垣。它真实记录了千年来的空间变迁和社会历程，历史与文化价值突出。本丛书以文化人类学为站点，分析明城区物质空间的特征、形态和发展；空间营建的理念和制度；社会生活的风土、性格和精神。思考传统与当下、空间与社会、设计与制度的内在关联与价值扬弃，探索当代中国城市品质提升和文化复兴的基点、路径和方向。

第一，探究文化基因的生成本底与演进机制——空间进程＋社会演变

首先，本丛书是对历史城市文化基因生成本底的整理与记述。以西安历史核心区——明城区为研究对象，分别从四大空间要素"墙""屋""街""形"入手，记述西安明城区的历史发展进程、空间形态演变和社会生活特征，由古及今、由表及里、由物及人、由形及场，进行历时性与共时性的全景文化展示。本丛书希望打破此类图书相对单一的空间与历史视角，在文化考察的基础上，融贯人类学视野和社会学方法，结合团队长期以来的基础性研究，呈现西安城市

空间的文化形态与社会变迁，记录生活其中的人的样态，探究中国历史城市的演进机制。

第二，挖掘文化基因的精神内核和构成体系——文化精髓＋营城智慧

其次，本丛书是对中国历史城市文化基因内在精神的探索与挖掘。通过对西安明城区历史进程和社会人文的深度解析，探索中华优秀传统文化和营城智慧，发现城市空间特质与文化内核。城市与人的活动相互关联，不同历史阶段的价值标准、审美风范与生活习惯映射在城市空间上，经过时间的浸润与沉淀，焕发出优雅的文化之光和地域风韵。本丛书探讨西安城市营建历程所映射的人地关系，不同历史时期的价值观念、生活方式与空间图式的深层关联，挖掘内在的人文属性和价值取向，探讨中国历史城市的场所精神。

第三，辨识文化基因的形态谱系和空间特质——语汇提取＋价值回归

最后，本丛书是对中国历史城市文化基因形态图示的提取与彰显。进入城市化后半程以来，城市发展方式已经由向外扩张转为存量提升，城市空间不只是社会活动的背景，直接参与生产与消费的全过程，文化建设与品质提升成为城市的

核心诉求。在全球化的网络体系中，城市的核心竞争力在于自身的独特性与不可替代性，城市发展首先来自对自身资源的评估与判断。对历史城市而言，其文化价值的挖掘与呈现必然是应对未来发展的核心和关键。本丛书探讨在继承优秀传统文化和营建经验的基础上，如何逐步改变和适应，构建当代城市的文化精神和价值内核。

丛书包括四册，分别从历史、地域、生活、场所四个维度展开。

第一辑：《墙志　历史进程中的西安明城城墙》，以城墙为线索，梳理西安城市发展的演进历程，记述明城城墙的前世今生与兴衰荣辱。

第二辑：《屋志　地域视野下的西安明城建筑》，从关中地区的聚落营建开始，整理西安明城各时期代表性建筑，辨析地域空间的生成机制与影响因素。

第三辑：《街志　生活维度中的西安明城街道》，以市井生活为主脉，研究西安明城街道空间，探讨街道场所的空间属性和生活价值。

第四辑：《形志　场所精神下的西安明城形态》，从人类学的整体关切入手，提取西安明城文化基因，明确历史城市的层积特质和活态属性。

街道在日常生活中的角色与发展

关中地处草原文明和农耕文明的交汇地带，在历史进程中形成了独特的地方风土。无论是早期的大国之都，还是中后期的地方重镇，族群之间在血缘基因、行为习惯、文化观念等方面的竞争与融合从未停止过。在地民众的社会生活影响城市空间塑造，持续生长的城市空间承载社会生活开展，地域文化图谱在两者的相互作用中逐渐生成。

不同于源自"市"的西方城市，中国古代城市开始于防御职能的"城"。作为一个军事堡垒和统治中心，安全防卫是城市的核心职能，道路首当其任。一方面形成城市骨架，在空间格局上具有明显的秩序性，另一方面通过划分"卫君""守民"等空间单元以及不同等级的道路宽度体现封建社会的等级制度。从周王城开始，街道围绕中轴线展开，以严整的方格路网组织城市空间，彰显帝王的无上权威，隋唐长安城将其发挥到了极致。这一时期的街道是中国古代宗法礼制和集权社会的空间表征，映射统治阶级的空间秩序美学和军事管治职能。通过权利控制下的"符号象征"，借助严格的空间营造规范，在时空维度中持续传递"政治话语"。

从唐末"坊市制度"解体到宋"街市制度"建立，经济发展促进市井繁荣，传统城市管理模式开始调整，街道逐渐兴起。至明清时期，街坊演变为开放式条形街区，街道成为日常公共生活的主要场所。在政治失落与经济发展的裹挟中，西安从宏大严整的帝都格局转向亲切自由的人本尺度，交织连贯的商业网络带来了蓬勃丰富的城市生活，街道开始与人关联起来。

明清是西安城市建设史上"后都城时代"的转折时期，成为西北地区最重要的区域中心城市。以秦王府城和外城所组成的"回"字形大城建立明城原型，清代演变为以满城为中心的偏心重城结构。民国时期开始向现代城市转型，拆除满城恢复明城格局，兴建现代城市基础设施，城市风貌有所改观。

新中国成立后，国家工业化全面开启，为满足生产运输与商品流通需要，道路规划建设奉行机动车交通安全和效率至上原则，城市道路走向了工程技术化及标准化方向。特别是改革开放以来，城市化进程加剧，地方政府对城市形象的诉求与商业资本对土地价值的发现成为街道发展的主要动力。巨构建筑强势插入，建筑高度不断突破，原有的城市肌理逐渐破碎化，街巷体系被重新建构，城市文脉受到前所未有的冲击。由于过分强调城市的物质功能，忽略了城市中人与人的相互作用与交往，街道尺度与人的关系变得异常矛盾，导致城市街道单调乏味，活力缺失。

功能主义主导的城市规划与管理，工具理性被过度放大，街道蜕化为单一的交通空间。"以车为本"带来的城市问题引发人们的思考——"街道到底是谁的"？21世纪初，旨在为所有使用者建立安全、绿色、活力街道环境的"完整街道"概念试图回答这个问题。

街道作为城市基础设施和交通出行的重要载体，与人们的生活息息相关，既是城市公共活动的发生场所，又是人们获取城市印象、寄托城市情感的重要对象。每个城市都有其独特的街道网络结构形态，生长于特定的土壤，如同树根、枝干、叶脉一样层级分明、扩散生长，引导着城市空间结构的有序渐进发展。人们在街道网络形成的城市街道里生活、工作、游憩、交往。街道与两侧的各类建筑、绿化、设施、铺装共同构成各具特色的物质空间形态，并通过人们对街道空间的体验和感知而融入城市生活。可以说街道物质形态对一个城市的形象面貌和精神气质呈现起着至关重要的作用。

跨出明城墙的西安已加入千万人口的大都市行列，现代城市道路系统在城市发展中扮演重要角色，如何保持出行的高效便捷、关照慢行者和步行者的路权、延续既有城市街道空间的群体记忆、塑造高品质的街道生活场所是西安迈入国际化城市需要思考的关键问题。

编者

2020年10月

西　安　明　城　志

目　录

壹 市井 —— 关中道的民风民情

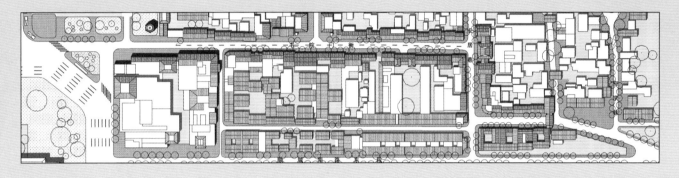

秦之俗，大抵尚气概，先勇力，忘生轻死。然本其初而论之，岐丰之地，文王用之以兴，"二南"之化，如彼其忠且厚也。秦人用之，未几而一变其俗，则悍然有招八州而朝同列之气。何哉？雍州土厚水深，其民厚重质直，无郑卫骄惰、浮靡之习。以善导之。则易于兴起，而笃于仁义；以勇驱之，则其强毅果敢之资，亦足以强兵力农而戍富强之业，非山东诸国所及也。

——[宋]朱熹《诗集传》

曹全堂：户县农民画《戏到山村》

"西安府其俗男耕女桑，先勇力尚气慨。"

——［明］张天复《广皇舆考》

1.1 秦风：
关中地区的社会价值观念

优渥的自然地理环境和丰厚的历史文化资源共同塑造着关中人的社会文化观念。关中平原形成于 360 万年前，夹峙于陕北高原与秦岭山脉之间，四季分明、气候温和、山水滋养、土地肥沃，适宜农耕生产活动。该地区在距今 100 万年左右就有早期猿人活动，在 5000 年前新石器时代出现了人类定居点。进入农业文明之后，"秦地半天下，兵敌四国，被山带河，四塞以为固"[①]的地理格局使其成为封建政权统治中心的首选之地，先后 13 个王朝在此建都。唐朝之后，随着国家中心向东南部地区的迁移，关中地区的社会文化逐渐转型，在历史进程中形成了安土乐天、形儒实道、内向正统、唯大是求的地方特征和生活观念。

① （西汉）刘向等《战国策·楚策一》

1.1.1 安土乐天、形儒实道

无论是早期的大国之都，还是中后期的地方郡府，绵延3000余年的农业社会观念汇聚成为关中人崇根敬本的信仰源泉。生于此地的生命个体无法脱离与祖宗血脉及历史文化基因的内在关联，"得天命"一族以自然之道为生存哲学。陈忠实先生在《白鹿原》中，通过名儒朱先生之口所发出的"究竟要折腾到何时为止"的天问，就代表了关中人"安息为本"和崇尚"不折腾"的心声。

关中地区的历史变迁直接作用于关中人的性格变化轨迹。五代以前的关中地区是国家政治文化中心，作为封建专制王朝的国都子民，受到都城政治文化的影响，关中人表现为儒法互补的文化特点。但是，两宋以后，随着地区政治地位与社会角色的转变，关中人在文化进程中形成形儒实道的性格特征，成了"甘其食、美其服、安其居、乐其俗"，"高下不相慕"[1]和"至乐活身"[2]的老庄之徒。在日常生活中则表现为关中人对政治兴亡的索然和疏离，以及对日常生活情趣的追求与享受。因此，当地方言中亦存有关中人以"咥活为乐"的描述。"咥活"并非特指某一具体娱乐活动，在关中语境中至少有四个方面含义。第一，也是人们最为熟悉的，关中人称吃饭为"咥饭"；第二，大意指交媾；第三，常指做些不一般的事情；第四，

---

① （战国）佚名《黄帝内经·素问》第一篇《上古天真论》

② （春秋）老子《道德经》

长安八景图（八屏）
来源：（清）法若真，1649 年

长安八景又称"关中八景"，是八处关中地区著名的文物风景胜地，即：华岳仙掌、骊山晚照、灞柳风雪、曲江流饮、雁塔晨钟、咸阳古渡、草堂烟雾、太白积雪。

也指"咥人"，即打架。无论哪种涵义，都是关中人乐享世间欢愉和尊严的重要内容。关中人将生活之乐放在首位，一碗燃面、一壶浓茶、一曲秦腔就可以安享终生，对名望、金钱、权力没有太多追求，逍遥于事外，安逸于世间。关中传统饮食业就充分反映了这一特征，本地人经营打理的店铺大多在上午开门待客，中午就关门歇业，店主自己拎个鸟笼去环城公园听秦腔、下象棋，不会为了赚更多钱而让自己太过辛苦。

但是，安土乐天的社会价值观念带有农耕文明封闭、保守的文化特质，在地区发展进程中局限性明显。因此，关中人日常劳作中的"启动摩擦力"往往很大，表现出凡事都懒得动弹，尤其懒得动脑筋的行事风格。仰仗关中得天独厚的气候和土地资源，习惯日出而作、日落而息、靠天吃饭的生活，在封闭的小社会中自给自足，怡然自得。就算因为天灾人祸为生计不得已出门谋发展，也不会选择远游，多数会选择就近城镇，"挤破头"做一些小本买卖或零工活路。

有人戏言关中人只要有面咥，有秦腔戏听，就"嘹得很，嫽得太"（方言，形容得意的样子），给个皇上也不想当。关中人给外地人的感受，就是比较懒散，不求上进。然而，现当代社会发展迅速、竞争激烈，关中人安土乐天的生活价值取向也面临诸多挑战。

1.1.2 公诚重德、唯大是求

"秦中自古帝王州"的辉煌过往让关中人的日常生活紧邻国家政治中心，培育了桑梓情怀、社稷意识、家国主义的文化取向和价值偏好。并在"公、诚、德"三大政治治理原则的贯彻中得以集中展现。①

"公"强调"大道之行，天下为公"②的社稷情怀，主要指赏罚公平、处事公正的政治原则。回顾历史，西周时代在此地所创造的礼乐文明和政治制度被孔子视为理想国的崇高典范。而后，秦扫除种种"异"相，建立"大一统"王朝，开创的制度文化奠定了其后两千余年中国古代社会价值观念的大体框架。汉承秦制，构建了一套体系完整的礼制规范，进一步强化中央集权，由此全社会的行为规范在汉代定制化。故而有言："秦者，古今之界也。自秦以前，朝野上下所行者，皆三代之制也。自秦以后，朝野上下所行者，皆非三代之制也"。③谭嗣同也曾言："两

千年之政，秦政也"④。

公以去私，用绝党争。在关中，"公"不仅仅是一种政治制度体现，伴随长久的文化侵染，其已然成为关中人发自骨髓的道德情操，一位又一位的关中先贤皆抱有凌云之志，在历史长河中不断用生命践行这一观点。因为胸怀天下，司马迁面对极刑而无怯色，直言"假令仆伏法受诛，若九牛亡一毛，与蝼蚁何以异？"在坚忍与屈辱中写出了"史家之绝唱，无韵之离骚"的史学名著《史记》。因为胸怀天下，有"关西孔子"之称的东汉名臣杨震才不徇私情说出了闻名天下的"四知之言"，留下暮夜却金的佳话。因为胸怀天下，被称为明朝"当世魏征"的王恕，才能"直言直行"，扶大厦于将倾，开创关学"别派"之"三原学派"，呼唤社会正义为己任，被人们赞叹为"两京十二部，唯有一王恕"⑤等。

"诚"强调的是对"爱国诚信"的信仰和坚守，由此构成了关中社会生活得以良性发展的文化和观念基础。从

①戴生岐《关中人地域性格之四大特点》　②（西汉）戴圣《礼记·礼运篇》　③（清）恽敬《三代因革论》

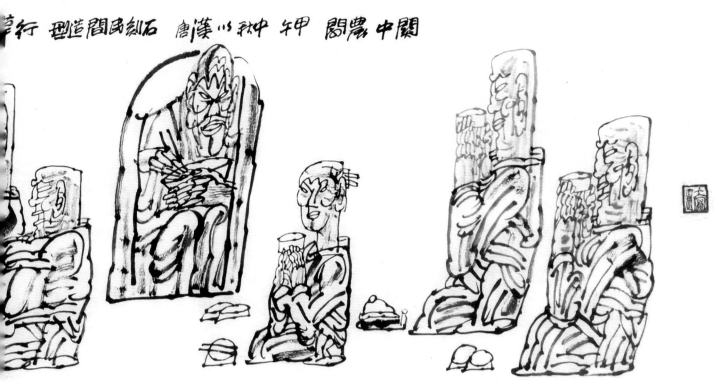

关中农闲
来源：杨晓阳作品，2014年

古至今，诚信的基因一直深植关中人血液，诚实守信的事迹在关中大地上比比皆是。近年来最为世人所知的莫过于2003年眉县杨家村村民王宁贤等5人在农田作业时发现、保护西周的单五父壶等一大批精品文物并及时上缴国家的义举。他们的这一事迹把关中人"爱国诚信"的美德诠释得淋漓尽致。

"德"更多的则是强调关中人所固有的桑梓情怀和家园精神。出土于关中的国家一级文物西周青铜器"何尊"上"宅兹中国"就是"中国"一词最早的文字记载。此外，我国早期的社区教育典范亦形成于明清之际的关中蓝田。吕大忠兄弟所作《吕氏乡约》是我国最早的成文乡约，把建立一个道德领先、民风淳厚、关系和谐、秩序稳定的乡村社会的方方面面都包括在内，构成了乡土社会秩序建设的全面纲领。其中"德业相劝，过失相规，礼俗相交，患难相恤"等条目朗朗上口，易记好学，极大地提升了关中基层社区居民的文明程度，终使"关中风俗为之一变"⑥。

传统农业宗法社会造就了关中人内向正统的社会价值观念，但若从人口因素考量，我们却能发现关中人唯大是求的另一面。早先秦代商鞅变法的"政策推进"孕育了关中人习武公战、大气刚正的人格气象。而后魏晋南北朝时期，西北少数民族大量迁入，将勇毅剽悍的民风引入融合。时至今日，千百年来的共居通婚和磨合杂处，终而造就了自信豪迈的生猛气象。针对这一社会景象，关中东部流传的民谣中戏称道："刁蒲城，野渭南，不讲理的大荔县，土匪出在二华县（华阴华县），胡搅蛮缠属长安，杀人放火在潼关"。

纵览历史，关中人在社会互动上不傍不倚、卓自特立的侠士风范亦历历可寻。他们中往往不乏不拘小节者，其身上以小济大、以柔济刚的忧患意识和"危言危行"、殷忧淑世的家国情怀是一个民族的精神和行为的真实写照。无论是辛亥革命的首应，还是西安事变为民兵谏的杨虎城将军，为国家民族之大义，关中人往往义无反顾，死而后已。

④ 谭嗣同《仁学》

⑤（清）张廷玉等《明史·卷一百八十二·列传第七十》

⑥（明末清初）黄宗羲《宋元学案·吕范诸儒学案》

苗春生、胡振波．关中民俗场景泥塑

"与陕西人接触我有一种明显的踏实感，陕西人是那样的纯朴直率，古道热肠，这里的人与人交往最远离功利远离算计。"

—— 余秋雨

1.2 秦人：关中地区的人群性格特征

一方水土养一方人，秦地风土孕育秦人性格。关中地区所处自然地理环境和历史发展进程塑造关中人质朴温厚、爽直豪迈的性格特征。关中地处草原文明和农耕文明的交汇地带，历史上游牧民族与农耕民族的冲突与融合、胡汉族群的通婚与磨合，对于关中人的心理结构和身体体格影响明显，深受"胡气"浸淫的关中人，表现为结实刚毅、豪迈自信。

周礼、秦统、汉制、唐盛为此地留下了丰硕的文化给养，"九天阊阖，万国衣冠"[1]的盛世华章成就关中"俯瞰天下"的气势，让关中人在性格深处多了一份傲娇、一份任性。尽管五代之后偏于西北一隅，"陋室空堂，当年笏满床；衰草枯杨，曾为歌舞场"[2]，也无法改变关中人"天选之民"的自我崇拜。优渥的自然环境、多元的族群交融、丰厚的历史文化形成关中人窝棠闲逸、文艺多思、生冷硬倔、亲疏有别的性格特征。

---

① （唐）王维《和贾舍人早朝大明宫之作》

② （清）曹雪芹《好了歌注》

本页图：关中八大怪

由于气候、经济、文化等的影响，关中地区在衣、食、住、行、乐等方面形成了独具一格的方式，沿袭历史民俗演化成了生动有趣的"八大怪"。

右页图：户县农民画《关中皮影》
来源：张春义作品

户县农民画源于关中地区的剪纸、壁画、年画、刺绣等民间艺术，以朴实的绘画语言，详尽而生动地记录了农村生产劳动的壮观场面、热烈活泼的节庆场景和绚丽多彩的民风民俗。

1.2.1 窝棐闲逸、文艺多思

"关中自汧、雍以东至河、华，膏壤沃野千里，自虞夏之贡以为上田，而公刘适邠，大王、王季在岐，文王作丰，武王治镐，故其民犹有先王之遗风，好稼穑，殖五谷……"关中历来风调雨顺，适宜人居，《史记·货殖列传》对此地理特点、历史地位、早期经营及至西汉初期的尚农遗风均有所记载。可见，这里是农业、手工业发达，人口密集的富庶之地，古称"天府之国"。因而形成了前文所述"安土乐天"的价值观念。加上儒家"矜而不争"、道家"知足不辱"和法家艰苦朴素等多重文化熏陶，关中人形成了"窝棐闲逸"的群体性格特征。

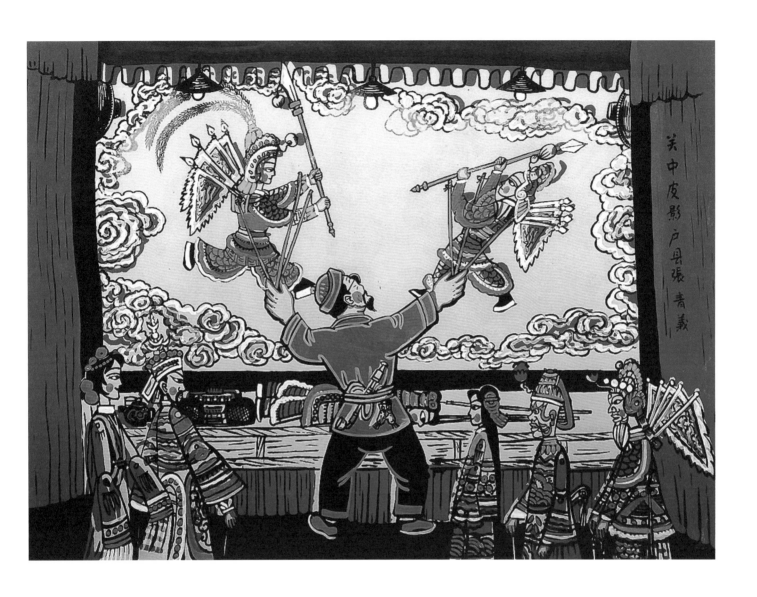

关中皮影 户县 张 青 义

　　"窝荦"是陕西方言，包含两个意思。"窝"主要形容待在某处不愿挪窝的安逸姿态。"荦"则指的是记录家谱的薄木片。合起来则非常形象地描绘了关中人躺在先人成就上"吃老本"的闲适淡然模样，"一天三顿面，有了辣椒不要菜"的日子就已然心满意足。"闲逸"不难理解，指关中人生活中充满了闲情逸致，对文化活动颇有兴趣和追求。关中的文化品好在衣食住行、婚丧嫁娶、节庆祭祀等民俗事项中都有所体现。如关中服饰文化受先秦文化影响形成独特的色彩偏好。因周尚火德，秦尚水德之故，于是喜庆热烈的红色和肃穆凝重的皂色成为关中服饰文化的

主色调。同时加之"天选之民"观念的影响，令黄色顺理成章成为备受推崇的服饰配色，过去关中老者就多喜系上一条黄腰带来彰显这一身份。

　　厚土多养，闲逸多情，自古以来关中地区在文学、绘画、书法方面就是富集之地。帝都吸纳饱学之士云集长安乃情理之中。近代以来，关中地区在文化艺术方面的成就依然令人刮目相看。其在后现代"小型叙事"的文化创造上尤为突出，如小说、诗歌、散文、书法、绘画、镌刻、雕塑、电影、建筑等，培育出了贾平凹，陈忠实、路遥、刘自椟、王西京、张艺谋等一大批极具天赋的人才。

本页图：关中皮影中的关中人

右页图：关中民俗场景泥塑
来源：苗春生、胡振波作品

"秦性强而地险，其政严，赏罚信，其人
不让，皆有斗心。"

——（战国）吴起《吴子·料敌》

1.2.2 生冷硬倔、亲疏有别

"南方才子北方将，关中文武排两行"是外地人对关中人的总体评价。
一方水土养一方人，南北方不同的自然环境条件影响人群性格的形成。西北
地区多黄土高坡，故其人忠厚朴鲁、性情刚猛。南方多水，得江山之秀，明
慧文巧，故人情宽缓和柔、多显轻浅。近代关中大家吴宓将关中人的群体气
质特点概括为"生、冷、硬、倔"四字。[①]

"生"和"冷"表达的是关中人给"外人"的第一印象往往是不好接近，
当地人常说的"宁给个好心，不给个好脸"大致表达的就是这层意思。发达
的农耕文明和久远的自然经济历史造就了关中地区超级稳定的"熟人社会"
结构和人际互动模式。所谓"白首如新，倾盖如故"，志趣相左则话不投机，
关中人在不熟悉的人面前总习惯流露出或冷傲或木讷的言谈姿态，给人留下
陌生、冷然如冰的表面印象。究其原因，或许是受"君子敏于行讷于言"古
训的影响太深，关中人更加注重修身养性和陶冶人格，以求冷静处世，善御
感情，朝着不以物喜，不以己悲，宠辱不惊之境不懈努力。

关中人信奉"非我族类，其心必异"的文化价值心态，对"外人"他们
习惯性报以"冷眼"，但对"自己人"则往往捧着一颗"热心"，呈现出一

① 徐杰舜《关中人的人文特征——西北
汉族族群研究之一》

种外"生"内"熟"的双重个性。[1]一旦了解了关中人这种亲疏有别和内外分明的人格特质，便不难理解他们的"生冷"更深层其实是一种内敛的生活态度。如果与你兴趣相投，真正推心置腹，那么关中人则通常会一改平日不喜形于色之态，变为风趣幽默、热情如火。中国足球赛事在西安的火爆场面就可见一斑，足球如同催化剂将关中人平时压抑着的狂野豪情瞬间点燃得滚烫沸腾一泄如注。

"硬"和"倔"多用以形容关中人性格中直率、火爆、凌厉的一面。关中人守农耕劳作，长于"天人合一"却拙于人际互动，遇事无需"妥协"哲学帮忙，过剩的资源孕育出了一种犟牛式的"愣头青"气质。平日随遇而安的关中人一旦真切遭受到不公待遇，若是一点委屈或许还能隐忍，但如果吃亏大了，被"欺人太甚"则难免猛然间地爆发，不留余地，"倔"起来九头牛也拉不回头。就像"秋菊打官司"一样，非争个是非曲直不可。

也许见惯了政治生活上的浮沉炎凉，关中人少有"巴结上进"的兴致。他们处事刚板硬正，宁折不弯，就像是一张黑白照片，中间色完全省略。这样的性格决定了关中人对人对事都有着非常自我的独特逻辑，将是非黑白置于首位，对于看不惯的事情不管别人能否接受，往往会选择最直接的方式当面指出。对于看不上的人，在工作中也通常选择处处针对不与之合作，绝不干那些桌面上握手，脚底下使绊子的恶心勾当。

关中人个性倔强、认真、不屈服，崇尚实干精神。生长在关中西部周原的周文王演周易，演出了天地万物变化之理，也演出了"天行健、君子以自强不息；地势坤，君子以厚德载物"[2]的地域精神。这种精神，影响和熏陶着一代又一代的关中人。细数历史上关中乡贤，可以发现明主忠臣贤子廉吏义士多，认贼作父、卖主求荣的汉奸小人少。推而广之，可以说，秦人直，这个直是正直；秦人义，这个义是正义；秦人有气势，这个气势是浩然之正气。正如关中著名作家陈忠实所言"这块土地滋养壮汉"……"历史上凡是能进入当时政权的关中人，祸国殃民的奸佞之徒几乎数不出来，一个个都是坚辞硬嘴不折不挠的大丈夫"。

---

① 戴生岐《生·蹭·愣·倔：关中人性格特色之家乡民俗学探讨》　　② （西周）姬昌《易经》

贰 礼序 —— 皇权之道

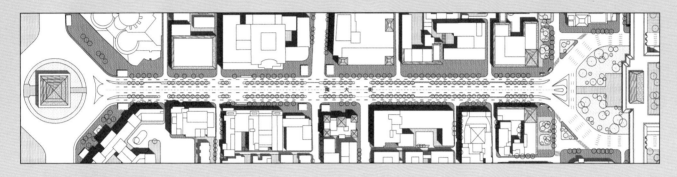

集百圣之大成，文理密察，累累乎如贯珠，井井乎如画棋局，曲而当，尽而不污，无复一毫之间，而人道备矣。人道备，
则足以周天下之理，而通天下之变。变通之理具在，周公之道盖至此而与天地同流，而忧其穷哉！

——[南宋] 陈亮《六经发题·周礼》

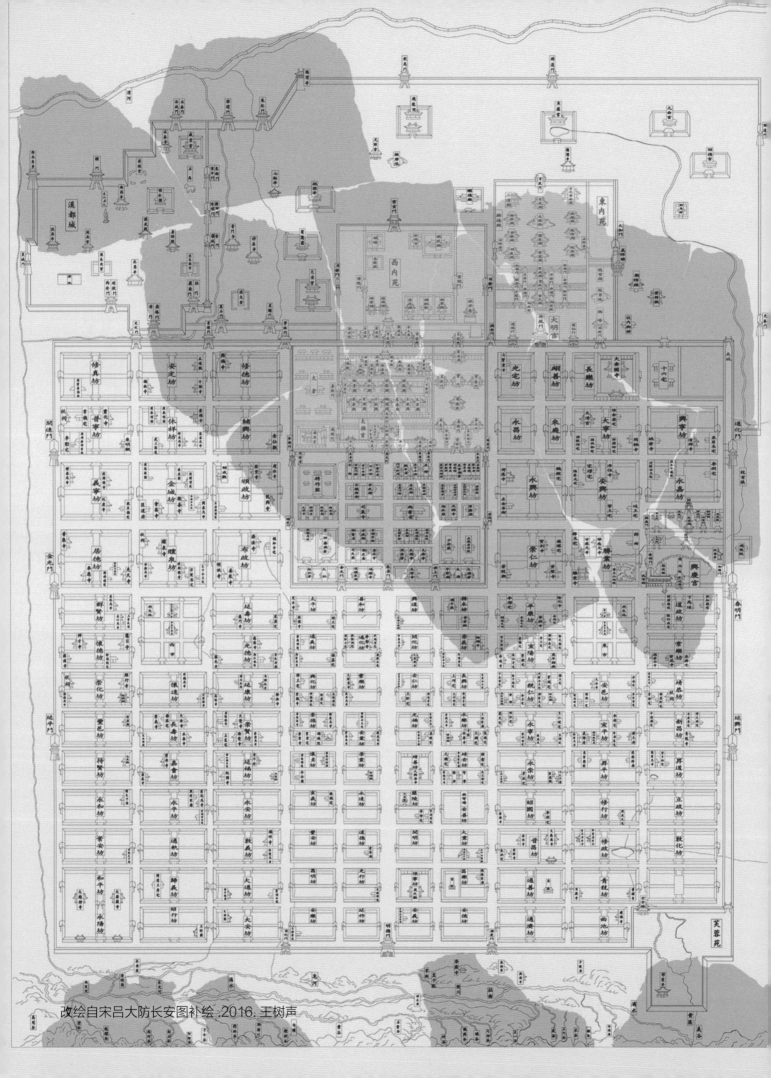

改绘自宋吕大防长安图补绘 .2016. 王树声

"南北皆一十三坊，象一年有闰。每坊皆开四门，有十字街四出趣门。皇城之南，东西四坊，以象四时。南北九坊，取则《周礼》九達之制。"

——［北宋］宋敏求《长安志》卷七

2.1 涂显：卫君筑城的骨架

不同于源自"市"的西方城市，中国古代城市开始于防御职能的"城"。《吴越春秋》云："筑城以卫君，造郭以守民"。作为一个军事堡垒和统治中心，安全防卫是城市的核心职能。道路形成城市骨架，在空间格局上具有明显的秩序性，映射封建社会的等级制度。从周王城开始，街道围绕中轴线展开，以严苛的方格路网为构架，组织城市空间，宣告帝王的无上权威，隋唐长安城更是将其发挥到极致。

这一时期的街道是中国古代宗法礼制和集权社会的空间体现，反映统治阶级的空间秩序美学和军事管治职能。通过权利控制下的"符号象征"，借助严格的空间营造规范，在广义的时空维度中持续传递"权力话语"。

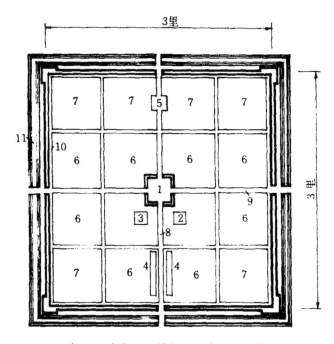

1– 宫；2– 宗庙；3– 社稷；4– 官署；5– 市；
6– 里；7– 廛；8– 经涂；9– 纬涂；10– 环涂；11– 城壕

周王城规划设想图

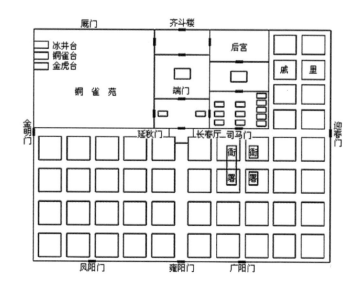

曹魏邺城规划图

2.1.1 井田格局：奴隶社会的空间经纬

进入奴隶制社会以后，自由散布的氏族聚落无法满足奴隶主保护私有财产和彰显个体权力的诉求，象征特权的城市工事开始出现，街道的作用是划分空间板块。经过夏商的发展，至西周周公营建雒邑王城，以礼制为基础的营国制度逐渐形成，其构建的王城空间体系充分表明了这一特征。

王城道路架构脱胎于农耕井田，采用井田阡陌式的经纬涂制。其他城市道路视都邑等级、交通流量和礼制营建制度而定。王城通过南北向的"经"和东西向的"纬"形成交通网格，顺城环绕的"环涂"将之串联，城郭外部为"野涂"。城内设九条"经涂"和九条"纬涂"，采用一道三涂之制，构成经纬大道各三条，这便是王城的主干道。除以中经中纬大道作为全城纵横轴线外，其他两条经道及两条纬道，依据九"分"要求，按井田方式将王城等分成面积相等的区块，为分区布局创造条件。各"分"内，其他次干道以主干道为准绳再作井田式布置，形成一个以经纬大道为主干的井田阡陌式王城道路网。

"涂"在构建整体空间秩序的基础上解决人行及货物运输需要，其特征等同于现代意义的"路"。随着奴隶社会生产力水平提升，城市中行政、司法、文化、宗教等管理功能扩容，城市功能逐渐多样，这一时期街道在功能上主要发挥交通串联的作用。

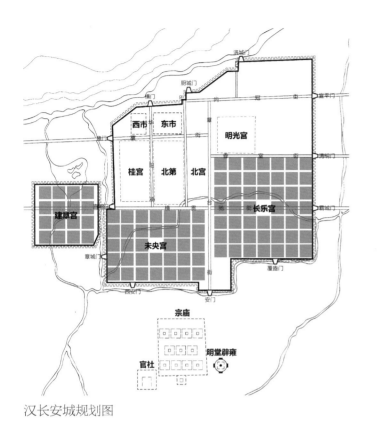

汉长安城规划图

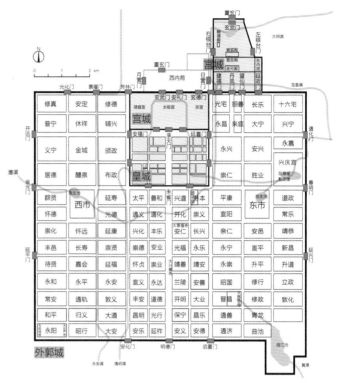

唐长安城规划图

2.1.2 坊市之制：封建社会的等级通道

春秋时期，各国自谋其政，社会经济有所发展，封建制度逐渐形成。城市整体布局仍沿用经纬涂制，但突破旧井田规划的约束，数量、分级和街道分布密度视实际交通要求而定，不完全迁就礼制，如《管子》所言"城廓不必中规矩，道路不必中准绳"①。

公元前221年，秦统一六国，实行中央集权封建制度，城市商业贸易活动增加，"市"的规模和面积不断加大。"坊市制度"逐步确立，隋唐长安城的东西市已臻成熟。其特点是坊市分离，实行严格的宵禁、启闭坊门及市场管理等制度。无论是规模有限的市场交易活动还是作为居民住宅

区的"坊"被严格地限制在里坊内部。封闭的坊墙阻隔了城市街道与两侧用地活动的横向联系，街道的公共性和活力完全处于管制之中。

城市依然以军事政治职能为核心，在区别街道等级的基础上，城市主要街道景观单调，两侧坊墙耸立，不允许向街开门，仅有达官贵族的府邸才可拥有特权，如《唐会要》记载："非三品以上及坊内三绝，不合辄向街开门。"②传统礼制制度和军事管控职能在隋唐长安城的规划设计中得以充分体现。

这一阶段的"街道"更多表现为"礼制性的通道"，主要服务于统治阶层，完全忽视了街道的公共生活属性，因而常被称为有"道"而无"街"。

①《管子·乘马第五·立国》　　②（北宋）王溥《唐会要·街巷》

天子架六遗址．洛阳天子架六博物馆

"匠人营国，方九里，旁三门。国中九经九纬，经涂九轨，左祖右社，面朝后市，市朝一夫……经涂九轨，环涂七轨，野涂五轨……环涂以为诸侯经涂，野涂以为都经涂。"

——《周礼·考工记》

2.2 初形：周秦汉道形制

《左传·襄公四年》引《虞人之箴》："茫茫禹迹，画为九州，经启九道。"这是由国家统一规划开通道路的早期记载。至商代晚期，古代中国已经建立了以商王畿为中心的交通大网络，武王克商正是利用了这一道路交通系统。周代是我国奴隶社会发展的成熟时期，建立了从总体格局到道路体系的整套营国建都制度。经历春秋巨变，秦统一六国，步入封建社会，"象天设都"，开创京城京畿有机结合的规划体例，并修建了以咸阳城为中心的全国水陆交通网络强化中央统治。汉代"览秦制，跨周法"[①]，营建"八街九陌"的长安"斗城"，城市道路系统逐渐成熟。

① （东汉）张衡《西京赋》

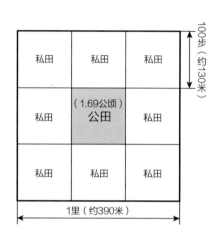

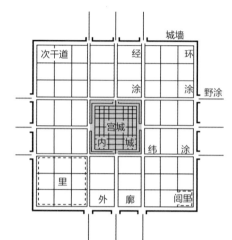

左图："井田制"中公田与私田
的位置图
右图：王城道路的等级划分

《孟子·滕文公上》记载"方里而井，
井九百亩，其中为公田。八家皆私百亩，
同养公田。公事毕，然后敢治私事。"

2.2.1 经纬涂制：制度规范的周城街道

> "欲近四旁，莫如中央，故王者必居天下之中，礼也。"
>
> ——《荀子·大略》

周初期，为巩固政权，大规模分封诸侯，逐级建立大小不一的诸侯国，并完善了以血缘关系为纽带的宗法制度。两者互为表里，紧密结合，在宗族贵族内部形成了森严的金字塔式等级制，天子、诸侯、卿大夫、士依序而列。各个等级之间既是大小宗关系，也是上下级关系。同时，为维护这种秩序，制定完整的礼制规范和典章制度。《周礼》六官分别从宫廷、民政、宗族、军事、刑罚、营造等方面进行约束，大至天下九州，天文历象，小至沟洫道路，草木虫鱼，将周代政治制度完整且准确地映射进人们的日常生活中。源自井田的周王城道路系统亦是礼制制度的产物。

1.井田形态

周朝的土地属于周王所有。正如《诗经·小雅·北山》所言："溥天之下，莫非王土；率土之滨，莫非王臣。"周王把土地分封给各诸侯，诸侯将受封的土地分赐给卿大夫，卿大夫再把土地分赐其子弟和臣属。周王对所有土地有予夺之权。土地通常被分为许多方块，形似"井"字，故曰"井田"。

"井田"一词最早见于《谷梁传》："古者三百步为里，名曰井田"，"井田者，九百亩，公田居一。"[①]"井田"作为一种土地制度，在周代之前已有出现，到西周时发展成熟。其反映在首都城市建设方面就是"九分其国，以为九分，九卿治之"[②]。"国"指周天子的王城。天子所居的宫城，位于整座城的中央，用以表现王者之尊。这样居中而立、九份等分的方式，体现在城市路网布局上，就形成了方格网的整体布局形态。

① （战国）谷梁赤《谷梁传·宣公十五年》　　② （战国）佚名《考工记·匠人营国》

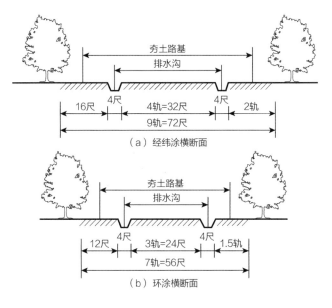

（a）经纬涂横断面

（b）环涂横断面

王城道路的断面形式

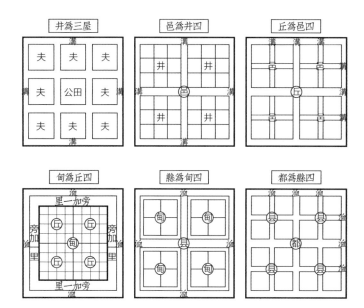

国之井划分方式

来源：改绘自徐光启《农政全书》中推测的井田制模式

《周礼·地官·小司徒》载："乃经土地而井牧其田野，屋三为井，四井为邑，四邑为丘，四丘为甸，四甸为县，四县为都，以任地事而令贡赋。"这对国之井划分方式进行了描述。

2. 等级特征

周都城以内称"国中"，距城百里之内称"郊"，"国"包括都城及四郊之地，"郊"以外称"野"。周代森严的等级不仅影响王城空间划分制度，也反映在国野的道路规划上。

《周礼·考工记》云"国中九经九纬……经涂九轨，环涂七轨，野涂五轨"，《周礼·遂人》云："凡治野：夫间有遂，遂上有径；十夫有沟，沟上有畛；百夫有洫，洫上有涂；千夫有浍，浍上有道；万夫有川，川上有路，以达于畿。""径容牛马，畛容大车，涂容乘车一轨，道容二轨，路容三轨。""经纬、环、野"的王畿道路网与"径、畛、涂、道、路"的田野道路网组成了等级明确、层次清晰的全国道路系统。

周代以"轨"表示道路宽度，轨数道路等级。轨是车轮的宽度，一轨古制 8 尺，周代的一尺是 0.231 米，如"经涂九轨"，九轨为 72 尺，即今 16.63 米。依此计算，"经纬涂"宽 16.63 米，"环涂"宽 12.94 米，连接各地区的"野涂"宽度达 9.24 米。田间五涂宽度：径约 0.9 米，畛约 1.4 米，涂约 2.0 米，道约 3.7 米，路约 5.5 米。

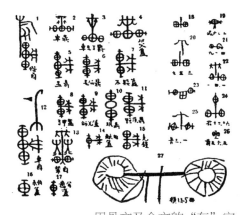

甲骨文及金文的"车"字

来源：蓝永蔚《春秋时期的步兵》

秦陵铜车马

出土自秦始皇陵西侧陪葬坑

秦铜车马是中国考古史上发现最早、体形最大、保存最完整的青铜车马，也是考古所见最大的组合型青铜器，可以使人们进一步了解古代车制和战车的系驾方式。

3. 护养管理

周代除了规定道路的总体格局与路幅宽度外，对道路的绿化种植、管理维护也十分重视。

在绿化种植方面，《周礼》载"国郊及野之道路"旁必种树。《诗经·小雅·采薇》："昔我往矣，杨柳依依。"《诗经·唐风·有杕之杜》："有杕之杜，生于道左。"又有"有杕之杜，生于道周。"《国语·周语》认为周代有"列树以表道"的制度，即通过在道旁植树显示道路所在，并可"以荫行旅"，为来往旅客遮蔽阳光。

在道路管理方面，周王朝设有野庐氏一职专门管理王畿内的道路。王畿之外的道路，则由诸侯国设"司空"一职自行管理。《周礼·秋官·野庐氏》中描述了野庐氏的职责："掌达国道路，至于四畿。比国郊及野之道路、宿息、井、树。若有宾客，则令守涂地之人聚柝之，有相翔者则诛之。凡道路之舟车擊互者，叙而行之。凡有节者及有爵者至，则为之辟。禁野之横行径逾者。凡国之大事，比修除道路者。掌凡道禁。邦之大师，则令扫道路，且以几禁行作不时者、不物者。" 主要通过掌管道路禁令、巡视检查道路、防控道路治安、扫除道路障碍等工作，使得国之道路畅达四境。此外，周代道路还有为路人提供食宿的便利。如《周礼·遗人》："凡国野之道，十里有庐，庐有饮食；三十里有宿，宿有路室，路室有委；五十里有市，市有侯馆，侯馆有积。"《国语·周语》也有"立鄙食以守路"的描述。

在秩序维护方面，《礼记·王制》中规定："道路，男子由右，妇人由左，车从中央。父之齿随行，兄之齿雁行，朋友不相逾。轻任并，重任分，斑白者不提挈。正人耆老不徒行，庶人耆老不徒食。"规定了不同性别、不同年龄的人在道路上的行走规则，以此维护交通秩序，制止逾越道路的行为。

2.2.2 道以连通：象天法地的秦城街道

"先作前殿阿房，东西五百步，南北五十丈，上可以坐万人，下可以建五丈旗。周驰为阁道，自殿下直抵南山。表南山之巅以为阙。为复道，自阿房渡渭，属之咸阳，以象天极阁道绝汉抵营室也。"

——《史记·秦始皇本纪》

秦在战国时期任用商鞅变法，"废井田""开阡陌""民得买卖"，土地私有逐渐取代了公有化，礼制宗法逐渐淡化。秦始皇统一六国后，车同轨，书同文，实行中央集权政体的郡县制。始皇帝崇尚天人合一的思想，突破了传统人为城池的约束和旧井田规划概念的桎梏，不追求形制上的规整，而是"象天法地"，随地因形来协调城市规划结构，在《考工记》"匠人营国"和《管子》"因地制宜"传统之外，开启了一个更为宏大的城市规划体例。

1. 布局特点

秦咸阳运用天体规划观念，"以则紫宫，象帝居。渭水贯都，以象天汉；横桥南渡，以法牵牛"[1]。在咸阳北塬上兴修"六国"宫殿，在渭河以南修建阿房、章台、兴乐、信宫及诸庙等，"东西八百里，南北四百里，离宫别馆，相望联属"[1]，形成一个连绵不绝的宫殿建筑群。以广阔京畿为背景，将城周二百里内二百七十座宫观相连，如众星拱极一般，深刻表现"天极"咸阳宫的核心地位和浩浩无垠的磅礴气势。

2. 道路特征

为了满足政治、军事需要，秦先后修建了驰道、直道、栈道等对外道路，形成了纵横交错的外部交通网络。同时，城内为了满足帝王安全往来于各宫殿间，修建复道、阁道、甬道等联系各高台宫殿。复道凌空而行，楼廊两重，人行来往互不相见；阁道类似楼阁，廊中开窗，可望行人；甬道外侧筑墙，极尽遮蔽，以令外人不见。这些道路可避免"数跸烦人"，不用动辄清道戒严，影响交通，对京都市区社会交通具有一定的积极意义。

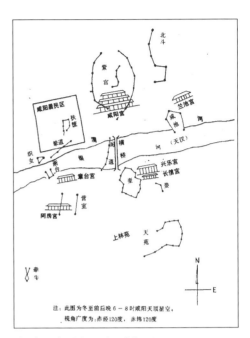

秦咸阳宫殿与星象对位图

"咸阳之旁二百里内，宫观二百七十，复道、甬道相连。"秦的阁道"自殿下直抵南山"，"规恢三百余里，离宫别馆，弥山跨谷，辇道相属，阁道通骊山八十余里"。

——《三辅黄图》

秦上林苑排水管道
来源：拍摄于西安博物院

①《三辅黄图》

汉代画像砖车马出行图拓片．出土于成都羊子山汉墓

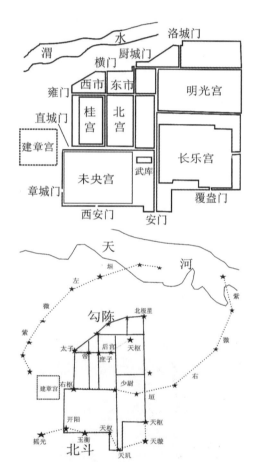

汉长安城与星象对比图

来源：从天文到人文——汉唐长安城规划思想
的演变

《汉书·天文志》云："斗为帝车，运于中央，
临制四海。分阴阳，建四时，均五行，移节度，
定诸纪，皆系于斗。"指出了汉代对北斗星象
的崇拜。

2.2.3 街衢交织：周法秦制的汉城街道

"於是量径轮，考广袤，经城洫，营郭郛，取殊裁於八都，岂启度於往旧。
乃览秦制，跨周法。"

——张衡《西京赋》

汉因借"秦之旧业""三关之固"定都关中。"汉承秦制"，汉王朝对秦的继承关系反映在社会的方方面面，在都城建设中更是得到了充分体现。"汉长安，秦咸阳也"，西汉长安城在秦咸阳渭河以南的兴乐宫的基础上进行修缮扩建，并逐步发展起来。至汉武帝时期，经济空前发达，开始大兴土木营建明光宫、桂宫和城外的建章宫与上林苑，并通过许多复道将各宫殿群连为一起，使得汉长安城成为当时与罗马齐名的国际大都会。同时，汉代尊崇儒家礼制，祖庙、宫殿、市场、道路参照《考工记》相关规定，西汉末年王莽建造明堂辟雍，形成都城完整的礼制建筑群。汉长安城先修宫殿再筑城垣，历时数朝发展完善，形成不规则的城墙边界，名曰"斗城"，成为中国古代都城史上一个不规则特例。汉长安城既熔铸了周秦之精神，又有自己的发展与独创，造就其宏大的规模和壮丽的形态。

1. 突破周法

汉长安城在城市布局中，参照了《周礼·考工记》的营城制度，又未完全被周法束缚。长安城周长 25700 米，城内总面积 36 万平方千米，周筑城墙。

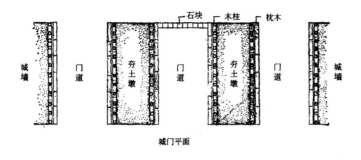

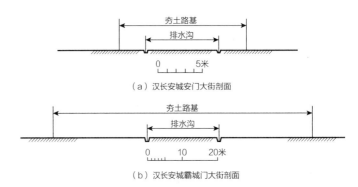

汉长安城门及街道构筑示意

其平面形制不规整，但基本上呈方形，且经纬相等；每面各开三个城门，共 12 个城门，体现了"旁三门"，每个城门各有三个门道，其宽度按车轨计算，各门道宽约 8 米左右；未"择中立宫"，未央宫位于城的西南部，未央宫北面是长安城的主要市场——东市和西市，宗庙和社稷分别位于未央宫的东南和西南，反映"前朝后市""左祖右社"的特点。

《西都赋》云："长安街衢洞达，闾阎且千，九市开场，货别隧分。人不得顾，车不得旋，阗城溢郭，旁流百廛。"城内有各种不同规格、用途的道路，与城门相连接的干道，如香室街、藁街、华阳街、城门街等；官署、宗庙区附近的重要街道，如尚冠街、夕阴街；沿城墙内侧修筑的环城道路；另外还有宫城之内、市场之内的道路等。

"长安城中八街九陌"[①]，城内道路规整，沿八个主要城门共有八条大街经纬交错、平整端直，在城内形成正交的道路网。其中最长的安门大街长 5400 米，最短的长 800 米。此外，安门大街宽约 55 米，其余诸街宽度均约 45 米。每条大街之上各有两条排水沟将其分为并行的三股道（即"一道三涂"），股道宽约 20 米，专供皇帝行走，一般吏民则走两侧宽 12 米的道路，街道两侧植有槐、榆、柏等景观树木。在长安城内侧，沿城垣有一周有环城道路，宽约 35 米，是守城卫兵专用道路。

2. 沿袭秦制

汉长安城对秦制的沿袭主要表现为两个方面。首先，在宏观区域规划层面，注重自然环境与现状条件，如班固《西都赋》所言"乃眷西顾，寔惟作京。于是晞（望）秦岭，峨（视）北阜，挟沣灞，据龙首"；在城市总体设计层面，参考了秦"天人合一"的思想，运用北斗星、南斗星和紫微垣等星宿的宇宙图案来规划长安城的城市形态，如《三辅黄图》记载"城南为南斗形，城北为北斗形，至今人呼京城为斗城是也"。

与秦咸阳相同，汉长安城内宫殿多为高大的台榭建筑，宫殿之间均有复道相连。《西都赋》中描述："辇路经营，修除（楼殿）飞阁，自未央（宫）而连桂宫，北弥明光（宫）而亘长乐（宫），凌墱道（阁道）而超西墉，掍（混合）建章（宫）而连外属"。各复道宛若长虹，"悬栋飞阁，不由径路"，成为汉长安城内特殊的空间交通系统。

①《三辅黄图》

长安西市图（局部），1982 谢振瓯

"先修宫城，以安帝居，次筑子城，以安百官，置台、省、寺、卫，不与民同居，又筑外郭京城一百一十坊两市，以处百姓。"

——［北宋］宋敏求《长安志》卷七

2.3 大成：隋唐街道格局

隋唐三百余年是中国古代历史最为辉煌壮丽的阶段，也是长安政治经济、对外贸易、文化往来空前繁盛的时期。隋文帝在龙首原新建大兴城，规划师宇文恺将龙首原六坡与《周易》六爻结合，利用地形制定规划，成就了一座规模宏大、格局端正、布局井然的古代大都市。

唐长安城是在隋代大兴城基础上建立起来的。"九天阊阖开宫殿，万国衣冠拜冕旒"[1]，城内百业兴旺、宫殿参差毗邻，最多时人口超过100万。从城池之尺度、规模，城内建筑，道路规划及宫殿布局等方面来看，属当时世界上最大的一座城池。唐长安奠定了亚洲东方城市的"标准"及样板，其形制对中国后世朝代，以及日本、朝鲜、越南和东南亚等城市产生了长久而深远的影响。城市道路格局充分体现了中国古代城市建设的理念，映射了中国古代城市的历史和文化。

①（唐）王维《和贾舍人早朝大明宫之作》

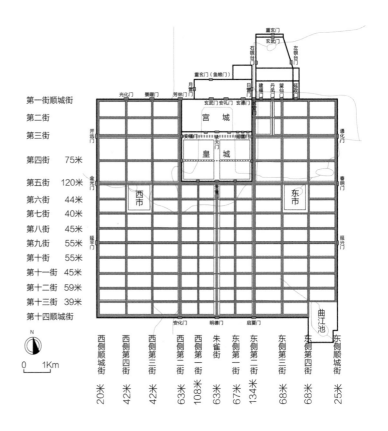

唐长安城平面布局与道路分级示意

唐长安，以隋大兴城为基础，是唐朝的首都、京师，也被称为"上京、天都、上都、天京"。城市总体上分为宫城、皇城和外郭城三个部分。外郭城以朱雀大街作为南北中轴线，东西各设一市，采取棋盘式对称布局，各街道纵横交错，排列整齐，将居民区划分成大小不等的里坊。

2.3.1 对称严整：隋唐长安城街道总体特征

隋唐长安城总结了曹魏邺城、北魏洛阳城等古代城市规划与建设的经验，将方整对称的布局发挥到极致。全城分为宫城、皇城与外郭城三个部分。先筑宫城，皇城次之，最后建外郭城。宫城与皇城位于外郭城北部正中，宫城之北则为规模宏大的皇家禁苑。全城东西长9721米，南北长8651米，面积约为84平方千米，平面布局方正规则。皇城内左右有祖庙及社稷，外郭城内有东西两市。城市东西南北大街，将全城分割成大小不等的里坊，"宫殿与民居不相参"，体现了严格的里坊制。

1. 中轴凸显

城市南北中轴线南起明德门，经皇城朱雀门、宫城承天门，通过太极殿，南北贯穿全城，总长约7.5千米。宫城承袭周制，三朝（外朝承天门、中朝太极殿、内朝两仪殿）五门（承天门、太极门、朱明门、两仪门、甘露门）均在此线上。皇城中祖、社、官府衙门等也均据此轴线对

称安排。外郭城之轴线是宫城中轴线之延伸，轴线上朱雀大街宽150米，是南北大街中最宽的一条，位居郭城中部，"*万年长安二县以此街为界，万年领街东五十四坊及东市，长安领街西五十四坊及西市。*"[1]长安城中轴线作为全城空间形态的主轴，城市政治中心、经济中心都与其相关，或居于其上，或以此对称，使都城空间呈现中轴对称的结构特点。

2. 棋盘方正

长安城博大而壮丽，12城门位置匀称，且东西、南北直对，外郭城内与城门相连的东西南北大街交错布局，将全城分割成大小不等的109个里坊。里坊均为横长方形，规则整齐，共同烘托皇城，以示帝王权威。整座城市的总体格局宛如棋盘，井井有条。正如白居易所说，"*百千家似围棋局，十二街如种菜畦*"。笔直宽阔的大街、规矩方正的棋盘型坊里布局，是唐长安城统一规划建设的结果，体现出大一统王朝都城的秩序性、规范性、节奏性之美，展示隋唐王朝的宏伟气魄。

① 《长安志图》卷三《唐皇城》

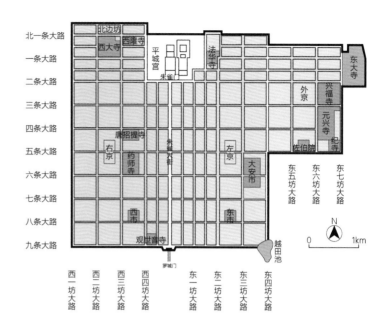

日本平城京(今日本奈良城)平面

平城京是日本奈良时代的京城,地处今奈良市西郊。平城京仿隋唐长安城建造而成。东西约4.2千米(32町),南北约4.7千米(36町),面积大约相当于长安城的四分之一。矩形城内,中央有宽85米的朱雀大街,将市区分为左右两京,不论东西南北,每隔4町就有大路相通,犹如棋盘一样。

2.3.2 威严有序:唐长安城皇城街道

皇城又名子城,位于宫城以南,是唐朝中央军政机构和宗庙社稷的所在地。据考古实测,皇城东西宽2820.3米,与宫城相同,南北长843.6米,呈规整的长方形布局。皇城仅东、西、南三面筑有城墙,无北墙,与宫城之间相隔有一道很宽的横街,划分了宫殿区与行政办公区。

1. 街道系统:三类街道

皇城采用轴线对称布局的空间划分方式,以承天门街作为南北向中轴线将宫城与外郭城相连接,从帝都皇权过渡至普通民众生活。皇城共有东西向大街7条、南北向大街5条。从空间分布和功能上来看,可分为三类。

横街:宫城承天门外有东西大街,称为横街,东出皇城延喜门,西出皇城安福门,南北宽三百步(合441米),今仅测得残存220米。它不仅是皇城中最宽的一条街道,还是整座长安城最宽的街道。由于其超常的长宽比,从某种意义上,它也是宫城与皇城之间的一片开阔广场。

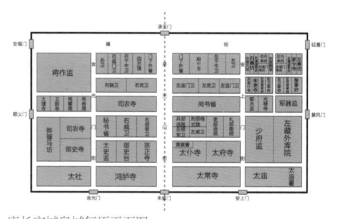

唐长安城皇城复原平面图
来源:改绘自《唐两京城坊考》

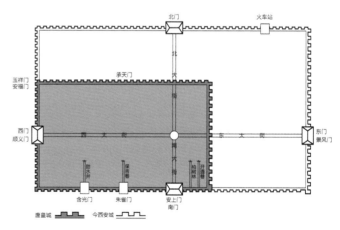

唐皇城与今西安城范围对比图
来源:改绘自《西安古城区街道形态演变研究》

唐皇城含光门遗址考古现场

来源：摄于西安唐皇城墙含光门遗址博物馆

"皇城东西五里一百一十五步，南北三里一百四十步。城中南北七街，东西五街，其间并列太省寺卫。宫城南门外有东西大街（南北三百步，东出皇城之延喜门，西出皇城之安福门）。承天门外，横街之南，有南北大街，曰承天门街（东西广百步，南出皇城之朱雀门）。"

——[宋]宋敏求《长安志·卷七·唐京城》

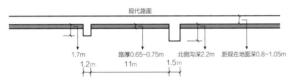

（a）太平坊东西横街

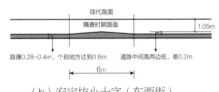

（b）安定坊小十字（东西街）

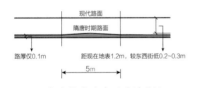

（c）安定坊小十字（南边街）

（d）安定坊大十字（东西街）

里坊街道与现代路面叠加图

来源：根据马得志《唐长安城安定坊发掘记》文字描述改绘

中轴线：横街之南有南北向大街，即连接宫城承天门与皇城朱雀门的大街，称为承天门大街，亦称天街，东西宽百步（合 147 米）。由于天街纵贯皇城，两旁槐树成荫，因此，百官衙署又有"槐衙"之称。

其余街道：包括除横街之外连接各城门及分割官署机构的 6 条东西横向街道和 4 条南北纵向街道。这些街道宽度均与承天门大街相同，为 147 米。其中第二横街、第五横街和嘉福门以南纵街受政府机构阻挡，未完全打通。

2.街道功能：衙署办公

皇城街道纵横交错，笔直齐整，街道围合成多个小区域，中央衙署与东宫官署布设其中。所谓"左宗庙，右社稷，百僚廨署列于其间。凡省六、寺九、台一、监四、卫十八。东宫官属凡府一、坊三、寺三、率府十"[1]。依照《周礼·考工记》中王城"左祖右社"之制，在皇城内东南隅布置太庙，西南隅布置社稷坛。此外，朱雀门作为皇城的正门，直通天街，被称为"长安第一门"，这里经常举办一些重大庆典活动。延喜门因北临宫城，皇帝也常在此门举行活动，如玄宗"御延喜门观灯纵乐，凡三日夜"[2]。

①（清）徐松 《唐两京城坊考》卷一　　②（后晋）刘昫等《旧唐书·睿宗本记》

莫高窟 85 窟华严经变莲花藏世界长安城里坊图局部 . 唐

2.3.3 井井有条：唐长安城郭城街道

隋唐长安城中的城市道路网主要由宫城、皇城、两市、各里坊的边界来界定。外郭城里坊制的空间布局使得城内形成棋盘式街道，奠定了城市的肌理结构。每个里坊单元均为横长方形，规则整齐。坊四面有高厚的坊墙，相邻坊墙之间便形成了城市的主要干道。坊里有严格的管理制度，坊在空间和社会管理方面都是独立的，相当于当代的街区概念。人们在街道上只能看到坊门与坊墙，街道空间较单一。里坊外遵循城市总体布局，道路井井有条，构成了城市的基本骨架，交通功能鲜明。

1. 道路系统：主次分明

长安城外郭城街道从当时的各类文学作品中可窥见一斑。例如根据《长安志》记载："郭中南北十四街，东西十一街"，《新唐书》《两京记》等将四条紧靠四面城墙的顺城街不计入，则南北向街道 12 条，东西向街道 9 条，

称为"九衢十二条"。在"九衢十二条"的基础上，外郭城内形成了三纵三横六条干道，称为"六街"。唐诗中咏长安，也屡屡出现"六街""九陌""九衢""十二街"等相关词语，如"浩浩看花晨，六街扬远尘""六街鼓歇行人绝，九衢茫茫空有月""十二街中春雪遍，马蹄今去入谁家"。

这些文学作品中的街道称谓描述了外郭城主干路网的特征，其中"六街"中的朱雀大街作为中轴线，属于第一等级干道，"六街"中的其余街道为第二级干道；其余不与城门相接，纵横贯通东南西北的街道为第三级干道；加之顺城街四者形成层次分明的四级城市道路系统。

2. 街道尺度：尺度宏大

经过发掘测量，探明朱雀门街南段宽 155 米，北段宽 150 米。朱雀门街东侧五街，自西往东，宽度依次为

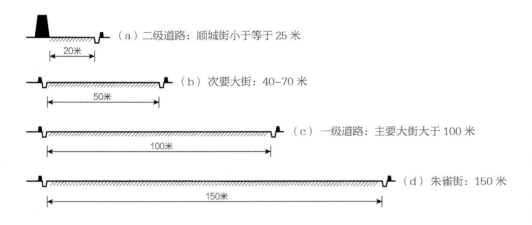

（a）二级道路：顺城街小于等于25米

20米

（b）次要大街：40~70米

50米

（c）一级道路：主要大街大于100米

100米

（d）朱雀街：150米

150米

唐长安城街道断面图

长安城道路两旁均有水沟，宽度均在2.5米以上，口宽底窄，两壁倾斜，呈梯形，深约2米以上。

67、134、68、68、25米；朱雀门街西侧五街，自东往西，其宽度依次为63、108、63、42、20米。东西的横街，从北向南各街的第三坊之南，也就是由第四横街起，其宽度依次75、120、44、40、45、55、55、45、59、39米，最南顺城街宽度则不超过25米。

可以发现"六街"除延兴门到延平门的横街为55米外，都超过100米；而"九衢十二条"中的次要街道均在40~70米。另外两市与里坊不同，其周围的街皆是城内各街的一段，却有其独特之处。经考古发掘，东西两市四面街宽都在120米左右。由此看出，长安城道路网络部署疏密得当，各等级道路宽度分级明显。另外道路宽度能够与城市经济结构、功能区分布等结合进行调整，在严谨的规整统一中又包含一定的灵活性。

3. 街道功能：交通为主

大尺度城市干道的形成既有政治上体现皇权统治和礼制上强调礼仪制度的原因，也有唐长安城高密度人口在城内通行、对外出行的交通需求。唐长安城主要街道宽度与两侧坊墙的高度相比，街廓比极大，空旷感较强。具有延伸性和开放性等特点，以及宣示皇权和安全警示等社会政治功能。这样的道路主要服务于交通，但也不局限于交通，它还是城市大型活动的场所，干道中除偶尔有皇帝出巡、郊祭以及人数庞大的仪仗队通行等国家礼仪活动外，也会开展祈雨、拔河比赛、杂戏表演等民间公共活动。

4. 道路绿化：花木遍植

长安城道路绿化良好，自然环境优美。条条大街宽阔笔直，给绿化种植提供了充裕的空间，纵横连通的水系为植物生长提供了充足的水源。《新唐书》记载："百姓歌之曰：长安大街，夹树杨槐。"《唐两京城坊考》载："宽广的承天门街（从承天门到朱雀门）两边槐树成荫。"长安城重要轴线两侧的行道树种以槐树为主，其他道路也可栽种杨树、桃树、李树、柳树和榆树等关中地区的乡土树种。唐诗中"园林树木无闲地""春城无处不飞花""满城春树雨蒙蒙""下视十二街，绿树间红尘"等均生动地描述了长安城内郁郁葱葱、绿荫蔽日的美丽景象。除此之外，唐政府还设有"虞部"，由虞部郎中负责城市道路绿化的管理和养护工作。

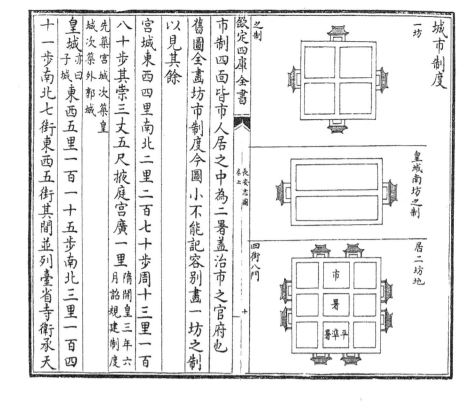

长安城城市制度
来源：《长安志图》

本图对长安城外郭城内的里坊形制进行详细描述，包括里坊规模、分布特征、内部格局等内容。

2.3.4 主次有别：唐长安城里坊街道

依据《长安志》中的记载及分析，可以将长安城内的坊按大小分为以下四类。各个坊内另有道路系统，其性质和宽度与城市道路有明显的区别。

第一类，沿城市南北中轴线两侧的，其尺度约为 520 米 ×520 米，属于最小的坊；

第二类，最小的坊东西两侧，其尺度约为 650 米 ×520 米；

第三类，650 米 ×520 米东西两侧大量的坊尺度达到 1000 米 ×520 米；

第四类，位于北部边缘区，其尺度约为 800 米 ×1100 米，属于最大的坊。

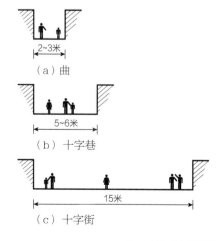

长安城里坊区划、格局及命名
来源：改绘自《古都西安》

1. 街道系统：三级体系

"皇城之东尽东郭，……，皇城之西尽西郭，……，每坊皆开四门，有十字街，四出趣门。皇城之南，……，每坊但开东西二门，中有横街而已。"[1] 里坊内部道路分为三个等级。第一级为一字街、十字街和沿墙街，第二级为十字巷（小十字街），第三级为曲。坊内十字街、十字巷统一规划，分布规整；曲作为通至各家各户的微径小蹊，自然形成，分布相对零乱（也有一说，为了编户和有序划定居民宅地地界，坊内之"曲"也有一定的规划）。有学者还提出"大小十字街"的假说：即在坊里的 4 个区内各自设置十字形小街，称其为"十字巷"；"十字街"和"十字巷"一起将全坊划分为 16 个区。

坊内街道剖面图

①《长安志图》卷三《唐皇城》

唐长安西市图 . [日本] 妹尾达彦
来源：《西市宝典》

2. 街道尺度：尺度宜人

各里坊内大多都开辟东西南北十字街，四面各开一门。只有皇城南 36 坊只开辟东西街和东西门，不开南北街和南北门，史言"不欲开北街泄气，以冲城阙"[1]。事实上，长安城南 36 坊面积本身就相对较小，居民人口也少，只开东西街已能满足需要，无须再开南北街。

十字街在怀德坊、新昌坊有发现，宽度为 15 米；十字巷在安定坊有发现，宽度为 5~6 米；曲根据曲内可以骑马的历史记载，其宽度约在 1.35~1.40 米，而依据车辙的考古推断其宽度为 2~3 米。根据剖面图可以看出，相对城市主要大街，坊内街道尺度适宜。

3. 街道功能：生活为主

里坊制度是唐长安城对城市生活进行组织管理的一种基本制度。唐令规定："五更三筹，顺天门（宫城正门）击鼓，听人行。昼漏尽，顺天门击四百槌讫，闭门后更击六百槌，坊门皆闭，禁人行。"城市生活由于宵禁制度而受到节制。坊里安排有官房、民舍、苑囿或宗教、祭祀场所。根据历史考据，长安城外郭城分布的王府 37 座，公主府 58 座；有寺观分布的坊为 93 个，占总里坊数的 85%；三品以上高级官员住宅分布在 79 个坊内；兴庆宫、芙蓉园点缀坊间。由此可以看出，里坊内部街道承载了城市除去商业之外大部分的日常生活。

①《长安志图》卷三《唐皇城》

2.3.5 区块有章：唐长安城两市街道

长安城里坊内不能设商业设施，服务于城内各个阶层居民的商业区集中设置在东市和西市。两市周边有夯土围墙，每面墙上设置2个大门，共8个大门，亦实行宵禁制度，并设有门吏专管。《唐会要·市》载："其市，当以午时击鼓二百下，而会大众，日入前七刻，击钲三百下，散。"东西市内的街道由于熙熙攘攘的商业往来，形成了各自的特色，构成了长安城的商业贸易中心。

西市遗址"南大街北侧的砖砌水沟"

来源：《西市宝典》

1. 街道系统：主街小巷

两市"南北居二坊之地"，有南北向和东西向的平等街道各两条，四街纵横交叉成"井"字形，将市内划分成9个长方形区域，每方四面均临街。其中东市南北长1000余米，东西宽924米，街道宽近30米；西市南北长1031米，东西宽927米，街道宽约16米。四条街道两侧均有排水沟，每个区域还有便于内部通行的小巷，在有的巷道下还有砖砌的暗排水道与大街两侧的水沟相连。四条主街和内部曲巷形成了东西市内部的道路系统。此外，据考古发现，西市围墙内有宽14米的顺墙小街，通往四周仓库，使得西市9个区域相互连通，便于贸易活动开展。

2. 街道功能：商业贸易

东西两市中心设有管理市场和物价的市署和平准署，四周各区遍布商铺，以"行""肆""店"等为单位将同类商品聚集起来。各店铺沿街毗邻，房屋规模不大，每间店铺面宽4~10米左右，进深只有3米多。东市由于周边里坊多居住皇室贵族和达官显贵，"市内货财二百二十行，四面立邸，四方珍奇，皆所积集……"。西市由于距离丝绸之路的起点开远门较近，周边多居住平民百姓，与东市相比较为繁华，是长安城主要的工商业区和经济活动中心，故有"金市"之誉。由于波斯、大食和中亚诸国的商人在此开店，也是一个国际化的贸易中心。如李白诗云"五陵年少金市东，银鞍白马度春风。落花踏尽游何处，笑入胡姬酒肆中。"

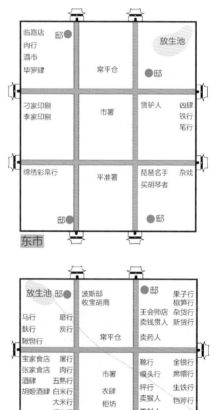

长安城东、西两市平面布局图

037

叁 里肆 —— 贸易之街

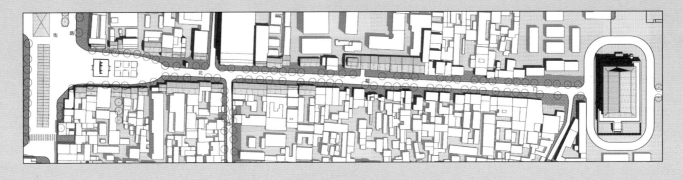

举目则青楼画阁，绣户珠帘，雕车竞驻于天街，宝马争驰于御路，金翠耀目，罗绮飘香。新声巧笑于柳陌花衢，按管调弦于茶坊酒肆。八荒争凑，万国咸通。集四海之珍奇，皆归市易，会寰区之异味，悉在疱厨。花光满路，何限春游，箫鼓喧空，几家夜宴。伎巧则惊人耳目，侈奢则长人精神。

—— [北宋] 孟元老《东京梦华录》

康熙南巡图（局部）. 清. 王翚、杨晋等. 藏于沈阳故宫博物院

"自大街至诸小巷，大小铺席连门俱是，即无空虚之屋，每日凌晨，两街巷门上行百市，买卖热闹。"

——（宋）吴自牧《梦粱录》

3.1 发展：
商品交换的需求

　　宋代的农业、手工业、商业和海外贸易发展迅速，城市规模扩张，大型城市纷纷涌现。城内商业活动不仅突破空间限制，在大街小巷、园林郊野中遍地开花，并且打破了时间限制，出现夜市和早市。如宋朝姜夔描写元宵节游御街的场景"元宵争看采莲船，宝马香车拾坠钿。风雨夜深人散尽，孤灯犹唤卖汤元"。

　　从"坊市制度"解体到"街市制度"建立，经历北宋的厢坊制、南宋的隅坊（巷）制，明清街坊逐步演变为开放式的条形街区，街道成为日常公共生活中心。经济发展促进市井繁荣，传统城市管理模式随之不断调整，街道体系进入稳定状态。偏离国家政治中心，成为西北军事重镇的西安也在发生变化。其商业活动虽不及中南部发达，摆脱了城墙束缚的西安街道也呈现新的生机。

3.1.1 开坊成街：经济推动下的空间变革

晚唐至宋初，藩镇割据，北方社会政局动荡，南方十国商业兴盛，完全取代北方，成为国家经济中心。繁荣的商品经济繁荣与封闭的里坊制冲突明显，在日益活跃的工商业活动终于冲破了坊市的局限，里坊内开店、侵街现象严重，夜禁制度日益松弛。由此，坊市分离逐步走向坊市融合。唐代宗时，人们就已经开始无视坊市的规定，如《唐会要》记载"诸坊市街曲有侵街打墙、接檐造舍等"。文宗时，有左右巡使卜奏长安坊门"或鼓未动即先开，或夜已深犹未闭"，武宗即位时，敕"京夜市，宜令禁断"，却未能奏效。晚唐时期也有许多坊内设置店铺和夜市的记录。

极富生活气息和繁华盛况的城市街道接连出现，这一进程在宋代中叶更为明显，街道逐渐成为城市生活的舞台。"市"开始由原先成片的集中模式转变为分散模式，市肆大举入坊，以夹街贸易与夜市最为典型。比如当时全国特大商业都会扬州，早已发展成为"十里长街市井连""夜市千灯照碧空"的繁华都市。

此时街道空间已然成为联系与疏导居民生活的重要媒介，显示着活动的类型与特征。不同的"街"，无论是城市经纬干道、居住坊间街道，或是坊内小巷胡同，都成为特定城市生活场景的标志，提供给人们不同方式与城市空间联系的手段。通过这一手段，不同身份、不同年龄、不同性别的人群，包括本地的、外地的市民、商人、官员等，都在城市里相遇聚集，使得街道呈现了混合多元的特征。

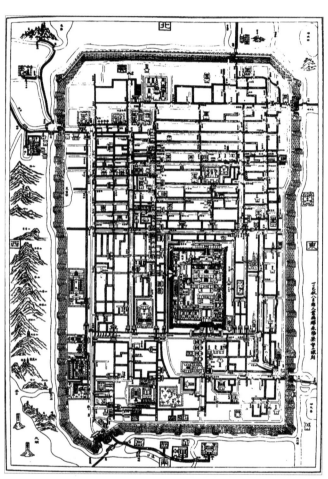

平江图

南宋绍定二年（1229）郡守李寿明主持刻绘，民国年间拓印，现藏于苏州博物馆。

尺寸：274cm×142cm

平江图为宋代平江（今苏州市）城市地图。该图采用了中国古代传统的平面与立面相结合的形象画法，刻绘了宋代平江城的平面轮廓和街巷布局，反映了古代南方城市河道与街道相伴而行的格局。

3.1.2 市井繁盛：商贸活动的聚集之地

市井，即商肆集中的地方。唐末出现了自由街道，政府开始允许百姓有控制地沿街搭建商铺，种植树木加以美化，市井文化逐渐兴起。到了宋朝，商业繁盛，市井文化空前发展，封闭的里坊制终于被新型的坊巷制所取代。所谓坊巷制，是以坊为名，按街巷分地段而规划的聚居制度。城市在相对自由的环境下，依据人口的分布情况形成了不同片区的商业街道，与居住区混合分布，服务人们日常生活需求。

从南宋时期的平江城图上可以看到，虽然里坊的坊名依然存在，但只是一种管理制度，其意义已经安全改变。坊名成为标列街道名称的装饰品，只在"巷"这一新型空间类型的门头上可以看到，或者是与巷组合在一起形成坊巷，作为这些街区的新名称。

这一时期，城市的主要街道网格基本按经纬涂制规划，但是道路宽度比之前的窄，如东京汴梁城中除了御街较宽外，其他较以往长安、洛阳尺度要窄很多；道路网密度比之前有所增加，普通街巷的间距很小，这与当时城市生产、生活方式的改变直接相关。

宋之后，我国城市大多延续了"坊巷制"的基本格局。从里坊制到街坊制的变化表明中国古代城市由内向封闭型向外向开放型转变，街坊内部功能逐渐增多，街巷空间日益丰富，城市风貌也由早期的单调生硬转向丰富热闹。街道的生活价值开始呈现，街巷空间系统和街市生活系统并置，成为中国城市空间的典型代表。街具公共性，巷则更具邻里生活特征。"如要闹去处，通晓不绝"形象地描绘了北宋都城开封的商街胜景；"乡校、家塾、舍馆、书会，每一里巷须一二所，弦诵之声，往往相闻"则贴切地表现出巷的生活气息。街巷作为中国传统城市重要的公共空间载体，成为功能多元的活动场所。如南宋临安的市井街巷、明代北京的胡同以及近代上海的里弄，承载着各自时代的历史与生活记忆。

上元灯彩图（局部）. 明 . 佚名

清明上河图（局部）．北宋．张择端．藏于北京故宫博物院

"新城……即今奉元路府治也。城之内外二重，四门，门各三重，今存者惟二重，内重其址尚在，东西又有小城二，以为长安、咸宁治所。"

——（元）李好文《长安志图》

3.2 转型：宋元街巷特征

唐末国势衰弱、战乱不断，昔日的繁华帝都在政治动荡中破坏殆尽，"长安自此遂丘墟矣"。后"许公韩建弃旧城，去郭城，因子城筑今京兆府"，长安城作为京兆府衙署，开始其府城之治。五代、宋、金、元，均以此为基础进行城市建设。在宋代商品经济发展的大浪潮之中，社会各领域发生了剧烈的变革，皇权至上的理念逐渐向世俗化、平民化、理性化的方向靠拢。严格的市坊分离制度不复存在，居住和商业多元混合，凡是向街的地方均可开设商铺，并据此形成"厢坊制"的行政区划制度。西安作为当时的西北军事要地，工商贸易亦有发展。在政治失落与经济发展裹挟的漩涡中，城市街道空间从宏大严整的总体序列转向亲切自由的人本尺度。交织连贯的商业格局带来了蓬勃丰富的城市生活，街道开始与人关联起来。

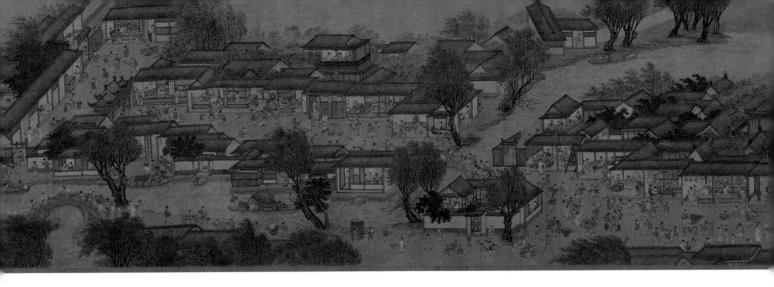

3.2.1 坊巷连通：宋元西安街巷总体特征

宋元时期，长安城一带的工商业曾保持着比较好的发展势头。如元代江休复《江邻几杂志》中记载："长安宝货行，搜奇物者必萃焉"；元代"凡人生必需之物，城中皆有，价值甚贱"①。商业的繁荣发展，非农业人口的增加，坊墙终于被彻底推翻，街道也不再是冰冷的"路"，转而成为城市生活的外部公共场所。在这里人与城市环境的关系更为密切，城市的各类设施与生活其中的人通过街道关联起来，街道的场所感得到强化，商业活动、社会活动、文化活动从此有了更广阔、更公共的外部空间。

《长安志》中对宋时京兆府四至情况的描述：东至东京（一千二百七十里），东至西京（八百五十里），东至华州（一百八十里），东南至商州（二百六十五里），南取库谷路至金州（六百八十里），西南至洋州（六百四十里），正西微北至凤翔府（三百一十里），西北至邠州（三百里），北至坊州（三百五十里），正东微北至同州（三百五十里），北至耀州（一百八十里），西北至乾州（一百六十里）。

——《长安志》卷一

1. 开坊连巷

宋代以来，城市虽然沿用"里坊制"的方格网道路，但是里坊单元不再是封闭内向的独立用地，坊内街巷或"曲"可以直通城市干道，成为城市中的道路，进一步连接各院落的出入口。城市街道系统由连接城门的主干道和连通后形成的次一级街道共同组成。里坊单元由于街巷与城市干道相通，使性质由内向封闭转变为外向开放。城中的各类功能交错分布，不再进行严格区分。充分的开放性，使得街道两侧出现了大量的"临街建筑"，如较宽的街道

北宋都城东京御街的场景："御街一直南去，过州桥，两边皆居民。街东车家炭、张家酒店，次则王楼山洞花包子、李家香铺、曹婆婆肉饼、李四分茶，至朱雀门。街西过桥即投西大街，谓之曲院街。街南遇仙正店……街北薛家分茶、羊饭、熟羊肉铺。向西去皆妓女馆舍，都人谓之院街。御廊西即鹿家包子，余皆羹店、分茶、酒店、香药铺、居民"。

——《宣德楼前省府宫宇》卷二

① 冯承钧译《马可波罗行记》

清明上河图绢本（局部）.明.仇英
现收藏于辽宁省博物馆

《清明上河图》将北宋都城东京繁忙的漕运、发达的街市、繁阜的
市井生活进行了详尽集中展示。

两侧多布置官署、书院、寺观、禅院等占地面积较大的公
共职能建筑，而较窄的街巷两侧多为城市普通居民的日常
居所和各类商铺。

2. 街市形成

　　宋元时期，沿街商业的出现促进街道两侧店铺之间的
空间对话和活动吸引，增加了市民日常交往的亲切感。街
道沿线商业店铺种类繁多，有酒楼、茶坊、瓦子、集市等，
逐渐成为市民日常生活中心，有些甚至成为开放的专业商
业街或商业街区。街市的兴盛，也使得商业和居住格局由
单一的"面"状分布变为"点""线""面"相结合的布
局方式。

　　"点"是商业中心，在城市核心交通点如主要街道十
字交叉口或者城门门口形成了"点"状结构，各类酒楼、
商铺、集市在此设置，形成商业街的高潮；"线"是沿街
开放性商业街，不同街道行业分布有所侧重，如草场街、
枣行街等；"面"是在局部密集的大小街市，或占地较大
有明确界线的区段，经营同类型的东西，如集中买卖的马
市、羊市、米市等。

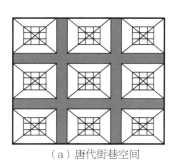

（a）唐代街巷空间　　　　（b）宋代街巷空间

唐宋街巷空间组织对比图

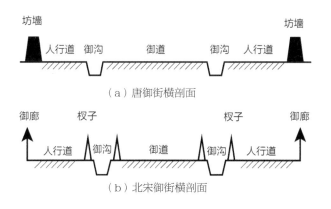

（a）唐御街横剖面

（b）北宋御街横剖面

唐御街与北宋御街横剖面对比图

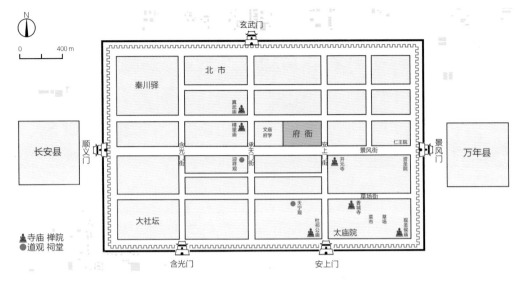

五代新城平面示意图
来源：改绘自《西安历史地图集》

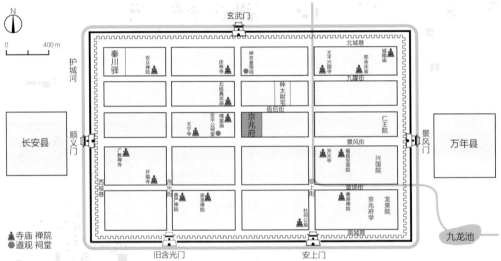

北宋京兆府城平面示意图
来源：改绘自《西安历史地图集》

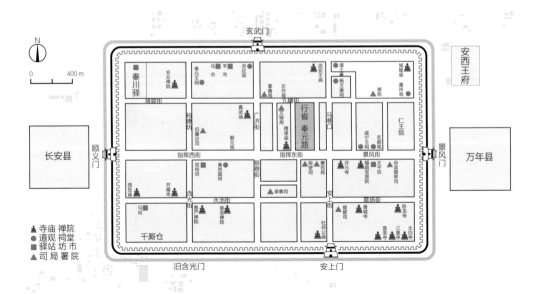

元奉元路城平面示意图
来源：改绘自《西安历史地图集》

宋京兆府城内主要街道一览表

街道走向	街道级别	街道位置及名称
东西向街道	主干道（中轴线）	城内东西向中轴线位置，是连接顺义门和景风门的街道
	主街道	东西向中轴线以北第一条街道，为庙后街
	主街道	东西向中轴线以北第二条街道，为九耀街
	主街道	东西向中轴线以南第一条街道，东段草场街，西段水池街
	次街道	府城西北街、府城北街等
南北向街道	主街道	城内南北向居中位置，为通往宣武门的街道
	主街道	宣武门街西侧，为通往含光门的街道
	主街道	宣武门街东侧，为通往安上门的街道
	次街道	府东街、府西街
沿城墙街道	次街道	沿东北城墙的北城巷（东西走向），沿东南城墙的南城巷（东西走向），沿西南城墙的西城巷（南北走向）

3.2.2 市井交错：宋元西安街巷格局演变

五代至元，城市范围均与韩建新城一致，街道布局也比较类似，横平竖直，以格网形式为主。《西安府志·建治》中谈到"唐永徽五年筑罗城……约其制谓之新城，宋金元皆因之。"城墙北、东、西侧各开一门，南侧开两门，共开五门，且南北城门不相通，故城市南北轴线逐步淡化，街道形态偏重均质化布局，总体街道格局主要依托城门位置以及城市生活。《咸宁县志》载："宋张礼游城南记出安上门。入新城。则宋城南面尚有二门，含光之闭当在宋后矣。"含光门封闭后，城市仅保留4个城门连通内外。

1. 五代新城

五代新城南北城门的非对称开设，以及东西两县（小城）的设置连通需求，使得城市发展方向摒弃了原有的南北序列，开始往东西向进行空间延展。顺义门和景风门之间的大街（此街东段称景风街，西段在宋金元时期称指挥街）贯穿全城，形成东西向的中轴线。承天门街（朱雀门街）、安上门街和含光门街这三条南北向的街道均沿用原唐长安

城皇城的旧街道。全城东西向街道无论从数量、连通度还是便利性上均优于南北向街道。城市政治中心——府衙、文化中心——府学均位于景风街以北，属于城市中心略偏东北位置，其四面街道均连通至城墙，与整个城市的交通联系最为便利。

2. 宋京兆府

宋京兆府城进一步强化城市东西向交通，在景风街、九耀街、衙后街、草场街四条主要东西向道路的基础上，临城墙东北和东南处设置北城巷和南城巷。南北走向除了延续五代时期主要的三条道路外，临城墙西南设置了西城巷。其中，与城门相连的为主要街道，其余为次一级街道。这些街道将城区规整地划分成若干个厢坊。宋京兆府衙位于五代新城府学的位置，而府学则向东南迁移，处于城之东南隅。据宋敏求《长安志》，宋时长安城另有"府东街""府西街"两条南北街和"府城西北街""府城北街"等东西街。

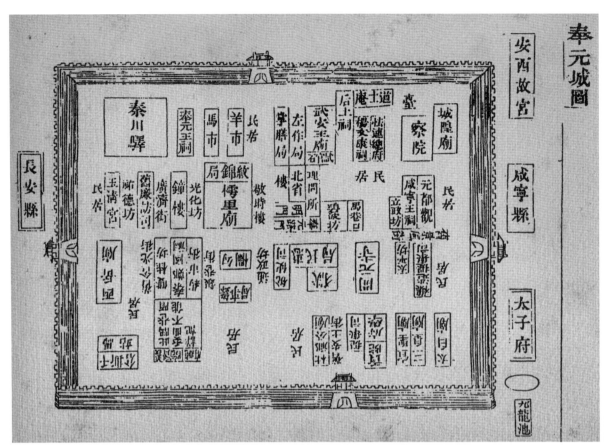

元奉元路城图
来源:《长安志图》

3. 金京兆府

《咸宁县志》所附《金京兆府城图》标出当时城内共分五厢:左第一厢、右第一厢,左第二厢、右第二厢,子城厢。在五厢分区而治的管理模式下,金京兆府街巷大多为南北、东西向,彼此呈鲜明的网络状交错,此外,还有"﹂"形的东南城巷。据《京兆府提学所帖碑》,金时长安城南北向有明确记载的街道计有16条,另有名不可考的街道3条;东西向街道14条。南北向街道重要性大于东西向街道。由于城市东南城区的发展,该区域人口分布最多,故街巷众多。据相关研究,长安城东南隅南北走向的巷道7条,包括铁炉巷、城墙火巷、太仓巷、北城巷、东南城巷南北段;另外两条南北巷道名不详。

4. 元奉元路

元时长安城谓之奉元路,府衙布局延续宋金时期,位于城市中心;文化类功能位于东南区域;北部城区主要为工商业聚集区,设有马市、牛市。由于含光门的封闭,城市仅有4门,故城市中最为顺畅的街道为由指挥西街、指挥东街、景风街相连接构成东西主轴线,以及玄武门以南至东西轴线的广济街、安上门以北至东西轴线的安上街,三者构成枝状空间模式。东西轴线以北、以南均有一条与之平行的东西向主街,各南北向街道与之交错连接,形成网络化的街道系统,围合成大小不一的长方形街区。城内沿指挥西街设有钟楼和敬时楼,北省之西亦建有一楼,便于形成城市的标志性建筑。

3.2.3 大街小巷：宋元西安街巷类别划分

从《京兆府提学所帖碑》中，可以探究金时长安城的街巷承载的路径类别。城中交通路线有多种称呼，其中主要有"街""巷""道"。同时，在此基础上，也有"官街""城巷""小巷""府学道""官道"等提法。这些称呼虽然不一致，但其存在相通之处，如街或指巷，官道亦或指街，彼此之间界限不明显。从帖碑中记载的许多居民所佃房基描述可窥一二。

1. 街与官街

《京兆府提学所帖碑》曰："枣行街解守全佃地一间半，东西阔一丈五尺，南北长一百七十尺"，"市北街王谨佃南壁舍二间，计一十四椽"，又有"官街"，如"也东菜市冯元仲于开士通处兑到马干元佃本街东壁地基，……东寺墙，西官街，南钟府推，北金"；"口院街张信佃本街南壁上舍二间，……南营墙，北官街。"上列"东菜市街""口院街"皆被称为"官街"，因此可知金长安城中街道大多属官府管制，隶属于地方政府。

2. 道与官道

根据碑帖"太仓巷李植佃西壁舍六椽，……东官西道南郑北王"。即是说李植所佃之地位于太仓巷之西，其西面又有一条"道"路。关于"官道"的称呼，帖碑中也有记载，如："李祯佃地东西阔二丈，长一百七十尺，东魏守清，西官道，南城巷官道，北府学。"又记府学道，如"张仪同宅勾当人张显佃南壁上地三间，位南北，长二百五十尺，……西府学道，南府学墙，北官街"。

3. 巷与城巷

城中有许多"巷"或"城巷"，如"王清于郝口仇李谨处兑佃到地基各一间。……东街，西刘，南旧市曹官巷，北刘。""铁炉巷龙修武兑曹立元，佃西壁地基，南北阔三丈，东西长五十尺"。"城巷"如"东南城巷吴枯于李顺处兑佃到地基三间"，"西城巷李进兑张士平元，佃地东西阔四丈五尺，南北长一百无十尺"。此外，另有城墙火巷和许多小巷。

金京兆府街道分布

东西街巷：
①属左第一厢的有：草场街，旁有府学、利用仓、开元寺、福昌宝塔院、香城寺、卧龙寺、宣圣街、旧时曹官巷；枣行街；口院街，旁有白云寺、兵营；口酒务街。
②属左第二厢的有：景风街，旁有开元寺、玄都观、资圣院九耀街，旁有太平兴国寺、郑余庆庙。
③属右第一厢的有：水池街、南巷、口子院街、南坡子街、台院街、西城巷。
④属于子城厢的有：正街，旁有京兆府衙、颁春厅（府衙在街北，衙内有莲池）。

南北街巷：
①属左第一厢的有：安上街，旁有竹林大王祠、杜岐公庙（杜岐公庙在安上门内街西）；银行街，左第一厢，旁有渠（银行街即元银巷街，渠在街东）；东菜市街，旁有寺（在街东）。
②属左第二厢的有：北城巷，左第二厢，旁有东城墙（此巷北通宫街）；章台街；太仓巷。
③属右第一厢的有：含光街，旁有开福寺；披庭街，旁有安众禅院、韦占德观（事占德观元时为玉清宫）；录务街；漆器市街。
④属于子城厢的有：光华门街，旁有官药局、观；通政坊街。

其他街道：
①城南镇街，东距城墙较近。
②东南城巷，跨左第一厢、左第二厢两厢。其旁有府学，北宋由城中心迁至东南。府学西临官道，南有南北向"府学道"通东南城巷。东南城巷旁有东城墙、渠及一些巷道。

姑苏繁华图（局部）清 徐扬 藏于辽宁省博物馆

"洪武初，都督濮英增修。周四十里，高三丈，门四，东曰长乐，西曰安定，南曰永宁，北曰安远，四隅角楼四，敌楼九十八座。"

——《陕西通志》

3.3 新构：明清街巷系统

明清时期是西安城市建设史上"后都城时代"的转折时期。从朱元璋改奉元路府为西安府，西安名称首次在历史上出现，并沿用至今。600年间，西安城在政治、军事、文化、经济多因素的叠加作用下，逐渐发展成为除北京、南京之外，西北地区最重要的区域中心城市，城市空间格局发生较为显著的变化。明初西安城扩建，藩王驻节府城，以秦王府城和大城所组成的"回"字形重城格局打破了五代以来依托长安、咸宁两县，城市布局分区不明晰的状况，实现了城市格局的规整化。清代西安城受政治、军事的影响，"因明秦府旧基筑八旗驻防城"，城市格局演变为以满城为中心的偏心重城结构。这一变化改变了城市功能区的分布、城市道路交通系统。总体来看，明清西安的街道形态为今日城市街道的形成和发展奠定了基础。

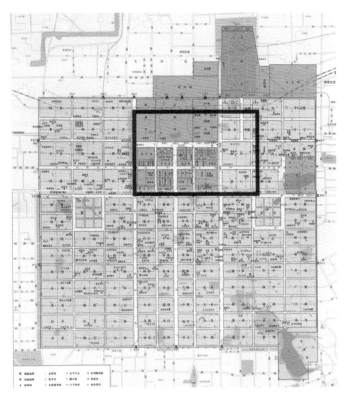

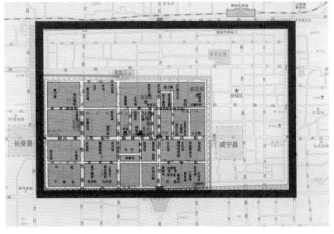

上图：明西安府城与唐长安城范围比对示意
下图：明西安府城与元奉元路范围比对示意

"陕西，山河四塞，昔称天府，西安为会城，地多驴马牛羊旃裘筋骨，自昔多贾。西入晚蜀，东走齐鲁，往来交易，莫不得其所欲。至今西北贾多秦人，然皆聚于祈、雍以东，至河、华沃野千里间，而三原为最。若汉中、西川、巩、凤，尤为孔道，至凉、庆、甘、宁之墟，丰草平野，沙韦萧条，昔为边地商利途，今称边成之绝塞矣。"

——[明]张瀚《松窗梦语》

3.3.1 十字偏心：明清西安街巷总体特征

明初扩建城垣，除西、南面仍依韩建时的新城位置外，北、东两面向外扩展约 1/4。即南城墙向东延长 1470 余米，西城墙向北延长 1800 余米，新筑东城墙和北城墙。原南城墙的安上门和西城墙的顺义门改名永宁门和安定门，东城墙和北城墙新开长乐门和安远门，使城墙四门重新形成大致对称的格局。明神宗万历十年（1582 年），将钟楼从西大街迁至今址，直对东、西、南、北四个城门，成为城市中心标志。崇祯末年（1644 年）又分别在四门外修建四个关厢，形成城关，初步奠定了明清西安的城市总体格局。"十"字形的四条大街承担城市重要的交通、商业功能，与城墙内侧环形马道相互连通，共同组成了"田"字形骨干架构。此外，城内分布不同职能的大街小巷，作为连接城市内部空间的经脉。西半部有西安府治、按察使司署、贡院、长安县署等，东半部有咸宁县署和秦王府。

1. 拓城筑界

《西安文物揽胜》一书中实际测量结果："西安城墙周长 13912 米，其中东城墙 2886 米，西城墙 2708 米，南城墙 4256 米，北城墙 4262 米。所包括面积包括城墙厚度在内为 11.5 方公里有奇。"[①]为东西长，南北短的长方形。城外有护城河环绕，宽约 20m，深约 10m。乾隆二十八年，中丞鄂公完固周城河，"共河长四千五百丈，旧深二丈，广八尺。"后毕公"以此濠与龙首永济二渠，实相资辅于三十九，议加开浚，加深四尺，面宽六丈，底宽三丈。"[②]此后，城池形制基本不改。明清城墙和城河的修筑，不仅具有防护守民之用，在空间上更是界定了明清城市市区的范围，对城市道路交通发展具有重要意义。

① 胡富民等《西安文物揽胜》 　　② 《咸宁县志》

2. 中心控制

　　明西安府城内修建了多个王府，其中秦王府面积最大，位于西安城东北区域，有城墙、城壕围绕，与外城形成了"城中城"的重城格局，确立了秦王府的政治中心地位。明初西安府城的扩建和城墙的大规模修建，以及秦王府建设，带来了城市布局的第一次重大变化，也初步构建了城市内部空间格局。

　　明中期，万历十年，钟楼迁至鼓楼以东，使其"岿然临于四隅之上"，成为城市中心的标志性建筑。同时钟楼设有四门，成为联系四门大街、沟通四座城门的枢纽，有力地控制着四条主干道的交通。四条大街贯穿钟楼，为城市此后路网的发展奠定了基础。钟楼位于四条大街的交汇处的"中心"规划手法，是明清时期中国北方城市的典型特征之一。

3. 四关拓展

　　明清西安府城道路街巷分级，而且街重于巷。西安城内"十"字形的四条大街承担交通职能，通达性较好，加之钟楼为交通的核心位置，人流量较大，因而也形成了当时的商业贸易中心，城市街道的商业功能增强。"十"字形的街道空间结构使全城被划分为四个区域，东南城区、西北城区、西南城区以及东北城区，城市功能的分区也随之形成，当时城内的街巷主要可分为居民区，商贸区，文教区，军事区，各分区内分布着众多不同职能的大街小巷。西安府一直沿用"坊巷制"，大量为居民进出本住区而设的巷道是连接城市内部空间的经脉，也是市民栖居往来的主要空间。这使得街坊内部功能增多，坊内街巷空间日渐丰富。此时，各街道的功能和街道生活内容不再单一，而是交通、生活、商业的复合叠加。

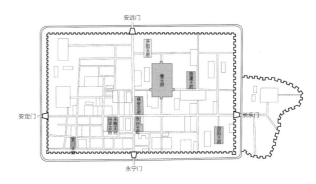

明西安府城内宗室府宅分布图
来源：朱士光，吴宏岐《古都西安——西安的历史变迁与发展》

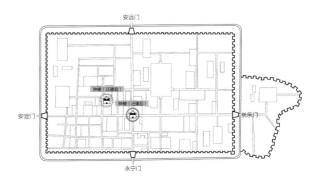

明西安府城内钟楼迁建示意图
来源：改绘自明万历三十九年《西安城图》

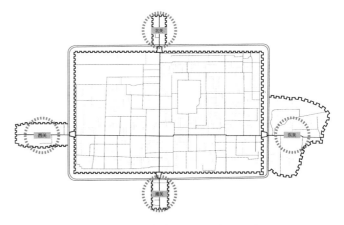

清西安府城四个关城分布图
来源：改绘自清光绪十九年《西安府城图》

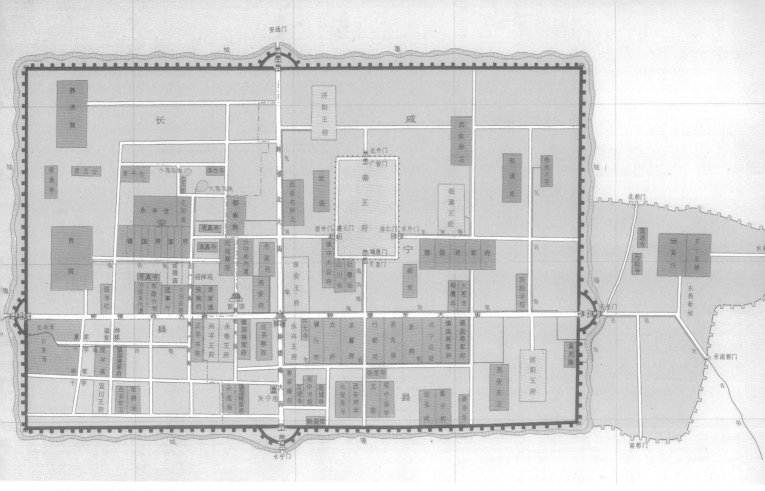

明西安府城平面示意图
来源：《西安历史地图集》

清末民初西安钟楼附近 . [瑞典] 喜仁龙 .1921 年

3.3.2 整体有序：明西安府城街巷格局

明初扩建西安城，形成当今世界上保存最完整、最大的城堡建筑，多个王府分布城中。鼓楼和钟楼作为城市报时和战时指挥中枢。四个城门连通形成城市主要道路，其余道路在其基础上进行延展扩散。

1. 街道网络

初期城市格局以位于城市西北部的明秦王府为中心，两城相套。时至明代中后期，钟楼由原西大街北广济街口向东移建于今址，形成了城内以钟楼为中心，东西南北四条主街道向外辐射的"正十字偏心结构"。十字正交的四条主街道，分别是西大街、南大街、北大街和东大街，由此全城被划分为四个区。城市功能分区随之形成，元代市

明清时期西安城内主要商业街区一览表

所属片状商业区名称	商业街名称	存续时代	经营范围	变迁概况
	案板街	清代	初级木材加工，出售案板等木制品	
东关新兴商业区	东关正街	明清	药材、山货集散地	
	东关南街	明清	药材集散地	
	鸡市拐	明清	家禽、粮食	
	东板坊	清末		清末商贩以木板搭棚，设点经营
南、北院门商业区	南、北广济街	明清	中药；清代中后期开设有数家钱庄及生产出售各种刀剪的铁货店	今南广济街在元代称药市街，属稳定性很强的传统商业街
	盐店街	清代	官营盐店	清同治四年(1865)始建
	炮房街	明清	纸炮作坊较多	明崇祯年间的名得名
	中牛市巷	清代	牲畜交易	
	北牛市巷	清代	牲畜交易	
	五味十字	明清	中药	元《长安志图》称药市街
南大街两侧商业区	粉巷	明清	加工销售面粉、粮食集散地	明末清初得名
	西羊市	清代	牛羊等牲畜	
	麻家什字	明清	回民特色小吃	元《丰元城图》为马市
	油店巷	清代	加工销售油类	
	东木头市	明清	制作销售木器家具与大小牌匾的作坊与商店	
	西木头市	明清	加工销售木器	
	印花布园	明清	染印花布作坊	
	骡马市	明清	牲畜交易	
	竹笆市	明清	制作销售竹器	
	东羊市	清代	牛羊等牲畜交易	
	大、小菜市	明清	蔬菜果品	
	糖坊街	明清	制糖业	
	大、小皮院	明清	皮具加工、制造与销售	
	面巷	清代	面粉	清顺治年间以此巷买卖面粉得名

容混杂的状况得以改变，这种空间格局对后来的西安城各功能区（如官署区、文教区、商业区等）的形成和发展具有深远影响。

2. 街区形态

明西安城除十字交叉的主干道外，其余道路已打破原来严整的方格网坊里格局。中轴线东侧的片区内由于集中式较多的王府和官署，街区结构较为规整且街区面积较大，最大的街区尺度为 700m×700m 左右；中轴线西侧的片区是市民生活区，街区形状、大小各异，呈现自由生长的肌理，最大的街区尺度为 700m×400m 左右，最小的街区尺度为 100m×150m 左右。街区功能多样，有的王府独占一个街区，有的是居住、商业或官署共存，街区更加开放，包容性更强。

3. 街道生活

明初西安城在元奉元城的基础上扩展之后，城内的传统商业区继承元奉元城内市场的基本布局，围绕西南隅、南大街两侧和西北隅的回民聚居区布设。城西的商业市场主要有回民区的羊市、西大街北侧的城隍庙市场及南、北院门周边的市场；城东则有南大街东侧的东、西木头市及东大街中段的菜市等。这些市场分布在人口密集，交通便利的地段。

明朝政府在陕西实行"食盐开中""茶马贸易"等一系列特殊经济政策，刺激了陕西特别是关中地区的商人在食盐贩运、边茶输送和南布北运等几个关系国计民生的大宗贸易商品领域异军突起。到明后期，西安城内出现了一些专门性的市场，如西安南大街东开元寺附近的骡马市，五味什子与南广济街的药店密集区等。

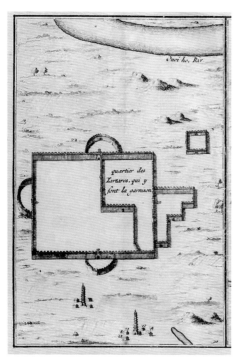

18世纪外国人绘制的西安城平面图
来源：Jakob van Schley，1755

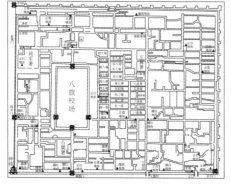

清代西安满城街巷与堆房分布图

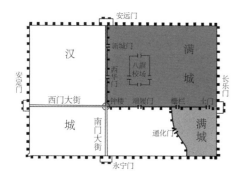

清代西安城市格局示意图

3.3.3 分区严控：清西安府城街巷格局

清沿用明代西安城，城垣范围与形制上基本一致，只对城区内部进行了部分改建，并多次重修增建城墙防御工程。顺治六年拆除了城内东北隅原明秦王府外城的城墙，并扩大其范围，改筑为满城，亦称驻防城，专供八旗驻防军和满人居住。雍正年间，原秦王府的建筑多被拆除，改为八旗教场。康熙二十二年因添驻汉军，于府城东南隅，傍满城之南，从马场子、东仓门筑墙直抵城南垣，称为南城。这样清西安城东北隅西至北大街，南到东大街全为满城所占；东南隅北连满城，西至马场子、东仓门为南城所占。

1. 街道网络

清西安府城以钟楼为中心，呈辐射状分布的东、南、西、北大街，连通各城门。满城面积约占原西安府城的四分之一，打破了原本城内中轴对称的格局，致使城区结构发生了较大变化。满城屯八旗驻防兵，南城驻防汉军，西安府城东部俨然成了军营。

清初始筑满城时开五门，即乾隆《西安府志》所载："东仍长乐，西南因钟楼，西北曰新城，南曰端礼，西曰西华。"后来又增设两个便门（栅栏和土门）。清代满城的形制大致可划分为两种类型，即棋盘格局和蜈蚣形格局。

《陕西省城图》文字部分注曰："满城则大街七，小巷九十四。"七条大街中东西街有六条，其中五条较长，自南而北分别是西华门大街、新城门大街、头条街、二条街、三条街，另外北都统街较短；南北街只有一条，即案板街。以上七街中，西华门大街、新城门大街和二条街都是东西横穿满城的大街，构成了满城的三条东西向主干道，其中西华门大街更是横穿八旗教场和八旗驻防地并且西出西华门可与今北院门一带的官署区相联系。

与满城相比，南城的街道布置就显得过于单调。以大差市向南的街道为中轴线（较偏西，准确说不算中轴），两边小巷东西排列，街东往南依次为头道巷、二道巷……九道巷；街西自北往南依次亦有头道巷、二道巷、三道巷、半截巷、小庙巷、回回巷和观音寺巷。这种布局颇似满城的蜈蚣形态，其形成乃旗兵营房的规整排列所致。

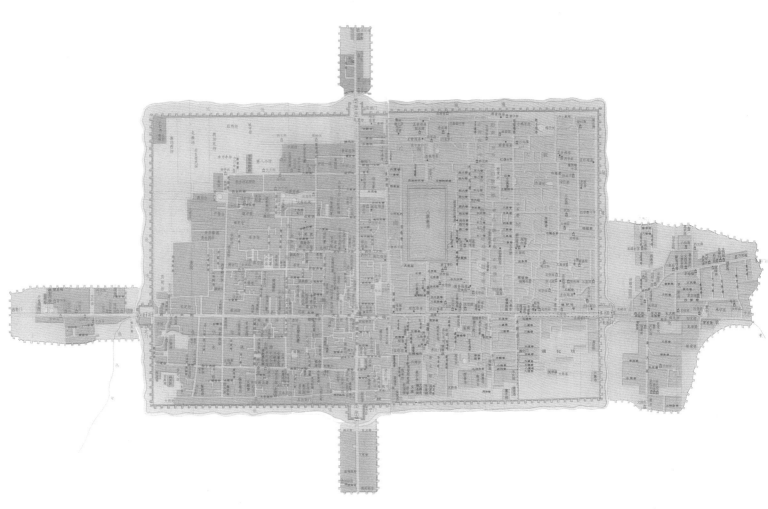

清西安府平面布局图
来源：《西安历史地图集》

2. 街区形态

　　除满城外，西北、西南、东南各片区基本沿袭了明城格局，街区形态变化不大。满城主要作为八旗士兵驻守地，街区尺度较大，五条东西向和三条南北向干道贯穿整个满城，并大多与城门相连，形成十几个街区，街区内被小巷分割，成为尺寸在30~60米的街坊，街坊尺度与营房大小和排列方式有一定的模数关系，形成粗放的大街区与小地块叠加的网络结构。

3. 街道生活

　　至清代，西安城商贸活动在周边地区商业城镇快速发展的大背景下更为昌盛，商业街市多达数十个，基本形成城西区南北院门周边商业区和城东区东关商业区"双核心"并立的格局，其中南北院门商业区的形成主要是历史、政治和地利条件等各种因素共同导致了该区域人口密集，适合商业发展。东关商业区的兴盛除地理条件因素外，满城和南城的修建也是最主要的原因。

从康熙《咸宁县志》的记载中即可看到清初街市的分布情况："城内有粮食市，今在四门牌楼；布市，即布店；大小菜市，满城内；糯米市，通政坊；面市，马巷坊；骡马市，跌水河西；羊市，县治东；猪市，粉巷；鸡鹅鸭市，鼓楼前；木头市、方板市，开元寺东；瓷器市、鞭子市、竹笆市，具在鼓楼前；草市，跌水河西；东郭有粮食市、果子市；南郭有青果市；店之在城者有梭布店、云布店、红店、纸店、壶瓶店、绸缎店、南京摊，具在鼓楼西；书店，鼓楼前；金店、椒盐摊，鼓楼前；在东关者有盐店、药材店、棉花店、糖果店、生姜店、过客店；在北关有锅店。"

——《咸宁县志》

肆 交通 —— 功能之路

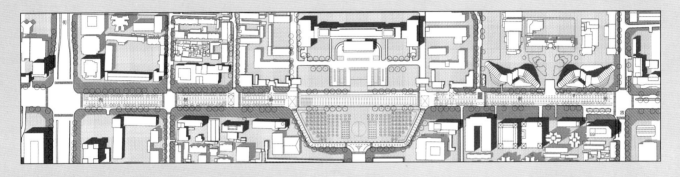

这是一个最好的时代，这是一个最坏的时代；这是一个智慧的年代，这是一个愚蠢的年代；这是一个光明的季节，这是一个黑暗的季节；这是希望之春，这是失望之冬；人们面前应有尽有，人们面前一无所有；人们正踏上天堂之路，人们正走向地狱之门。

——[英] 狄更斯《双城记》

民国上海街景

"当想到一个城市时，心里有了什么？它的街道。如果一个大城市的街道看上去很有趣，那么这个城市看上去也挺有趣；如果这个街道看上去很枯燥，那么这个城市看上去也很枯燥。"

——［美］简·雅各布斯《美国大城市的死与生》

4.1 冲击：
现代道路的兴起

随着西方殖民者用炮火打开国门，强行将古代中国带入现代社会，传统农业城市与现代生活方式的落差迅速被放大。依托自然经济的传统城市空间无法适应新时代的社会发展要求，几千年来形成的城市街道和坊巷空间在现代工业生产的外力作用下，被迫进行结构性的调整。沿海开埠城市的变化尤为明显，原有的城市营建思想被西方工业文明带来的新观念、新生活、新技术打破，城市建设受到现代主义理念的影响，个别城市和地区甚至照搬西方规划模式。

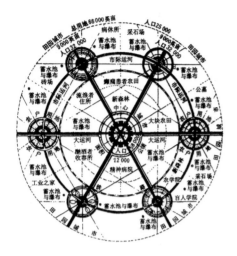

1903 年霍华德"田园城市"
来源：《西方城市规划思想史纲》

1909 年伯纳姆芝加哥规划
来源：《西方城市规划思想史纲》

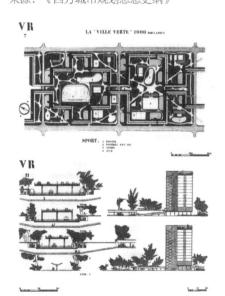

1930 年柯布西耶"光明城市"
来源：《街道与城镇的形成》

① 王笛《茶馆：成都的公共生活和微观世界（1900-1950）》

右图：1930 年代上海外滩
来源：《老上海影集》

20 世纪初，上海经济日益繁荣，出行距离与出行量相应增加，有轨电车成为主要公共交通工具，小汽车不断增多，原有路幅宽度已难满足需要。公共租界在多次道路规划中逐渐加宽路幅，部分道路截弯取直，至 1938 年规划街道宽度达到 60 英尺（约 18.29 米）及以上。

4.1.1 空间转型：现代生活对街道的诉求

在西方现代主义城市规划的影响下，晚清已开始重构城市形象的现代改良运动，推行"整修街道以改进交通，重建城市空间以创造现代的城市景观，规定卫生标准以防止疾病，清除街头乞丐以推进'进步'的城市形象，制定各种规章以维持公共秩序，改良休闲娱乐以'启蒙'大众，发扬爱国精神以培养新的国家认同，强化政治以推动国家控制"等措施[①]。这一运动将城市公共空间作为施展规划和对民众进行"启蒙""教化"的舞台，在中西方文明的交融和冲突中，重新构建数千年来形成的街道体系。现代街道成为西方城市规划思想与建设技术的实践地，展示了近现代工业文明的巨大能量和"破坏力"，也反映了民众接受"国民性"和"新生活方式"教育的新风貌。

1949 年后，随着"一五"计划实施，国家工业化全面开启，大型工厂迅速在老城周边聚集，城市人口增加，流动加快，传统城市的自稳定结构被彻底打破，街道首当其冲。为满足生产运输与商品流通的需要，开始追逐机动车交通安全和效率至上的技术原则，现代城市道路走向了工程技术化及标准化方向，并成为城市道路设计的主流范式。之后，宽马路、高架路、天桥、立交桥等也成为各地城市建设的标准设施。它们在很大程度上决定了今天城市形态的发展，也一度成为城市现代化的标志和象征。

4.1.2 交通导向：城市功能对街道的定位

改革开放后，伴随国民经济步入高速发展阶段，城市化进程加剧，地方政府在城市形象的诉求与商业资本对土地价值的发掘成为街道发展的主要动力。伴随城市规模不断扩大，现代城市规划体系迅速构建，以汽车为本的城市道路不断扩容。巨大街区与新式建筑强势插入，建筑高度不断向纵向突破，原有的城市肌理逐渐走向破碎化，街巷组织被重新建构，很多传统街巷被取代，老房子和生活记忆一同消失。城市文脉受到前所未有的冲击，街道空间全面践行着从现代空间到现代思想的全面植入。

新的交通方式催生新的城市空间，传统紧凑型城市结构和城市空间逐渐瓦解。城市边界轮廓沿轨道交通向外无限扩展，卫星城、卧城等居住模式的郊区化现象大规模出现。为了应对现代城市交通、卫生、就业等现实问题，街道的布局、交通、管线等功能性需求，沿街建筑的朝向、间距、日照等实用性需求得到进一步重视。但是，由于过分强调城市的物质性功能，而忽略了城市中人与人的相互作用与交往，街道尺度与人的关系变得异常矛盾，最终导致现代城市街道空间单调乏味，活力缺失。"汽车"这一现代化交通工具在给城市生活带来便捷和效率的同时，最终对传统的城市生活带来巨大的冲击。

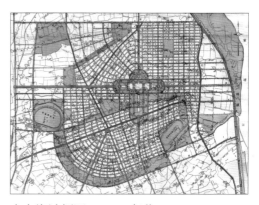

大上海计划图，1930 年代
来源：Virtual Shanghai

上海市区交通简图，1974
来源：Virtual Shanghai

民国西安街景

"西安城的主要干道几乎笔直地从一座城门通向另一座城门，由此自然而然地将城区分成四个区。在城区正中央，有两条主干道在此相交，一座钟楼矗立于此。"

——［丹麦］何乐模《我为景教碑在中国的历险》

4.2 变革：民国街巷网络

　　"中华民国"时期是西安由传统向近代转型的重要阶段，古老的城市开始由农业文明向工业文明的转变。轰轰烈烈的工业革命推动了近代城市的发展，以蒸汽机车或内燃机车取代马车为主要内容的交通方式的改变，不仅仅是技术系统的变革，更是带来了一场崭新的城市革命。1932年"一·二八"事变后，政府决定"以长安为陪都，定名为西京"，并组成了直属国民政府的"西京筹备委员会"，将西安作为战时国家政治中心的地位进行建设。"陪都"的规划定位，加快了西安城市近代化建设的步伐，并使城市交通环境与街道景观得到了一定改善。传统城市街道在这个革旧纳新的历史洪流中，完成了其古代向近代的初步转型，并逐步奠定了今日西安城区道路的基本格局。

1921 年的北大街

1920 年代的西大街

1937 年的南大街

民国时期的东大街

右页左图：1933 年民国西安城区地图
右页右图：1949 年民国西安城区地图
来源：《西安历史地图集》

民国时期，由于历史发展的原因，城市生活主要集中在西南、东南和西北片区，后来由于新市区的建设和陇海铁路线的开通，城市东北片区才逐步发展起来。因此东北片区的城市路网较其他片区方正规则。

4.2.1 道街巷院：民国西安街巷总体特征

民国时期，随着满城拆除、城门增辟、新市区发展，西安自清代以来以满城为重心的偏心结构被打破，形成以钟楼为核心，棋盘路网、轴线对称的格局，也是当今明城区的形态雏形。

民国西安工业文明逐渐起步，道路建设作为城市空间改造的基础性工程，引导城市转型。一方面，由于机动车交通和大体量建筑物的出现，城市中原有狭窄的道路被淘汰，一些主要道路被拓宽、取直、连通，形成宽阔平坦的干道系统，实现了由"丅"字形到"十"字形，再到多纵多横的网格结构演变，极大提升了交通的通透性。另一方面，由于东部地区工商业内迁，陇海铁路延伸至西安等因素影响，城内工商业加快发展，经济贸易繁荣，社会生活空前活跃，占据优势地位的街道逐步发展为热闹繁华的商业街。这些街道展示出一座初具规模的近现代工商业城市的风姿。

城市中另有众多位置偏僻、狭窄冷清的生活巷道，依然保持封建社会的旧有面貌，与交通干道、商业街道在道路宽度、路面铺装、街道设施、沿街建筑等方面形成鲜明对比。各类街巷承载不同类型的城市生活，与行政文教、居民住宅、手工作坊、新式工厂等院落相连，整体上形成了道、街、巷、院四个层次的空间体系。

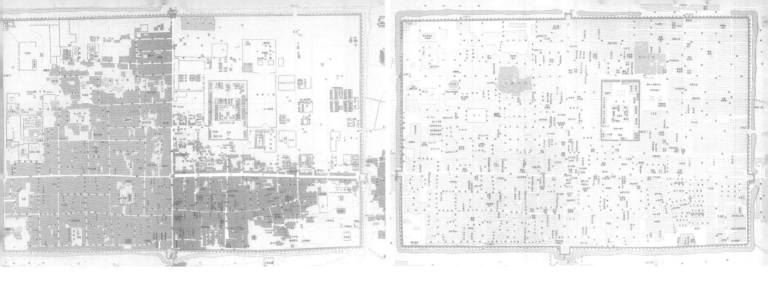

4.2.2 框架搭建：民国初期西安街巷建设

民国初期，城市道路改变原有内向封闭特点，东、西、南、北四大街连接钟楼与四关城，形成十字形交通骨架，街道和沿街建筑在经济导向型的资本主义色彩下开始其近代化转型。经历 10 个月"围城之役"后，城市社会经济发展受到重创，断桥残路，满目疮痍。1926 年底，西安解围，归国民政府管辖，次年首次设市，进入"训政"时期，颁布规划文件，道路建设得以连续恢复发展，逐渐步入正轨。

1. 骨架路网

1927 年，陕西省建设厅出台近代西安第一部规划文本——《长安市政建设计划》，开始考虑市民需求，适应当时城市发展。城内主要街衢分为干路、支路两类，三十六条支路依据四条干路"列为羽状式"。[1]

民国西安东北城区鸟瞰

民国前期主要街道

干道	支路
东大街道路系统	骡马市街、端履门街、大差市街、参府巷、饮马池
西大街道路系统	南桥梓口街、北桥梓口街、南广济街、北广济街、古浸巷、四府街、竹笆市街、琉璃庙街、北院门大街
南大街道路系统	南院门大街、粉巷、马坊门街、西木头市、东木头市、浸巷、盐店街、小湘子庙街、大湘子庙街、太阳庙门街
北大街道路系统	糖坊街、曹家巷、九府街、梁府街、莲花池、王家巷、红府街、二府街、西仓门街、羊市街、东华门街、易俗街

①刘国安 《陕西交通挈要》

东大街连接钟楼与东门，是当时西安城内最为典型的街道，在城市社会经济生活中发挥了重大作用。规模形制上，东大街宽度约 18 米，是这一时期西安城区最宽的街道之一，并已分别铺有人行道和车行道，"道幅宽约十间，两侧有排水沟渠，道路上面铺设石板"[1]。道路功能上，街道两侧建造了形制统一的二层楼房，"从东门沿东大街至钟楼，……为一条端直通道，两侧有官营建筑，均为二层，有各式店铺"[2]，成为一个新兴的商业街。

2. 新增路网

1927 年 7 月，陕西省政府由北院门迁红城办公并改名新城，新城四周先后开辟了南新街、北新街、东新街、西新街等四条道路，成为原满城区域与城内大街连接的主要道路，一直沿用至今。1928 年，西安市政府成立后，将原满城区开辟为新市区，开始规划道路，拍卖荒地。

新市区采用小尺度方格网结构，划分为几十个规整的街区，每个街区面积约为 1.5~4 公顷，街区尺寸平均在 150 米左右。逐渐形成七纵八横的道路系统，其中七纵为尚平路、尚智路、尚德路、尚仁路（今解放路）、尚俭路、尚勤路、尚爱路，八横为崇耻路（今东八路）、崇廉路（今东七路）、崇义路（今东、西六路）、崇礼路（今东五路）、崇信路（今东、西四路）、崇忠路（今东、西三路）、崇悌路（今东二路）、崇孝路（今东一路），初步奠定城市东北片区的街区形态基础。

新市区道路断面形式均为汽车道居中，宽 9.5 米，两侧马车道各宽 4.5 米，人行道各宽 2.5 米，总宽度为 24 米。这一时期财政匮乏，大部分道路未能修筑完成，依旧保持了土路的路面形式。

3. 增辟城门

1920 年代，中山门和玉祥门相继开辟，改变了自明代以来四城门的格局。中山门位于今东新街东端；玉祥门位于今莲湖路西端，新辟城门命名虽具革命纪念意义，但本质是为了适应当时交通发展的需求，反映了城市生活对外联系加强的趋势，促进道路系统转型变革。

民国时期东大街的排水沟渠

东大街沿街建筑 .1921[瑞典] 喜仁龙

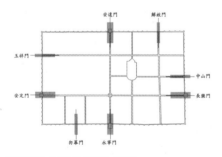

民国四小门位置示意图

中山门（小东门）：1926 年开辟；
玉祥门（小西门）：1928 年开辟；
解放门（原名中正门，又称小北门）：1933 年开辟；
勿幕门（小南门）：1939 年开辟。

① 郭世强 《城市转型视角下民国西安城区道路系统演变研究》

② （东京）东业同文会《支那省别全志》第七卷《陕西省》

4.2.3 体系初构：民国后期西安街巷改造

1931 年 1 月，西安市政工程处正式成立，成为当时西安道路建设的主要执行机关。1932 年，国民党四届二中全会决定"以长安为陪都，定名为西京"，并组成以张继为委员长的西京筹备委员会，开启了西安近代历史上长达 13 年之久的陪都西京建设。1934 年 8 月专门成立了西京市政建设委员会，对城市的市政工程进行了卓有成效的提升，尤其在道路方面。直至全面抗战爆发前后，城区各主要街巷大部分都已铺成碎石马路，初步改变了长久以来以土路为主的路面形式。这一西安城市近代转型过程中的重要举措，对当今西安城区的交通布局起到了重要影响。

1. 西安市政工程处的道路系统规划

"都市为文明之母，故泰西各国于都市建设实有特别注重之规划"[①]。西安市政工程处成立后，学习西方规划思想，于 1932 年发布《西安市三年行政计划》。该计划结合当时城区发展特点，对城市道路进行分类分级。这是民国西安历史上市政部门第一次基于现代城市功能考虑，对城市道路系统进行的较为科学的规划，为此后的道路规划建设打下一定的基础。

功能类型：从道路功能角度出发，将市内道路分为交通路、商业路和住宅区道路三类，并对各类道路占全市面积的比例作了规定。

等级划分：考虑社会经济发展和城市人口增长，对现状道路适当拓宽，并将交通路、商业路和住宅区道路三类道路按照宽度进行等级划分。其中第一级马路拟定宽度为 32 米，第二级为 24 米，第三级为 12 米，第四级为 8 米，其余一概小巷为第五、六级，宽度均为 4 到 5 米。

区位分布：交通干道为 18 条，主要分布在东北城隅，由于该区域属原清代满城，空地较多，发展潜力大；商业区道路为 24 条，主要集中在南北院门、大差市、四关城一带，由于该区域有良好的商业发展基础；住宅区道路较多，为 48 条，主要分布在西部城区和东南城隅，由于该区域自清代以来一直是市民活动密集区。

"决定何者为交通路，何者为商业路，何者为住宅区道路，俾使将来交通发达不至混乱，并使中央区道路应占全区面积百分之二十五至三十五，住宅区道路应占全区面积百分之二十至二十五……规定以西安市旧市区东、西大街为一等交通路，总宽为三十二公尺，横断面形为复式组织；南北大街为二等交通路，宽度为二十四公尺；竹笆市、南院门等街为商业路，宽度为十二公尺。其余小巷均为住宅区路，宽度视情形定为八公尺与五公尺，均为单式街路，唯五公尺以下小巷不另修人行道。"

——《西安市三年行政计划》
（1932 年 3 月 11 日）

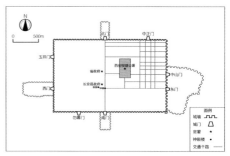

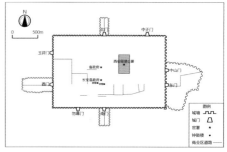

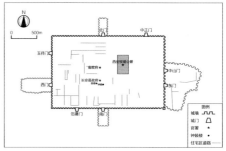

上图：1932 年城区交通干路分布
中图：1932 年城区商业区道路分布
下图：1932 年城区住宅区道路分布

改绘自《民国西安城市道路系统演变研究》

①《西安市三年行政计划》（1932 年 3 月 11 日）

甲等道路断面图（交通干路，宽30m）

乙等道路断面图（商业区道路，宽20m）

丙等道路断面图（住宅正路，宽16m）

丁等道路断面图（住宅通行路，宽10m）

戊等道路断面图（通行巷，不小于3m）

1934年西京市政建设委员会城区道路交通断面图

2. 西京市政建设委员会的城市道路系统

西京市政建设委员会积极推动西安城区道路建设工程。首先在西安市政工程处所定城市道路等级的基础上，结合陪都西京市政建设的实际需要，对城市道路等级做进一步改善规划，将全市道路分为甲、乙、丙、丁、戊五等。并规定"以上规定拓宽尺寸，用红线分别之。兹后一切新建建筑物不得越出此线，其原有建设物，除有历史之古代建筑、公认应当保存者外，一概按规定尺寸退让。"[1] 然而，在道路修筑的实际过程中，因为种种原因，道路等级不断修正。如西大街宽度由30米调整为20米，尚仁路由16米调整为30米。调整后，甲等道路确定为东大街、南大街、西大街、北大街、尚仁路、崇礼路、东新街、南新街、西新街、北广济街、东九府街、梁府街、许士庙街、狮子庙街、琉璃庙街、南四府街、北四府街、莲寿坊、北新街、西北门街等20条[2]。这些交通干线的规划，突破了民国前期以钟楼为中心一纵一横的十字形主干道路结构，初步具有了

①《西安市道路等级表》（1934年10月1日）

②《西京市道路等级表》改订版（1935年7月12颁布）

左页图：民国西安街道场景图
本页图：民国时期繁华的南院门
来源：《老西安人的生活》

民国时期，街道两侧建筑功能多样，公共活动丰富。图上左为南大街钟楼附近的南纸店；图上中为城内沿街的小吃店；图上右为街道巡逻的警察与行人；图下左为东大街端履门什字以东牛拉车与担筐的工人；图下中为五味十字、广济街一带的小手工厂集中地；图下右为"万益成号"的布庄。

四纵三横城市主干框架结构，奠定了民国时期西安城市主干道路空间结构的基础。

随着抗日战争全面爆发，西安城市发展缓慢，道路建设总体上成就不大。因为城市防空疏散的迫切要求，政府决定兴修环城马路，全长14893米，宽20米，应做土方工作量54643立方米。经过西京市政建设委员会和各协助单位，以及西安市民和长安县居民及兵工的共同努力，1940年5月，环城马路修筑完毕，在城墙外形成了一个连续的环形道路。同时为了满足城区内四通八达的街巷道相互联络贯通，西京市政建设委员会于1939年3月函请陕西省会警察局征用劳动服务民工修筑顺城马路，至1941年告以完成。

环城马路和顺城路的修建是抗日战争时期西安城市道路发展的重要内容。通过城墙内外两道环形路网的设置，使得城内交通得到更好的衔接和疏导。不仅满足战时的防空疏散要求，也对后来环城路和顺城巷的建设提供了支撑。

3.《西安市分区及道路系统计划书》

1941年12月，行政院下令撤销西京市建设委员会，西安城区改为陕西省辖市，1947年，在西方各国纷纷进行战后重建的热潮下，城市规划实践空前高涨的背景下，西安市建设局鉴于西安建市后缺乏规划，城市建设无所遵循，遂在《西京规划》（1941）的基础上，拟订了《西安市分区及道路系统计划书》和《西安市道路暨分区计划草图》。

该计划书针对西安城市道路系统建设的实际问题，总结了民国不同时期交通发展的特点，吸收了西方城市规划思想，着眼于城市未来发展，具有极强科学性、时代性与可操作性，较此前的道路规划更具灵活性和系统性。其先进的规划思想和理念为西安市未来的有序发展提供了广阔的思路，为未来西安道路交通的有序发展奠定了良好的基础，极具时代意义。无奈在当时特定的时代背景之下，这份规划方案最终未能贯彻实施。

民国西安西大街碎石马路修建中
来源：秦纪——光影里的陕西百年

民国西安西大街碎石马路修建完成
来源：秦纪——光影里的陕西百年

西大街钟楼至鼓楼段碎石马路全长340米，全路含人行道在内总宽8米。路面共包括碎石路面、两边侧沟及路牙、人行道三部分。其中路中央宽5米做碎石路，碎石路面两边侧沟及路牙均用石板修砌，人行道宽度为1.5米用砖砌成。路面横坡为抛物线形，路基上用浐河滩大石块打碎成半寸至二寸的石子铺两层，石子铺压实后即灌以黄泥浆将石子缝隙充满，再撒以五分以下小石屑一层厚五分，再用大号石磙压实，上面撒以三分厚过砂，再用大号石磙碾压二次以达到平坦坚实的目的。

该规划立足于汽车时代城市交通发展的需要，规定各等级马路宽度，如明城区街道最小宽度甲等路为45米，乙等路为30米，丙等路为20米及16米，丁等路为10米，最小通巷宽度不得小于5米，并对路线的曲直、交叉点的设置、道路采光、路旁建筑高度等一系列相关问题做了具体的阐述，如："城内除各干线取直加宽，再增辟三、五新路外，余仍照旧，以恤民艰""全城总计现有八门，拟增十五门，共为二十三门，各门按其路面之宽度，均需开两洞，以配合交通需要，如是则古城可包交通亦畅，且各门一开，市民自乐向外居住，勿幕门外今年情形可为事实之证明，故城门之开辟实本市交通问题最重要之一页。"

强调城市道路的重要性："一市前途之发展关系道路系统甚巨。盖道路为全市之骨络，举凡下水道、自来水管、电气网及地上一切建筑物，均依路网而设列，计划得当，则一切便可萧规曹随，虽稍有失合，无伤大雅。计划不当则积弊日重，虽有善者，亦无如之何也。"

全区路网为棋盘式辐射混合制，各道路尽量定为直线："城内除各干线取直加宽，再增辟三、五新路外，余仍照旧，以恤民艰。"各道路交叉点"概取盘旋式，中为广场，装以伟大建筑物，绕以停车场及草台。"

4.2.4 提升整治：民国西安街巷完善措施

民国时期，为了呼应当时的社会发展要求，对城市道路路面和基础设施进行了更新和完善，对改善城市的交通通行条件、提升城市的街道风貌、改善城市卫生状况都起到了很大的作用。

1. 碎石路面建设

1931年，因西大街"路基过狭又为纯粹土质，每遇雨雪泥泞汙塞途，车马行人俱感困难"[1]，西安市政工程处开始修筑西大街碎石马路，开启了城市道路近代转型之先河。1932年以后，作为陪都建设的西安，社会政治地位有了较大提升，尤其是蒋介石提出从速修筑西安城区各重要街区马路的要求，加快了西安市政建设的进程。到1938年3月10日，东关大街因抗战爆发而草草完工。

在前后7年的时间里，西安市政工程处及西京市政建设委员会先后完成约94条碎石马路修筑工程，是整个民国时期西安道路建设最为突出的成就。西安城区碎石马路道路系统的建立，改变了历史时期西安城区道路的路面面貌，促进了近代城市交通的发展，对加快城市社会经济的运转，促进民国西安城市的近代转型发展，具有重要意义。

民国后期修筑碎石马路较少，其中修筑的有东新街、南新街及小差市南段马路、玉祥门路等四条，此外，还包括各重要路段损毁碎石马路的翻修上。这些翻修马路连接或临近新辟城门，是连接城内外交通的重要通道。

2. 煤渣路面建设

抗日战争爆发前后，西安市城区各重要街巷大多已经修筑完成碎石路面。

"自全面抗战以来，西安为后方重地，人口骤增，街路交通自应设法便利，而未经铺填碎石路面者犹不少，故当本会经费极端紧缩之际，添筑碎石路实力有未能，碍于两难之间，为节省费用计择定重要街巷采用煤渣修筑"[2]

1942年1月1日，西安市政处正式成立。1944年9月1日，西安市政府正式成立，至1949年5月西安解放前，西安城市道路建设由西安市政府主管。这一时期主要集中在重要地段残损碎石及煤渣马路翻修，及适应城市发展需要而将土路改筑为煤渣路等。整体来看，由于陇海铁路西安至潼关段的建成以及全面抗战爆发后民族工业的内迁，煤渣马路发展以东北城区为最，其他城区土路改建煤渣路的成果则较少。

3. 道路设施完善

随着1930年代西安城区以碎石马路为主体的道路系统逐渐发展并确立起来，与之相关的道路配套设施，也开始了相应的建设步伐。虽然迭经内战及全面抗战的影响，西安市政工程处、西京市政建设委员会、西安市政府等市政建设机关依然对下水道排水工程、路灯、行道树、公共厕所等道路配套设施进行了卓有成效的建设。作为道路必不可少的部分，下水道排水设施对于新修道路路面、路基的保护；路灯对于夜间道路的使用；行道树对于道路绿化的作用；以及公共厕所对于路面整洁、市容卫生等都有着至关重要的作用。

经过十余年的发展，到1940年代中期，西安城市道路已形成较为完备的下水道排水网，各重要街道的路灯及行道树建设也初具规模，重要交通节点也配备有公共厕所。至此，一个具有现代城市特征的西安城市道路系统大体形成，大大提升了城市街道与城市生活的文明程度。

---

[1]《西安市政工程处布告西安市商民人等》，（1931年2月24日）

[2]《西京市政建设委员会29年度行政计划》（1940年11月）

1957 年西安南大街周边区域木料手工模型 . 西安市城市规划展览馆

"街道是当地居民在漫长的历史中建造起来的，其建造方式同自然条件和人有关，当我们认清自己的自然风土，创造有人情味的街道时，至少应看清方向。"

——［日］芦原义信《街道的美学》

4.3 拓展：新中国成立后明城区街道体系

　　1949 年 5 月 20 日，西安城和平解放，历史翻开新的一页。此后，城市道路建设大体上经历了 3 个发展阶段。第一阶段是三年经济恢复时期以及"一五"和"二五"计划的实施时期，城市空间发展突破城墙边界，在第一轮总体规划的指导下西安道路设施建设全面启动；第二阶段是 1978 年至 2000 年，西安城市建设步伐加快，新建、拓宽、翻修了多条道路，二环路贯通，新建人行天桥和地下通道，道路通行能力得到提升；第三阶段是 2000 年之后，国家实施西部大开发战略，整修破损道路与新建城市道路并重，城市道路体系进一步完善，新建地铁。这一时期是西安道路系统全面提升时期，明城区街道在城市整体发展背景下也在不断地更新改造。

1965 年的西安城区范围示意

1981 年的西安城区范围示意

4.3.1 渐进演替：明城区街道总体特征

新中国成立后西安进入现代城市发展阶段，城市规划与道路建设发生根本转变。现代城市建设推动街道基础设施和环境质量提升，汽车交通的出现也为人们出行带来了便利、效率和舒适。然而，人本尺度的传统城市无法满足现代交通需求，空间境遇窘迫。车行交通主导下的城市建设大行其道，以功能分区和满足汽车交通为主的现代城市规划不断推动城市空间"巨构化"。西安第一版城市总体规划按功能分区思想搭建城市空间系统，城市东西向打开，南向拓展，道路骨架初步形成。改革开放后，伴随城市化的快速发展进程，城市空间四面开花，城市道路交通系统逐渐完善。明城区道路建设以历史空间为基址，在现代城市规划与发展的牵引中亦步亦趋，逐渐形成当下的形态。

1. 街区格局

历经千余年的发展变化，尽管建筑风貌已然不同，明城区街区格局依然带有明显的历史痕迹，是一脉相承的空间体系。西南片区总体上延续了唐长安城皇城格局，明城四大街开始于明洪武城，东北民乐园片区在民国时期有了进一步的发展和完善。新中国成立后，在现代城市规划思想和计划经济双重影响下持续开展的城市改造运动，让明城区的城市风貌发生了较大变化。就总体而言，当下的明城区被东西南北四条大街分成四大片区，北侧的莲湖路和东侧的解放路－和平路进一步分割，形成两横两纵主干道加上若干城市次干道或支路切割的方格网街区。明城区内仅有回坊和三学街片区基本保留传统街区格局。

2. 街区脉络

明城区的街道体系与隋唐长安的皇城有明显的延续关系，街区基本是按照原唐长安城的"坊"的大小来建设的，城市肌理的基本模数没有太大的变化。城市主体结构在礼制秩序的基础上，又有了进一步的发展，出现了较为自由的街市巷里，逐步形成了主干路、次干路、支路、巷道四

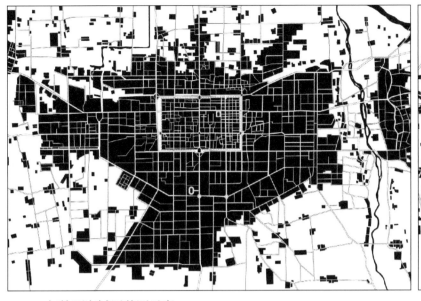

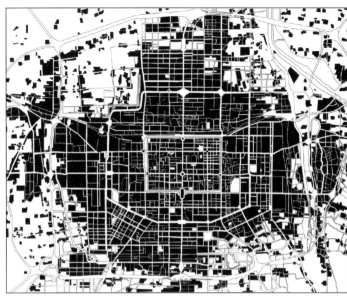

1995 年的西安城区范围示意   2011 年的西安城区范围示意

级体系。主干路宽度较唐长安城有了明显的缩窄，如中轴线南大街宽度仅为 60 米，而小街巷一般宽 9~15 米，基本延续了唐长安城里坊内道路的宽度。

明城区内部道路与历史路网有很大的叠加。其中，南北向的洒金桥南段 – 大麦市街 – 桥梓口 – 红光街 – 甜水井街一线，北广济街 – 南广济街一线，北大街南段 – 南大街一线；东西向的西大街 – 东大街一线从唐长安皇城时期就已经形成了，目前也是明城区内的主要道路。这几条大街经历朝代更迭，位置并没有较大改变，今日仍然承担了城市重要的交通职能。

而在明代扩建后，除了上述的几条大街外，还有西新街、南新街、东新街、北新街、北夏家什字 – 柴家什字 – 双仁府一线；竹笆市 – 北院门一线；解放路 – 和平路一线；尚勤路 – 建国路一线；后宰门 – 西六路 – 东六路一线；药王洞 – 糖坊街 – 西七路一线等城市主要街道，它们从明代一直延续至今。这些历史上的道路与新建的城市道路共同构成了如今明城区道路网络系统。

4.3.2 系统规划：明城区街道规划影响

新中国成立后，西安先后编制了四轮城市总体规划，均结合现实条件，明确界定城市道路的分类、分级、总体形态等内容，对城市道路体系建设发展发挥总体统筹作用。后续规划在上轮规划的基础上进行优化调整，虽然在发展过程中存在一些问题，但也推动了城市道路的不断完善。

1. 第一轮总体规划

1952 年，西安作为中央政府直辖市，在充分分析汉、唐及明清城市规划和建设传统基础上，完成了第一轮城市总体规划，即《西安市城市总体规划（1953-1972 年）》。城市总体布局沿袭唐长安城棋盘路网和轴线对称的格局：以明城区为城市中心，以城中主要道路为基础，并向外进行延伸和扩展。南北大街一线及其延伸道路形成城市中轴线；东部的解放路 – 和平路一线及西部的西北三路 – 甜水井街一线，同时向南北延伸构成城市对称的副轴线，另外

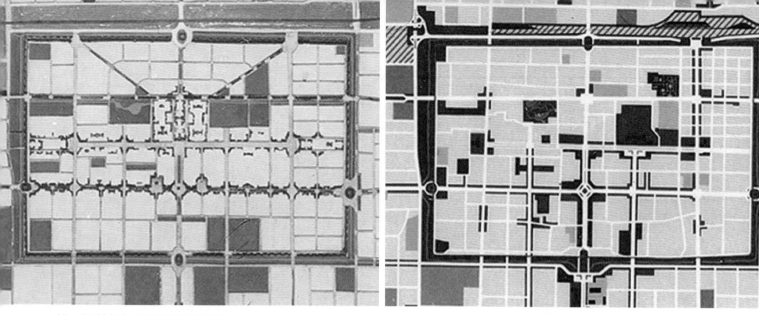

第一轮总体规划明城区路网图　　　　　　　　　　　第二轮总体规划明城区路网图

还有东新街－西新街一线向两端延伸组成横轴线，确立了由中心区向外扩展的城市发展模式。由于以明城作为中心，城区内道路交通压力过大，在其后的几次总体规划中，逐步采取了一些缓解明城区压力的措施。

2. 第二轮总体规划

改革开放初期，西安市编制了《西安市城市总体规划（1980-2000年）》。由于城市居住、行政、商贸功能大多集中在明城内，明城原本的道路设施和市政设施无法承受大量车流、人流带来的冲击，出现了很多问题。本轮规划着重应对社会发展的需求，延续历史路网肌理，取消了机械的斜向路网布局方式，为明城区的方格路网奠定基础；立足现状，将过大的街区进行划分，局部形成小街区格局。此外，规划主张修筑外环路以疏散明城区内部交通压力，使得城市呈现单中心同心圆的发展模式。

3. 第三轮总体规划

1990年代，随着市场经济体制改革的深入，西安市编制了《西安市城市总体规划（1995-2010年）》。依据"保护古城、控制规模、优化环境、降低密度、节约土地、基础先行、改善中心、发展组团"的原则，使城市形成"中心集聚、轴向布点、外围组团、带状发展"的特色城市空间布局结构，指导城市向多中心的空间模式发展。明城区路网基本延续上轮规划，部分道路进行拓宽。针对交通拥挤的问题，首次正式提出兴建4条城市轨道交通线路，加强明城与外围道路的联系，便于城市功能向外围组团拓展。

4. 第四轮总体规划

2008年，西安市实施了第四轮城市总体规划，即《西安市城市总体规划（2008-2020年）》。规划确定了"九宫格局，棋盘路网，轴线突出，一城多心"的布局特色，同时还强调了明城区保护规划。首先，保护和延续明城传统空间格局：即城市的平面形状、方位轴线、均衡对称的路网格局、方正完整的城墙、城河系统以及由街、巷、院构成的空间层次体系；其次，控制建筑高度及建筑风貌，严格实行建筑高度分区控制；同时，改善明城生态环境，提升明城环境品质，以公共交通为主要交通方式，自行车和步行交通为辅助，进一步完善明城的路网结构体系。

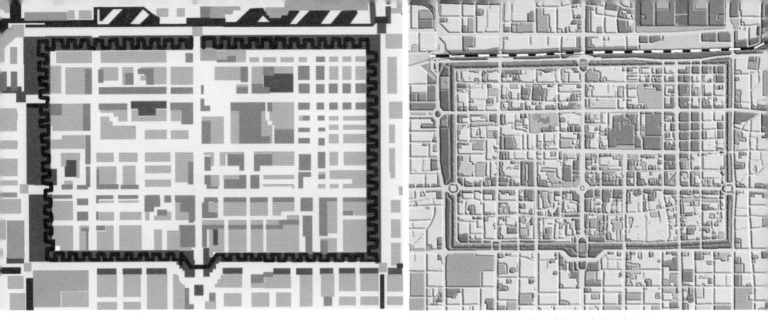

第三轮总体规划明城区路网图　　　　　　　　　　　　　　第四轮总体规划明城区路网图

4.3.3 时代特征：明城区街道建设历程

　　新中国成立后，西安依托明城区，借助时代发展的动力，逐步迈出了坚实稳定的步伐。新中国成立 70 年只是历史长河中的短暂一瞬，然而，对于古城西安来说，却是充满了风云变幻和空间拓展的 70 年。经历了战后国民经济的恢复、现代工业的发展、改革开放的市场经济转型、国际知名度的提升等发展阶段，西安城市发生巨大变化。

　　70 年来，西安逐渐摆脱了禁锢已久的城墙思维，城市功能由曾经的城墙内部发展延伸到城墙外，并拓展到一环、二环、三环，与此同时，形成了高新、曲江、经开、浐灞生态区等城市新区，进一步拉大了城市的骨架。现代交通随着城市扩张得到了新的发展，除了道路设施更新外，地铁、云轨等新型快速交通方式也逐步规划建设。

　　此外，人们对城市街道渐生更深层次的追求。街道不仅仅是作为城市交通的通道，更是反映城市生活、市民交往的公共空间。相对于尺度失常、模式单一、单调乏味的现代城市交通空间，明城区内适宜的街道尺度、浓厚的历史文化韵味，丰富多元的当地生活，对本地居民和外来游客产生了深深的吸引力。存量时代，明城街道面临新一轮的更新提质，不能简单从道路的交通功能入手，而需要回归街道的场所属性，更加关注人群体验与街道生活，强化现代街道的人文关怀和在地特点。

修建前与修建后的南二环对比

1970 年代西安公共交通汽车

1970 年代西华门附近的街道

1980 年代鼓楼外骑行的人群

1. 新中国成立初期

在经济恢复时期，政府投入一定数量的资金和劳力用于城区破损道路的翻修和新拓。经过 3 年的道路建设，城市道路由 475 条增至 496 条，长度增至 122.8 千米，面积增至 113.4 万平方米，其中高级路面（水泥混凝土路面和沥青混凝土路面）增加 12.5 千米，城市道路基本平整，路况得到初步改善。1953 年至 1962 年"一五"计划和"二五"计划时期，西安作为全国重点建设的城市之一，大规模的经济建设有效促进了西安的市政建设，相继建成和打通环城西路、环城南路、和平路等道路，城市面貌日新月异。1963 年至 1965 年调整时期，对街巷道路进行大面积铺装，并改善主干道的慢行道、人行道路面，以沥青表面处置和黑色碎石混合料铺筑了解放路两侧的东一路至东八路、西一路至西八路，尚勤路等街巷道路，并采用陶砖铺设东大街、西大街，南大街，北大街、解放路等人行道，在此期间新建道路不多，但高级路面有所增加。1966 年至 1975 年期间，道路建设受到干扰影响，市政管理部门瘫痪，人员下放，计划失控，市政建设进程缓慢。1976 年至 1978 年，市政建设逐步恢复正常轨道，进行了一些零星的维修工程。

2. 改革开放

　　十一届三中全会以后，改革开放为市政建设带来活力，市政工程建设呈现出良好的发展势头。西安市人民政府每年把市政工程建设项目列入为群众办的"十件事"。市政工程建设与维护资金逐年增长，加之市政行业科技含量的提高，积极推进新技术、新材料和新工艺，引进各类市政施工的先进设备，加快了工程进度，提高了工程质量。在城区以拓建、改建为主，先后整修尚德路、南大街、南门盘道、北大街等十几条交通干道。同时开始新建路网，打通环城东路、环城北路、火车站隧道、星火路立交桥、太华路立交桥城市一环路的交通。

3. 新世纪以来

　　2000 年世纪之交，中央作出实施西部大开发的战略决策，为西安的大发展带来千载难逢的历史机遇，西安的市政建设步入一个快速发展期。西安市委、市政府大力加强城市基础设施建设，相继出台一系列政策措施，拓展投资渠道，加大投入。"十五"计划期间，二环路全线通车及一批道路相继建成投入使用，使城市道路网络格局逐步完善，城市基础设施的数量、质量明显增加和提高，城市面貌发生了巨大变化。一环路拓宽改造及一环平改立基本完成，西大街、解放路、北大街、东大街相继改造，明城区内道路市政设施总量和水平得到显著提升，城市综合服务功能不断完善和延伸。地铁 2 号线、1 号线和 4 号线均穿过明城区，为明城区的交通注入了新的活力。

1980 年代改造中的背街小巷

1980 年代西安东大街的无轨电车

西安西大街更新改造前后对比　　　　　　　　　　　　西安北大街更新改造前后对比

4.3.4 改造升级：明城区街道更新措施

在交通模式转型和生活性街道复兴的背景下，以车为本的一维道路规划体系已不适合街道发展的需要，亟需重构新的分类方式来满足人车需求的平衡。街道空间作为城市公共空间的重要组成部分，不仅具有交通功能，更是城市生活和城市文化的物质载体，是城市活力和魅力所在，也是城市地域文化精神的集中体现和延续。当代城市发展与设计理念推动西安对明城区重要的街道及其两侧界面进行相应的更新改造。东西南北四条大街的改造是现阶段明城区更新建设的缩影。改造后的四大街在环境质量方面得

到本质上的提升，但对于地域文化的传承保护，商业商圈的活化振兴等方面仍然存在较多的问题。

1. 断面改造

为了适应现代城市发展的需要，解决城市交通流量的增加，四条大街均对道路宽度进行了拓宽改造。南大街从之前的 20 米拓宽到 60 米；北大街从 14.5 米拓宽为 50~80 米；西大街从 20 米拓宽到 50 米；东大街从 30 米拓宽到 50 米。同时，对道路断面形式进行了调整，区分了快车道、慢车道和公交车道，增加了两侧绿化隔离带，增加了现代化的街道设施，拓宽了建筑前广场，形成连续

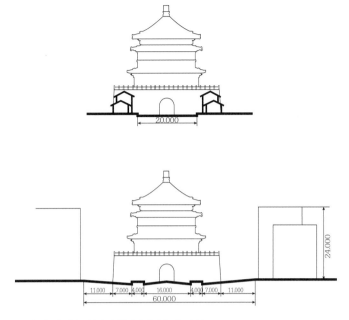

西安南大街更新改造尺度前后对比

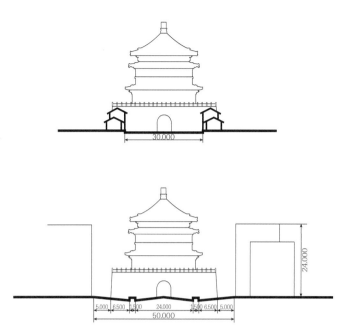

西安东大街更新改造尺度前后对比

的步行空间，强化人群商业活动等。但是总体上还是以机动车为主要服务对象的交通干道，对人群在街道活动需求的关注度略显不足，弱化了道路两侧的交流。

2. 界面改造

为了追逐最大的建筑面积，四条大街沿街的商业建筑层数多为 6~7 层，高度在 18~24 米之间，沿街一侧建筑物的面宽大多在 60 米以上，这都大大超出了传统建筑的体量，像一面墙一样矗立在街道两侧，占据了沿街立面。24 米的统一建筑限高无法控制钟楼周围建筑的体量，新建设的建筑普遍以高度高、体量大、面宽宽的特点出现，单个建筑的面积变得很大，这直接导致了街道建筑的"巨大化"。如南大街改造前街道长度与建筑高度之比在 88.9~133.3 之间，而改造后街道长度与建筑高度之比在 33.3~44.4 之间。此外，在沿街建筑的形式上也有很大的

改变。如西大街自 2001 年整体改造以来，街道沿街界面采用唐风古韵的风格，形成集商贸、旅游、观光、餐饮、文化、休闲等功能为一体的全仿唐商业街。

3. 设施提升

四条大街在城市的发展中更新演替，街道设施越来越丰富。路面铺装焕然一新，并对公交车道、机动车道、非机动车道、人行道等不同路面进行了颜色和材质的区分；交通标识标线完善，信号系统发达；各类工程管线逐步入地化，减少了街道两侧架空的管线，增强了设施的安全性和整齐性，改善了沿街混杂的面貌；注重道路夜景效果，更换了形式新颖的路灯，并依托绿化植物、装置增加了景观照明，强化了沿街建筑的夜景照明；保留了原有的行道树，新增加了分车绿化带、景观树池、垂直绿化和屋顶绿化，使得街道整体绿化景观大幅提升。

伍 并置 —— 生活之场

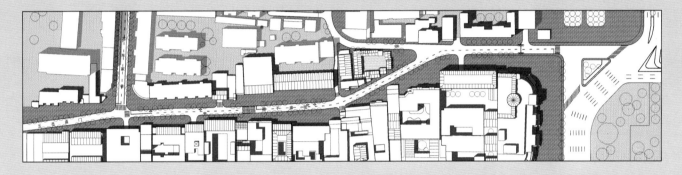

当想到一个城市时，心里有了什么？

它的街道。

如果一个大城市的街道看上去很有趣，那么这个城市看上去也挺有趣；

如果这个街道看上去很枯燥，那么这个城市看上去也很枯燥。

——[美]简·雅各布斯《美国大城市的死与生》

西安永宁门区域鸟瞰

"街道及其人行道，是城市中的主要公共区域，是一个城市最重要的器官。"

——［美国］简·雅各布斯《美国大城市的死与生》

5.1 构架：
明城区街道结构网络

街道作为城市空间的基本骨架，与城市物质形态的历史发展伴生同行，是由路网形态、街区尺度、道路模式、街区功能、建筑风貌等要素共同构成的空间系统。城市街道结构反映了不同社会经济文化背景下的城市空间特征，不同的交通和生活方式造就和改变着城市街道结构，街道结构也同样影响着市民出行与生活方式的选择。

明城区街道结构的演进体现了唐以来各个时期社会经济文化等深层结构影响下的时代特色和地域特点。伴随西安城市空间格局及道路体系的不断发展，当下明城区在延续传统棋盘式街道格局的基础上，呈现新的特征与趋势。

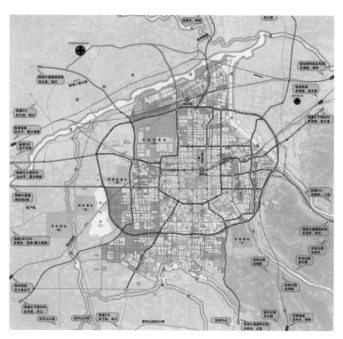

西安市道路系统图
来源：《西安城市总体规划（2008—2020年）》

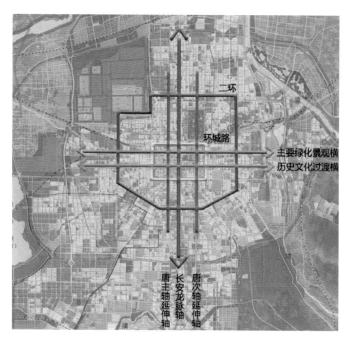

明城区空间轴线变迁图
来源：《西安明城区概念性保护规划》

5.1.1 传承发展：明城区街道结构

今天的西安早已突破明城区范围，围绕"九宫格局"的主城区沿放射状交通线向外延伸，形成"一城多心"的空间发展态势。现代城市街道布局受城市历史形态的影响，在总体上延续棋盘式传统城市路网。伴随城市增长，通过棋盘延展、环状连接和放射引领的发展模式，形成当下"一高、一绕、两轴、三环、六纵、七横、八射线加旅游环线"的城市道路交通系统，在千万人口的大都市中发挥骨架作用，体系化、功能化的特征明显。明城区位于九宫中央，是隋唐长安城建立以来，历代城市空间建设叠加的结果。

1. 明城街道历史构架

明城区开始于隋大兴城，现西大街、南大街、甜水井

街等主要街道依然保持大兴城的大致位置。直至明洪武年拓城，明城区才大致定形，后虽有局部变更，但基本上以明城街道为大骨架。梳理明城街道的空间发展脉络，不难看出"三纵两横"的历史构架。

南北三纵：纵轴代表城市的礼仪秩序景观轴。由西向东依次为唐长安中轴、明西安中轴和唐历史景观轴。最西侧是隋唐长安城的南北中轴线——朱雀大街，串联整个皇城和外郭城，也是五代、宋、金、元时期西安城的南北中轴线。最东侧是唐长安城的景观轴，连接大明宫与大雁塔，即今天的解放路、和平路和雁塔路。中间是明洪武城中轴线，也是当代西安的中轴线。如今，这条中轴龙脉北至西安北客站，南到电视塔，在秦岭与渭水之间支撑起大西安的主骨架。

东西两横：横轴代表城市的历史边界功能轴。从北到

南分别唐长安皇城北边界和清西安满城南边界。北侧即莲湖路一线，也是五代、宋、金、元西安城的北城墙，现为明城区东西方向的交通主动脉。南侧即西大街和东大街，也是五代、宋、金、元、明、清的东西向主动脉，现为城市的商业中心大街。

2. 明城街道现状结构

明城区的主干道路网基本上形成于明清时期，后民国有了一定的发展和完善。当代明城区以历史街道为基础，延续方格网的整体形态，进一步拓展"三纵两横"，形成了新"三纵两横一环"的街道结构。

三纵：北大街 – 南大街一线为城市南北中轴，解放路 – 和平路一线和大麦市街 – 洒金桥 – 西北三路一线为南北交通轴。

两横：莲湖路 – 西五路 – 东五路一线为东西方向交通主干道，西大街 – 东大街一线为城市东西轴线。

一环：顺城巷，为城市文化休闲旅游环线。

今天明城区的街道结构虽大体延续了明代路网，但是街道的形态、风貌却发生了重大改变。以自然经济为基础的传统城市空间适宜步行尺度与活动，明洪武城三个层级的街道系统无法满足现代生产方式、生活模式和交通工具对城市空间的要求。在建设发展过程中，形成了主、次、支三级体系，街道层级更为清晰明确。现代生活丰富多元，明城区内的街道也呈现商业、交通、生活交叉的混合状况，街道功能形态更为多样。

时间脉络的叠加给明城区街道结构留下了厚重的历史印记，现代城市的发展同样给街道结构带来了新的机遇与挑战，明城区街道结构网络在传承历史同时开始呈现当代城市的价值特征。

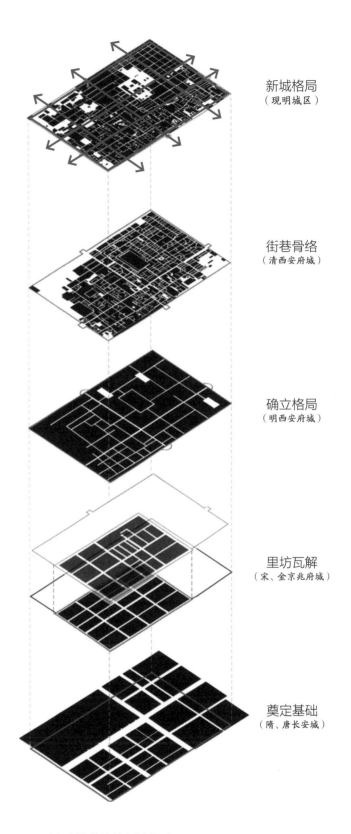

新城格局
（现明城区）

街巷骨络
（清西安府城）

确立格局
（明西安府城）

里坊瓦解
（宋、金京兆府城）

奠定基础
（隋、唐长安城）

明城区街道结构历史演变
来源：《西安明城区概念性保护规划》

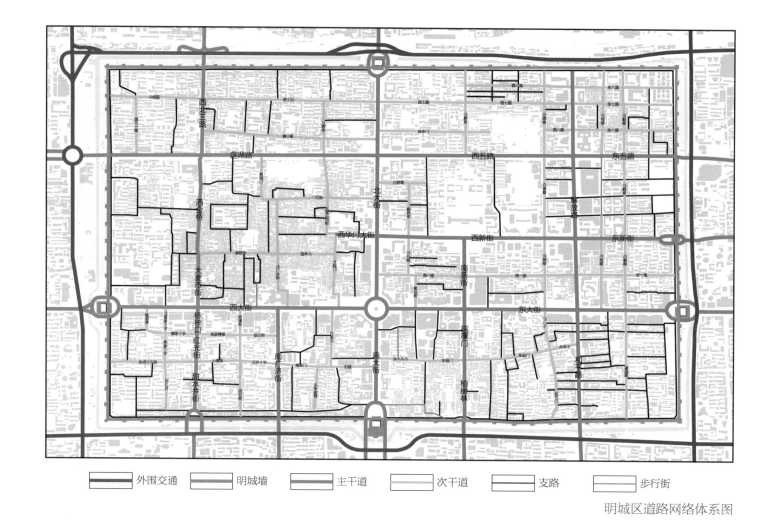

图例：外围交通　明城墙　主干道　次干道　支路　步行街

明城区道路网络体系图

5.1.2 主次并行：明城区街道体系

明城区道路网络在"三纵两横一环"的结构基础上，逐步形成了更系统、更细腻的主干道、次干道、支路和步行街四级街道体系。其中，主干道主要与各城门连接，承担与明城区外部交通联系；次干道为辅助主干道，主要承担明城区内部交通疏导；支路连接各主次干道之间，交通功能较弱，主要承担明城区内生活功能。

近年来，随着小汽车的快速普及，城市道路的交通职能日益强化。为满足城市区间连接的便捷性，次级干道不断增加，区域被切分重组，道路网越来越密。与此同时，城市街道的生活职能逐渐得以重视，明城区街道的功能日益完善，在满足人们生活需求基础上，具有一定的特色。

1. 主干道

明城区内以钟楼为中心，东、南、西、北四条大街统领，将城区分为四个相对独立完整的片区，奠定了四区内主要街道的格局。东南、西南两片区的主干道受制于自身东西长南北短的横长方形地块形态，各有两条南北向大街，将其等分为相对均质的街区。东北、西北片区又被莲湖路分成四个街区，东西各有一条南北大路贯通，东北片区还有东、西新街联通东西。

明城区主干道体系在延续明清格局的基础上，随着现代城市建设与功能调整有所发展。其承担了明城区内主要的人流和车流交通，是联系明城内外交通的主要脉络。

目前明城区有南北向主干道 3 条，分别为南大街 – 北大街一线、和平路 – 解放路一线和甜水井街 – 桥梓口 – 大麦市街 – 洒金桥 – 西北三路一线。东西向主干道 2 条，分别为东大街 – 西大街一线和莲湖路 – 东五路 – 西五路一线。这 5 条线共同构成了明城区"三纵两横"的核心骨架。另有 3 条主干道仅连接城门，没有贯通，分别为西华门大街 – 西新街 – 东新街一线、南新街 – 端履门 – 柏树林一线和南广济街一线。

主干道红线较宽，大约在 60~70 米，其余干道红线宽度约 30~50 米。甜水井街 – 桥梓口 – 大麦市街 – 洒金桥 – 西北三路一线因洒金桥 – 大麦市街部分路段未经过改造拓宽，仍保留其回坊旧貌，交通功能受到了影响。除此以外，其他主干道交通状况尚可。根据道路的性质和交通需求，主干道的横断面除端履门路型为四块板之外，都是三块板，4~6 个车道。

2. 次干道

次干道分布于东、西、南、北四条大街分成的四个片区内，功能属性因区而异。

东北片区街道基本延续清满城的行列式兵营排布，多数街道贯通整个片区，只在明代秦王府（今陕西省政府区域）和民国时期的革命公园部分，街道出现了断折。区内有次干道 15 条，其中东西向 10 条，南北向 5 条。尚勤路、尚德路、西一路 – 东一路一线和西七路 – 东七路一线等 4 条线路贯通。道路断面为一块板，沿街建筑基本为住宅和小商业，生活气息浓重。

典型主干道——南大街

典型次干道——粉巷

典型支路——湘子庙街

书院门步行街

北院门步行街

城隍庙步行街

东南片区比东北片区范围小很多，基本沿袭了清代街道网络。仅有的两条南北向主干道，即和平路和建国路，依次排列各东西向次级街道，且北部较密集，南部较稀疏。片区内次干道有建国路、马厂子－东仓门一线和东羊市－东县门－东厅门－东木头市一线 3 条线，共 7 条街道。道路断面除东羊市－东县门－东厅门－东木头市一线部分段落为两块板和三块板，其余均为一块板。

西南片区为典型的汉民聚居区，次干道路网主要形成于明代。主要街道粉巷－南院门－五味什字－五星街－东梆子市街－西梆子市街一线将地块划分为南北两部分，多条南北向街道与其交叉连接。片区内次干道共 15 条，囊括南北向 6 条，东西向 9 条。其中竹笆市、五味什字、盐店街、四府街、双仁府和柴家什字的道路断面为三块板，北夏家什字和夏家什字东半段为不对称的两块板，其余都为一块板。

西北片区以莲湖路为界，分为南北两部分。南部为回民聚居区，"围寺而居"生活模式造就了独特的街道网络形式。片区内次干道共 8 条，其中南北、东西向各 4 条。道路断面均为一块板，沿街建筑多为两三层民居，且底层大多开设商铺，街道风格统一。北部为汉民聚居区，有次干道 5 条，其中南北向 1 条，东西向 4 条。道路断面变化较多，一块板、两块板和三块板形式都有出现。

3. 支路

明城区内支路布局与城内主、次干道格局关系紧密。东南、西南两片区内各有一条东西向大街位于两区中部，次一级的支路以南北向为主。东北、西北两片区支路以东西向为主，南北向为辅。

东北片区支路多为直通式，共 35 条，其中南北向 11 条，东西向 21 条，另有曲折型支路 3 条，道路断面均为一块板。

东南片区支路以马厂子－东仓门一线为界，东西两侧街道网络有所不同。东侧沿袭清代南城格局，以东西向支路为主，西侧沿袭汉城区布局，以南北西向街道为主。片区内支路共 47 条，包括南北向 18 条，东西向 29 条。道路断面除菊花园为不对称的两块板形式，玄凤桥北巷中部为两块板之外，其余都为一块板。

西南片区支路主要形成于清代，大部分呈多向曲折的不规则状，打破了原本主次干道形成的规则方块路网，生活气息浓郁，商业活动间或其中。片区内支路共 19 条，包括南北向 7 条，东西向 12 条。其中太阳庙门的道路断面较特殊，为对称的两块板，西木头市为不对称的两块板，其余支路都是一块板。

西北片区回民区内有支路 29 条，其中南北向 13 条，东西向 16 条。道路断面只有贡院门是对称的两块板，其

骡马市步行街　　　　　　　　　　民乐园步行街　　　　　　　　　　正学街

余均为一块板。除化觉巷、大皮院和大学习巷商业气息较浓外，其他支路都属生活性街道。其中小皮院和小学习巷的民居建筑风貌保持较好。汉民区支路共 10 条，包括南北向 9 条，东西向 1 条。道路断面除西北一路为三块板外，其他都是一块板。整体状况与西南片区的汉民区类似，只是因为位置偏僻，街道上稍显冷清。

4. 步行街

西安明城区内的步行街大致可分为三类：历史文化步行街，如书院门步行街、北院门步行街和城隍庙步行街；特色步行街，如以锦旗制作、售卖为主的正学街；商业步行街，如骡马市步行街和民乐园步行街。其中，书院门、北院门、城隍庙和正学街是单一线形步行街，骡马市和民乐园是由多条街道组合而成的商业步行街区。

书院门步行街，位于永宁门内东侧的一条东西横街，东起安居巷口，接原三学街，西至南大街，是展示西安古文化、古建筑的历史文化旅游步行街。街道东西长 300 米，宽 10 米，地面为青石板铺成，沿街为两层清式仿古建筑。受关中书院影响，这里文化色彩浓郁，是古都西安的书画荟萃之地。

北院门步行街，位于西大街东段北侧，南起西大街，北至西华门大街，是全国闻名遐迩的回民餐饮商业步行街。

该街道总长约 545 米，宽 15 米，为南北向街道。其南有明代建筑的鼓楼，西侧有明清"榜眼古民居"高家大院，北端为石牌坊，街道两边遍布特色小吃摊点、饭店和各色商铺，其中不少建筑均为列入文物保护单位的明清古建。

城隍庙步行街，位于西大街以北，北广济街以西，大学习巷以东，庙后街以南，回民历史文化保护区范围内。步行街南北长 380 米，是西安市内文物古迹密度最高的地方，沿街两侧大部分为民居建筑。

骡马市步行街，位于西安市东大街东段南侧，北起东大街，南至东木头市。全街长 612 米，宽 7 米，由五条巷子组成，从北向南依次为水车巷、肋子巷（新中国成立后改为西柳巷）、马王庙巷、戴家巷和惠家巷。

民乐园步行街，位于解放路和五路口十字东南角，是由尚俭路的东新街至东五路段（长约 630 米，宽 20 米）和东三路的解放路至尚勤路段（长约 350 米，宽约 15 米），形成的集购物、娱乐、休闲、观光多种功能于一体的"十"字形商业步行街区。

正学街，位于西大街南侧，南起马坊门，北至西大街，全长约 176 米，宽 5 米，路面为石板铺就，是西安为数不多保留有完整老式民居的街道。因其西临宋代大儒张横渠讲学之所"正学书院"而得名，今为以锦旗牌匾制作和售卖为主的特色步行街。

本页图：明城区鸟瞰图

右页上图：明城区功能用地分布图

5.1.3 多元混合：明城区街区功能

明城区作为多时期历史空间和多样态城市生活叠加的复合型城市生活片区，囊括了居住、商业、文化、行政、医疗、绿地等多种功能。并伴随建设发展，形成了以历史文化为内核、以居住功能为基础、以城市服务为中心、以文化展示为吸引力的整体发展定位，大多数街区功能复合。

街道作为城市基础设施和交通出行的重要载体，与人们的生活息息相关，既是城市公共活动的发生场所，又是人们获取城市印象、寄托城市情感的重要对象。东、西、南、北四大街两侧聚集商业空间，是明城的商业核心；回坊片区依然保留寺坊制的传统，地方特征浓厚；顺城巷自发形成的文化休闲空间正在成为年轻人的拥趸之地。

1. 居住

居住类街区作为明城区中量大面广的绝对功能主体，用地规模合计约407.25公顷，在明城区总用地结构中占比36.13%。横向比较东西南北四条

大街划分形成的四个主要城市片区，除西北片区的居住用地规模较大（约 162.82 公顷），其余三个片区较为均衡。明城区现存的居住街区总体上可以分为私房和集合住宅两大类。私房类街区主要聚集于回坊片区，三学街亦有少量残留。集合住宅包括安置返迁小区、单位大院、商品开发小区等类型。它们大多是在新中国成立后历次城市更新改造运动中逐渐形成的。因用地权属复杂，地块大小不一、形态各异，形成了复合拼贴的空间现状。

2. 商业

西安是西北地区的商业贸易中心，而明城区作为城市核心区，商业贸易发展迅速，消费吸引力巨大。明城区范围内，除居住和道路用地外，商业类用地规模最大，总计约 184.59 公顷，占比 16.38%，其规模远远大于其他各类用地，商业职能突出。

典型私房类居住街区：洒金桥传统院落居住性街区

典型集合住宅类居住街区：西南城角集合居住性街区

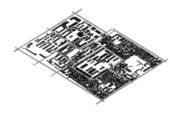

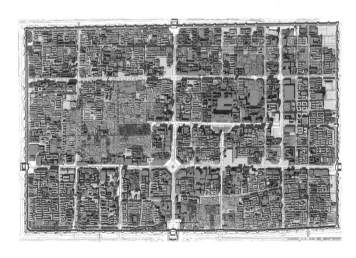

明城区居住空间总体分布

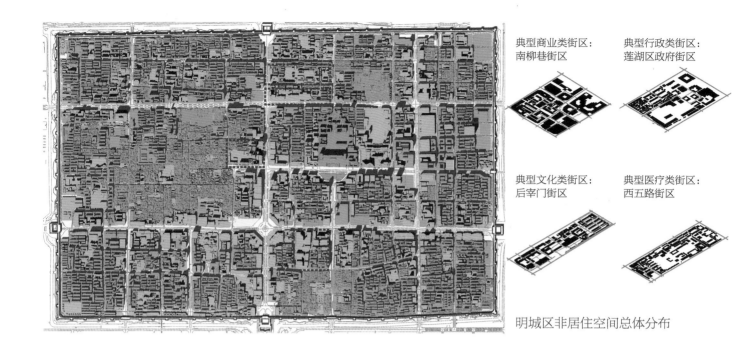

典型商业类街区：
南柳巷街区

典型行政类街区：
莲湖区政府街区

典型文化类街区：
后宰门街区

典型医疗类街区：
西五路街区

明城区非居住空间总体分布

在明城四个主要片区中，东北片区的商业街区规模最大，分布最广。溯其原因，乃民国以来的多项城市建设与变革促成了该区域的高速发展。1912年，满城的拆除给该片区的发展提供了契机，大量的空地促使各类民用建筑和商业机构在此集聚，故而形成了以尚仁路（今解放路）和东大街（当时名为中山大街）为中心的新商业中心。抗日战争爆发后，随着外省商业资本企业的迁入，尚仁路（今解放路）、东大街一带更显繁华，商业街区的地位日益凸显，并最终打破了长久以来西安城市内部的商业活动主要集中在西大街和南北院门的偏西格局。

发展至今，明城区的商业布局较之前发生了明显变化。北大街以银行、公司、百货商厦、娱乐、宾馆为主；南大街主要是一些百货公司和专业化、专营化的高端服务区；东大街一改以前的一些传统的小铺面组成的商业区，演变成了一些高级饭店，品牌化的专业、专营店，较高档的百货商场及高档的娱乐业场所；西大街也已发展成为一个集购物观光、休闲娱乐一体的具有古城特色的仿古商贸文化街区。另外，随着城市的发展，为适应市中心的需要出现了如德福巷咖啡一条街、骡马市步行街等专业服务街区。自此，明城区商业贸易得到了快速的发展，商业职能日渐凸显，成为明城区的主导功能。

3. 文化

西安作为西北地区乃至全国的文化中心，文化职能是仅次于商业的城市主导职能，文化类用地规模总计约91.41公顷，占比8.1%，在明城区中举足轻重。

当代明城区文化类用地主要包括宗教用地、文物古迹用地、文教用地和文娱用地，其中宗教用地，主要分布在城市的西部，即南北大街以西的两个城区，呈现出东西分布不平衡的状态。文物古迹用地主要集中在东南城区，是对明清东南城区历史文教区的延续。文教用地在明城区的分布较为均衡，相较而言东部片区分布规模大、密度高，其中东北片区分布的文教用地规模约占总文教用地一半之多。此外，文娱用地则主要分布在城市的东北片区。

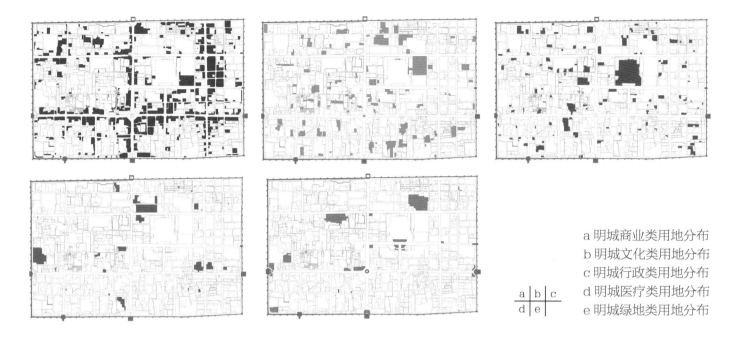

a 明城商业类用地分布
b 明城文化类用地分布
c 明城行政类用地分布
d 明城医疗类用地分布
e 明城绿地类用地分布

a	b	c
d	e	

4. 行政

行政功能位列第三，现今明城区的行政类用地规模总计约68.46公顷，占比6.07%。

行政类用地多分布在城市北部，即城市东西轴线以北的区域。其中东北城区分布的规模最大、密度最高，占总行政类面积的近一半以上，陕西省政府用地即包含于此，是西安重要的行政区，还保留有一些省、市的厅局部门，如省财政厅、民政厅等。近年来政府部门大多外迁，原本的行政用地改为基层行政单位，大体均布于明城的各片区。

5. 医疗卫生

医疗卫生用地总计29.85公顷，占比2.65%。其中，东北城区分布的规模最大、密度最高，西北城区次之，两大城区共计37.36公顷，约占总医疗卫生用地面积的93%，西南城区和东南城区的医疗卫生用地则不足7%。医疗卫生用地主要集中在城市西北城区和东北城区的城北区域。城南规模较小，分布较少。

6. 绿地

明城区绿地用地总计29.69公顷，占比2.63%。其在东北城区分布的规模最大、密度最高，西北城区略次之，两大城区共计26.04公顷，约占总绿地面积的90%，西南城区和东南城区的用地占比不足10%。因此，绿地在城北区域分布比较集中。城南绿地规模较小，分布较少。

7. 其他

除上述的6种用地外，还包括军事类用地、仓储用地等用地类型。军事类用地主要集中在西南城区，仓储用地则主要集中在西北城区。综上，就功能用地的分布来看，明城区的4个片区皆以商业功能为主导，无明显的特色分区。而其他类型用地，譬如宗教用地在西北城区分布较多，文娱用地在东北城区分布较多，分布较不均衡。显然，明城区在城市转型的背景下，受经济快速发展作用的影响，街区功能结构呈现出以商业为主导，多种用地类型分布不均衡的发展状态。

西安钟楼鸟瞰图

"街道不会存在于什么都没有的地方，亦不可能同周围环境分开。街道是母体，是城市的房间，是丰沃的土壤，也是培育的温床，它依靠人类的人性和周围的建筑而生存。"

——[美国]B·鲁道夫斯基《人的街道》

5.2 形态：明城区街道物质空间

　　每个城市都有其独特的街道网络结构形态，生长于特定的土壤，如同树根、枝干、叶脉一样层级分明、扩散生长，引导着城市空间结构的有序渐进发展。人们在街道网络形成的城市街道里生活、工作、游憩、交往。街道与两侧的各类建筑、绿化、设施、铺装共同构成各具特色的物质空间形态。并通过人们对街道空间的体验和感知而融入城市生活。可以说街道物质形态对一个城市的形象面貌和精神气质呈现起着至关重要的作用。

　　西安明城区街道空间拼贴特征明显，是一个复杂多元、各类并置的综合系统，也是西安城市空间形象的典型代表。川流不息的城市交通、多元丰富的街道生活和形态各异的物质形态，让人们体验真实的城市空间与场所氛围。

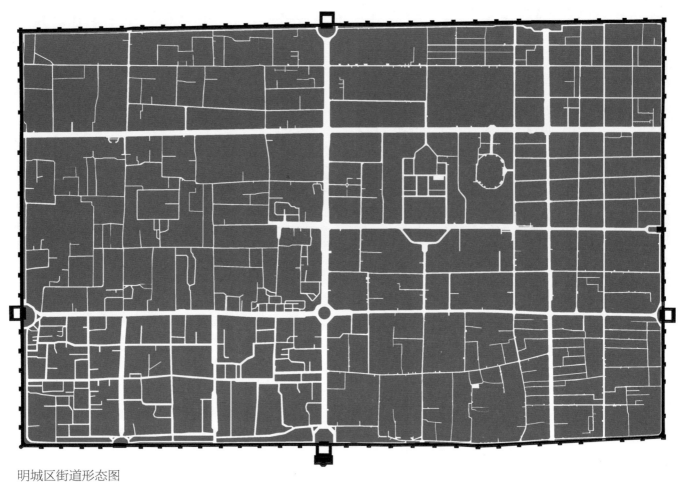

明城区街道形态图

5.2.1 拼贴并置：明城区街道形态

　　明城区历经千余年的发展变化逐渐形成，其街区形态、地块形态和建筑形态差异显著。隋唐皇城大街的依稀旧影尚存，明清府城街区的严整秩序可见，也能看到民国西京房屋的青砖檐口和新中国成立初期建筑的折中风格，还有更多遍布大街小巷的当代建筑。

1. 街区形态

　　不同时期的建设在明城叠加沉积，呈现出不同的街区形态。叠合的历史空间是地方文化基因的代表性图谱。建筑或许已经面目全非，地块形态也有所调整，但道路体系的拓扑特征却依然是最稳定、最能体现城市文脉的要素之一。明城区主要包括鱼骨状、小尺度方格网、稀路网和复合形态四种街区形态类型。

　　类型一，鱼骨状形态。

　　鱼骨状形态为传统城市的典型街区形态，明城区现有两个片区以这一形态为主。其中，一个是西安城内规模最大、分布最为集中的回族聚居区，另一个是城内东南片区。这两个片区在清代就已奠定鱼骨状路网的基础结构，后经民国发展完善，总体格局延续至今。

类型二，小尺度方格网形态。

小尺度方格网街区形态主要分布于明城区东半部，即尚德路至东城墙片区。这一形态具有道路尺度宜人、临街界面丰富、城市功能包容度强并且能够较好地适应现代机动车交通等优点。自改革开放后，该片区的建设发展表现出了明显的适宜性。

类型三，稀路网形态。

受现代功能主义和计划经济影响，明城区部分片区在发展建设中逐渐呈现出稀路网、大街区的形态特征，如省政府周边片区。新中国成立后以单位制为用地划分原则，街区占地面积大，取消部分支路改为内部道路，城市主、次干道原地拓宽，强调主体建筑形象，满足汽车交通需求。

类型四，复合形态。

改革开放后，在市场规律驱动下，明城区内许多临近城市主要干道的用地逐渐通过道路划分或土地使用权的转变而从原来的单位大院中脱离出来，成为独立地块。这些地块一般面积较小、进深较浅，但开发强度却很大，同原本的街区形态形成显著差异。后经多年发展融合，逐渐形成了复合形态。如以钟楼为中心的商业区域就是该类街区形态的典型代表。

上述 4 种类型客观反映了明城城市形态的历时性特征。如果我们把这四种模式看作是 4 种不同"基因"，那么，在某个历史时期，其中一种基因可能会占据主导地位，以显性的方式显现，其他基因起次要作用，并以微量或隐性的方式显现。

鱼骨状形态

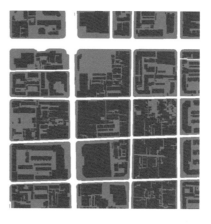

小尺度方格网形态

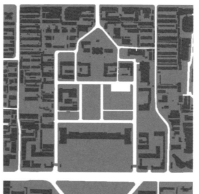

稀路网形态

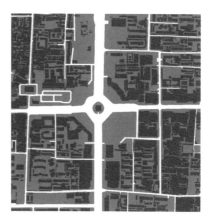
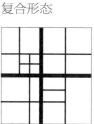

复合形态

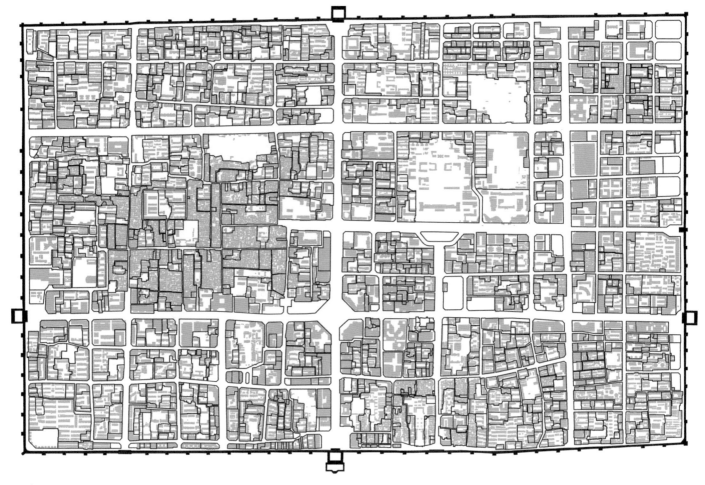

明城区整体地块形态

2. 地块形态

　　明城区地块以用地权属和使用性质为划分标准，结合道路、围墙确定地块范围。从形态上看，包括传统私家院落边界地块以及现代城市规划编制地块两种类型。前者以私建住宅为主，地块边界较为复杂，后者地块边界为规划确定的围墙或用地红线。

　　传统院落地块的形成受政治、经济、社会、文化和自然地理等多方面因素影响。

　　就政治文化因素而言，其用地通常是按照严格的阶级等级来进行限定和划分的。如宫殿、寺庙和官府等院落，由于地位、等级和信仰等的要求，院落地块相对较大，这是统治阶级意识的一种体现。如原明城秦王府（今省政府）地块。而民居院落则是普通平民阶级的居住空间，每户院落的地块划分都相对较小。就单一院落看，其布局形态受等级意识所左右，通常以二至三进院子组成，呈中轴对称格局，地位较高者居中间，地位稍低者居左右厢房，形成了相对窄长的院落地块形态。个别地位较高或较富裕家庭的院落则往往

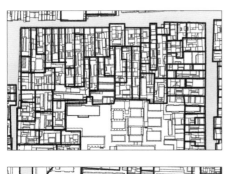
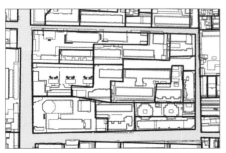

传统私家院落边界地块形态（上）和现代规划编制地块形态（下）

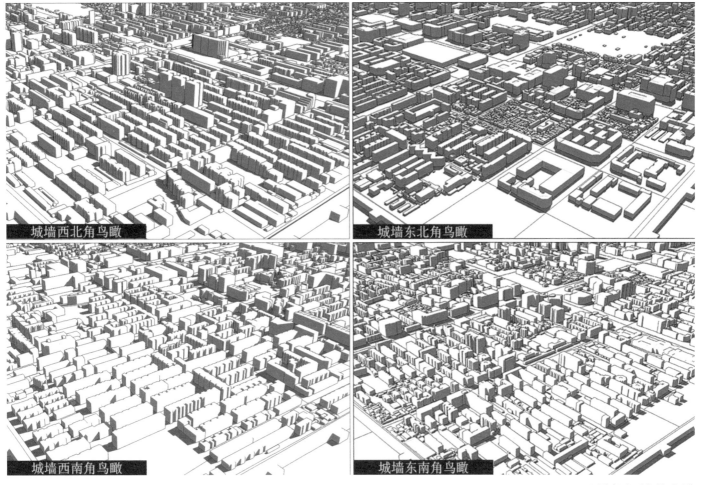

城墙西北角鸟瞰　城墙东北角鸟瞰

城墙西南角鸟瞰　城墙东南角鸟瞰

明城区四方位鸟瞰

由几个相似院落平行布置而成，在划分上仍属于化整为零的布局模式。因此，传统街区内的院落划分总体上仍呈现出以小地块为主的分布特征。

　　就经济影响因素来看，最早的居住街区是以"间里"和"里坊"制的形态出现的，而随着社会经济的发展，手工业和商业兴起，"市"渐渐成为城市居民主要的活动场所，原有的居住模式被打破了，每家每户的院落空间均垂直于街区主要道路，大门面向街道，由内向而转为了外向。因此也就形成了窄长形的院落地块垂直平行于街道两侧的形态。

　　从明城所处的宏观自然地理环境考虑，其所处关中地区地势平坦，因此城市布局比较规则，街区形态以方形和长方形居多，街道比较平直，地块划分较为规整，且明城区街道比较宽，建筑的院落进深因此也比较大。

　　随着城市经济的飞速发展，特别是近二十年来，明城区内的建设量剧增，大量的历史街区被改造和拆除了。现明城区内仅存回坊和三学街两处，得益于片区历史遗存丰富，街区在院落划分形态上仍较完整地保持了中国传统院落特色。在其他城市片区，大量的现代居住区、大型金融商业建筑和政府机关办公地逐渐成为明城内的主体。伴随当代市民生活模式转变和建筑技术提升，建筑与院落的空间尺度不断增加，城市地块亦逐渐呈现不断加大的趋势，地块划分密度不断下降。大而整的现代建设地块形态和小而密的传统院落地块形态融合在一起，形成了鲜明的对比。

　　从上述两种地块形态的特征可清楚地看出，明城区地块总体上呈现出一种拼贴化的非均质特征。

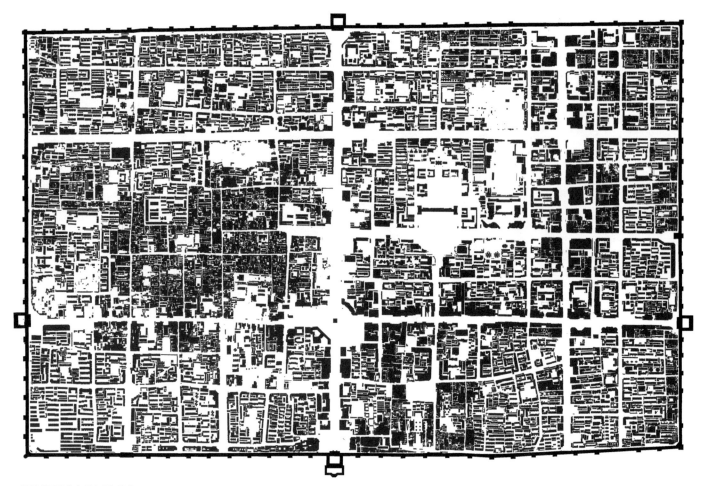

明城区城市肌理形态

3. 肌理形态

城市肌理是路网形态、街区尺度、道路模式、建筑式样和组合方式等关联要素共同塑造的城市形态格局，反映了不同社会经济文化背景下城市空间形态的基本特征。街道是城市肌理的骨架元素，建筑是形态元素。

明城区的城市肌理整体呈现一种非均质的分布状况。在回坊和三学街等传统街区，以及东北城区的局部地块，建筑排布密度较高，层数较低。在西大街、南大街、北大街、东大街和解放路沿线，建筑体量大、层数高。另外，由于城市的开发建设和城市绿地公园的设立，很多地方在图底关系上呈现大量的空白，这些区域主要集中在西大街、

北大街南段、骡马市、新城广场、市体育场、解放路中北段局部，以及莲湖公园和革命公园这两个明城区内最主要的公共绿地。

明城区建筑肌理形态主要包括密排式、周边式、行列式、占有式、混合式五类。

密排式：建筑紧贴建造在一起，之间基本不留间隙，单体建筑组合性强。这一类型主要集中分布在回坊和三学街。多为明清遗存延续至今的传统院落建筑群，或仿照其建设的低层院落，以及部分尚未更新改造的城中村也同样保持着这种肌理形态。

行列式：建筑成排布置，彼此间距较大，外部空间形

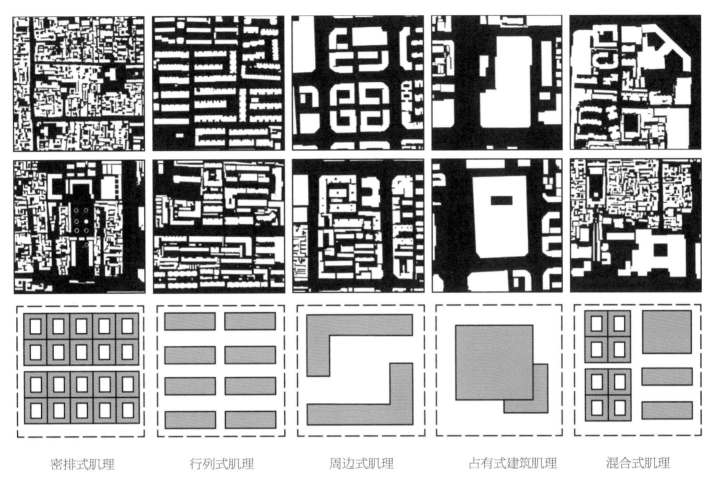

| 密排式肌理 | 行列式肌理 | 周边式肌理 | 占有式建筑肌理 | 混合式肌理 |

明城区城市肌理类型及典型样本

态往往较为单调，常见于现代多层住宅区。由于西安地处北方，居住类建筑对采光有着严格要求，同时受制于明城区的建筑限高要求，明城区内住宅基本以南北朝向的 4~7 层联排多层住宅为主。其中，在西北、西南、东南片区行列式分布特征最为明显。

周边式：建筑沿街区周边布置，在街区内部形成各自独立或共同的内院。明城区内东北角的片区，受西方规划思想和现代商业开发的影响，部分街区的居住街坊和商业建筑为周边式肌理形态。

占有式：一栋独立建筑或者一个建筑群落设置于街区几何中心或重要位置的街区，街区内建筑显著呈点状布置

特征。这一类型具有较强的外向性与异质性。明城区内 2000 年以后建设的现代商业街区多是占有式空间模式。

混合式：以上几种形式的结合或变形，呈拼贴效果，常见于经过局部改造的旧街区。明城区作为西安的老城区，开发时间长，内部土地利用高度混合，街区内部各种功能建筑混合布置，从而导致城市肌理形态也以混合式居多，且主要分布在东西南北 4 条大街沿线。

整体而言，整个明城区内还是以行列式城市肌理为主。其次为混合式肌理。周边式肌理、密排式肌理和占有式肌理数量较少。明城区建筑形态呈现了混合利用的整体趋势，混合度越高，拼贴化越明显。

明城区建筑密度图

明城区容积率图

图例（明城区建筑密度图）：
- 0 – 10%
- 10% – 20%
- 20% – 30%
- 30% – 40%
- 40% – 50%
- 50% – 60%
- 60% – 70%
- 70% – 80%
- 80% – 90%
- 80% – 100%

图例（明城区容积率图）：
- 0 – 1
- 1 – 2
- 2 – 3
- 3 – 4
- 4 – 5
- 5 – 6
- 6 – 7
- 7 – 8
- 8 – 9
- 9 – 10
- 10 – 11
- 11 – 12
- 12 – 13
- 13 – 14

5.2.2 低层高密：明城区街区密度

密度指标解释了建筑物之间以及与非建成空间之间的相互关系，不同种类的城市形态均可以在密度上得到直观体现与反馈。明城区的街区密度反映在建筑密度、容积率、平均层数和开放空间率四个方面。

1. 建筑密度

明城区内现状地块建筑密度主要集中在 40%~70% 之间，占地块总量的 72%。其中占比最多的居住地块，建筑密度主要集中在 40%~80%，其中 40%~60% 之间的地块主要为居住小区和家属院等公有权属地块。60%~80% 之间的地块主要为高密度居住地块，包括水

平展开的回坊和碑林等一至三层自建区，和垂直展开的高层商住公寓或居住小区。整体上西大街-北大街-莲湖路-大麦市街围合的片区居住密度最高，其次是碑林片区，最后是 1990 年代开始建设的集合住宅片区。

2. 容积率

明城区内容积率主要集中在 0~4 之间，占地块总量的 87%；其中 0~1 和 3~4 的地块占到 15% 左右，1~2 和 2~3 的地块各占 27% 左右；4 以上的地块占到13%。根据《西安历史文化名城保护条例》第二十六条规定，明城区内的综合容积率需控制在 2.5 以下。可以看出，明城区内的地块容积率绝大部分在 3.0 以下，部分地块（主要为城市主干道，如东西南北大街和解放路沿线的地块）

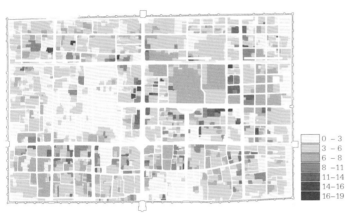

明城区建筑平均层数图

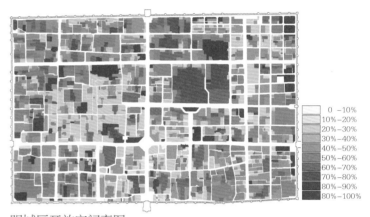

明城区开放空间率图

容积率在 3.0~6.0 之间，极少数地块容积率超过 6.0。大部分街区采取了趋向于高建筑密度、低容积率的开发模式。

3. 平均层数

明城区建筑平均层数多集中在 1~8 层之间，占地块总量 89%，其中 3~6 层占到 48%，3 层以下占到 26%。8 层以上的地块占到 10%。明城区仍然是以居住功能为主。从居住地块来看，居住地块的平均层数主要集中在 1~8 层，主要分为两个段落：1~3 层和 3~8 层，1~3 层主要为回坊、碑林等高密度居住地块，3~8 层主要为集合住区，包括家属院和开发型小区。8 层以上的高层居住地块比例较小，多为 2000 年以后建设的高层小区或商住公寓，在明城区内以点状出现，建筑高度最高达到 19 层。

4. 开放空间率

开放空间率是一个与建筑密度相对的概念，主要用于表达开放空间的分布和聚集程度。明城区开放空间主要集中在广场公园和独立的企事业单位、教育医院等有场地需求的地块。

对明城区的基本信息采集，通过以上四个方面可以看出，明城区不同地块的强度处于复合拼贴的状态，不存在独立的分区。明城区现状沿主干道两侧的建筑高度和体量最大，街区内部为相对均质的居住地块，住宅建筑形态呈现高密度小体量和行列布置中等体量两种形态。而大体量的公共建筑成为地块形态的标识物，它的组织反映了明城区现状的公共空间结构。

综上，明城区内的街区整体呈现低层高密的状态。

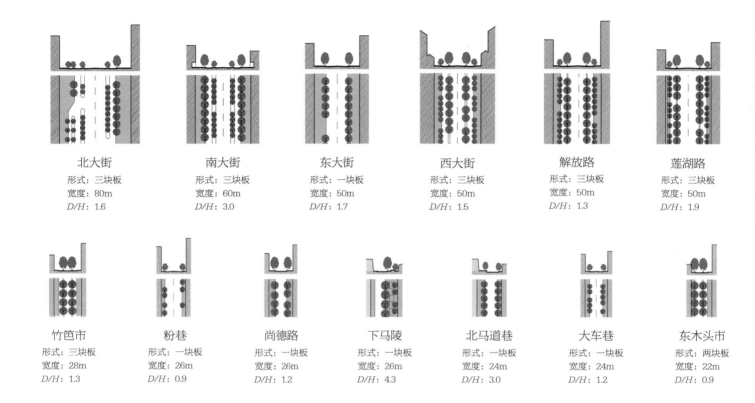

北大街	**南大街**	**东大街**	**西大街**	**解放路**	**莲湖路**
形式：三块板	形式：三块板	形式：一块板	形式：三块板	形式：三块板	形式：三块板
宽度：80m	宽度：60m	宽度：50m	宽度：50m	宽度：50m	宽度：50m
D/H：1.6	*D/H*：3.0	*D/H*：1.7	*D/H*：1.5	*D/H*：1.3	*D/H*：1.9

竹笆市	**粉巷**	**尚德路**	**下马陵**	**北马道巷**	**大车巷**	**东木头市**
形式：三块板	形式：一块板	形式：一块板	形式：一块板	形式：一块板	形式：一块板	形式：两块板
宽度：28m	宽度：26m	宽度：26m	宽度：26m	宽度：24m	宽度：24m	宽度：22m
D/H：1.3	*D/H*：0.9	*D/H*：1.2	*D/H*：4.3	*D/H*：3.0	*D/H*：1.2	*D/H*：0.9

5.2.3 宽窄有别：明城区街廊尺度

明城区街道功能丰富，空间形态各异，尺度多样，两侧建筑高低错落，形成了变化丰富的街廊形态。而其作为历史文化名城西安的核心区，街廊尺度的合宜对保护历史建筑，延续历史街区风貌，传承历史城市格局均有着至关重要的作用。

1. 断面形式

在城市街道中，一般利用一定的侧石高度使人行道面高于车行道面，达到人、车分离的目的，并利用路面划线标志或分隔带来分离对向车流和机动车与非机动车流。分隔带在街道横断面上的位置与条数的不同，决定了街道横断面形式的不同。一般城市街道断面形式分为三类：车行道上完全不设分隔带，以路面划线标志组织交通或不做划线标志，将机动车设在中间，非机动车在两侧，按照靠右规则行驶的，称为一块板；利用一条分隔带分隔对向车流，将车行道一分为二，称为两块板；用两条分隔带分隔机动车与非机动车流，将车行道一分为三，称为三块板。随着分隔带的增多，人流、车流被区分得很清晰，交通愈加顺畅；但是街道中人与人之间的交流，生活场景的产生，被无情地扼杀了。

在明城区街道中，一块板最多，多为支路和次干道使用；三块板其次，以主干道为主；两块板最少。这是由于两块板主要用以解决机动车对向行驶的矛盾，在城市街道中并不适用，如东木头市和太阳庙门这两条两块板街道，是由于街道改造拓宽时，只拓宽的其中一侧，于是形成了两块板的格局。由此可见，西安明城区内街道横断面形式以交通与城市生活融合并行的一块板为主流，断面形式略显单一，缺少更精细化的断面设计。

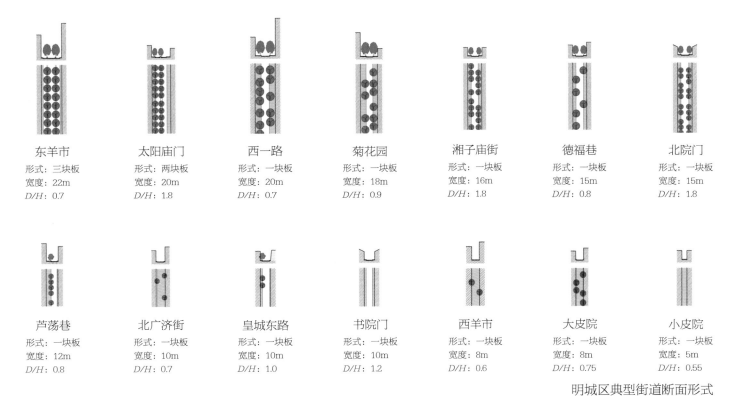

东羊市	太阳庙门	西一路	菊花园	湘子庙街	德福巷	北院门
形式：三块板	形式：两块板	形式：一块板	形式：一块板	形式：一块板	形式：一块板	形式：一块板
宽度：22m	宽度：20m	宽度：20m	宽度：18m	宽度：16m	宽度：15m	宽度：15m
D/H：0.7	D/H：1.8	D/H：0.7	D/H：0.9	D/H：1.8	D/H：0.8	D/H：1.8

芦荡巷	北广济街	皇城东路	书院门	西羊市	大皮院	小皮院
形式：一块板	形式：一块板	形式：一块板	形式：一块板	形式：一块板	形式：一块板	形式：一块板
宽度：12m	宽度：10m	宽度：10m	宽度：10m	宽度：8m	宽度：8m	宽度：5m
D/H：0.8	D/H：0.7	D/H：1.0	D/H：1.2	D/H：0.6	D/H：0.75	D/H：0.55

明城区典型街道断面形式

2. 街廓比

芦原义信在《街道的美学》中定义街道宽度为 D，沿街建筑高度为 H，而街廓比 D/H 则是用以评价街道空间体验优劣的重要参数。

明城区内大部分街道 $D/H<1$，属于街道空间较为狭窄紧迫的类型，这主要是由于明城区的街道大多数延续了历史尺度，但是沿街建筑的高度却大为增加，导致这一结果的产生，也从侧面反映出老城区内密度大、人口多、用地少的现状特点。同时也有少数街道拓宽改造后较为宽阔，D/H 接近 2 或大于 2，这类的街道主要为拓宽改造后的主干道和顺城路；其中比较特殊的是湘子庙街和太阳庙门，本身街道宽度并不大，主要是控制了沿街建筑的高度，取得了较为宽阔舒适的效果。最后还有尚德路、竹笆市、大车家巷、皇城东路、书院门这 5 条街道的 D/H 值在 1 左右，比例较为舒适。

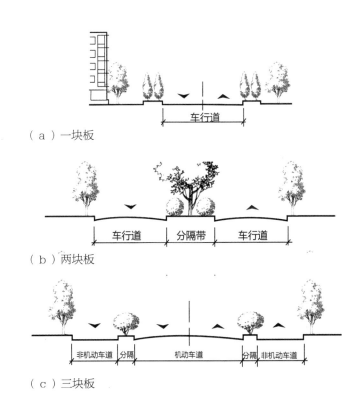

（a）一块板

（b）两块板

（c）三块板

明城区街道横断面的类型

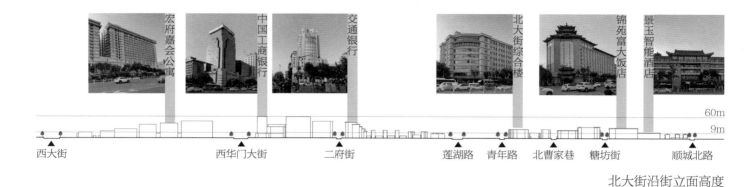

宏府嘉会公寓　中国工商银行　交通银行　北大街综合楼　锦苑富大饭店　景玉智能酒店

60m

9m

西大街　　　西华门大街　　二府街　　　莲湖路　青年路　北曹家巷　糖坊街　　　顺城北路

北大街沿街立面高度

和家酒店　锦江西京国际饭店　美丽豪酒店　西安妇幼保健院　西安市公安局

60m

9m

西举院巷　贡院门　　大麦市街　　学习巷　　大学习巷　　　　北院门　　　北大街

西大街沿街立面高度

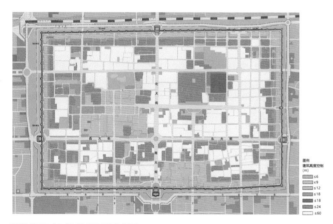

明城区高度分区规划图
来源：《西安明城区保护规划》

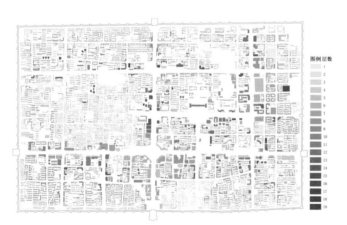

明城区建筑高度现状图

3. 主要大街高度体系

　　明城区内建筑高度在《西安明城区保护规划》要求下得到了一定的控制，但由于城市发展的复杂性，建筑高度体系仍呈现出高低错落、差异明显的特点。总体来看，明城建筑高度呈以钟楼为中心向东南西北四个方向升高并在城墙处降低的总体趋势。东大街、西大街、南大街、北大街，四条视线通廊沿线两侧新建建筑高度均超过了规划高度的要求。城墙内100米范围内原9米限高区，现已被大面积的多层居住建筑所打破。重点文物保护区及历史街区原有9米、15米高度限制也被周边私建住宅和商品楼盘所打破。

　　南大街的沿街建筑绝大多数建于1980、1990年代，建筑高度控制为24米。1980年代建设期的福康和西北二轻大楼在高度控制线以下，其余建筑均超出控高范围线，其中西安市工商银行大楼高度达到31米，超出控制线7米之多。在1990年代建设的建筑除富豪大厦外其余8栋建筑均超出24米控制范围线，高度控制已完全被突破。

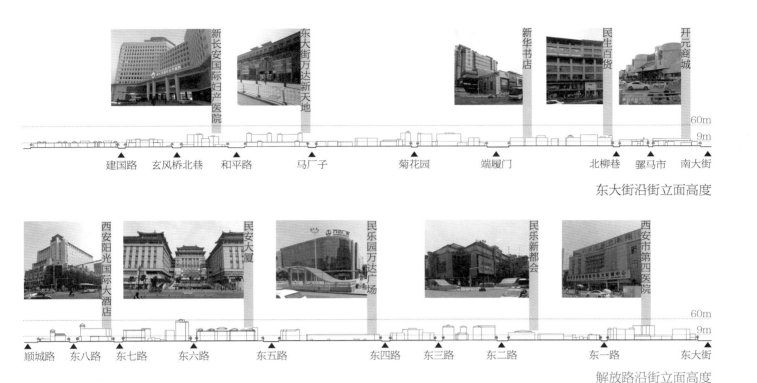

新长安国际妇产医院　东大街万达新天地　新华书店　民生百货　开元商城

60m
9m

建国路　玄风桥北巷　和平路　马厂子　菊花园　端履门　北柳巷　骡马市　南大街

东大街沿街立面高度

西安阳光国际大酒店　民安大厦　民乐园万达广场　民乐新都会　西安市第四医院

60m
9m

顺城路　东八路　东七路　东六路　东五路　东四路　东三路　东二路　东一路　东大街

解放路沿街立面高度

在 2000 年以后建成的建筑高度都达到 30 米线附近，建筑高度失去控制。对于南大街北端和南端靠近古建筑附近的新建建筑更是超出建筑高度限制的规定。

北大街在划定的 36 米控制区域内三栋高层建筑，新时代广场、交通银行大楼、陕西省新闻出版大楼高度都近 60 米，其中两栋分别位于城市主要节点，位于允许建设 60 米以下高层建筑区域内，而新时代广场则是位于此区域以外突破规定的超限高商业建筑。在靠近北门的 9 米、15 米、24 米控制区域内，绝大多数建筑高度都能遵守高度限制规定。

东大街和西大街是近年来改造的大街，除了小规模的店铺在建筑高度上能保持在控制线以下外，大型建筑在所在的地段内都不同程度地超出高度控制范围。顺城巷一圈建筑高度都在控制范围内，得到较好的控制。

4. 主要片区高度体系

明城高度控制所提出的高度控制的梯级格局基本上形成，虽然没有完全按照规划划定的界限依次升高，但从城墙保护范围向城中心的建筑高度总的趋势还是由低到高的梯级格局。

明城区内两片历史街区高度控制得较好，多数地块建筑总体高度为 9 米区，历史街区周边地区建筑也基本控制在 15 米区和 24 米区，且高层建筑数量较少。其他建筑高度较低的地区还有明城东北片区，建筑高度控制在 9 米区和 15 米区（主要集中于东大街以北尚勤路以东地区），但与历史街区不同的是，该片区虽然高度控制界限较为宽松，但其建筑高度却始终保持较好。此外，在明城西北片区、西南片区、东南片区的高度大部分地区限高以 24 米为主，这三大片区的总体高度特征类似，建筑高度等级分布较为均衡，整体空间形态没有严格按照规定的由低层区、环城区、高层可行区向多层区高度梯级过渡。高层建筑的分布也不像规划要求的在高层可行区内建设，高度在 24 米以上区和 36 米以上区的分布并没有明显的规律，建设现状和规划设想差距较大。

113

西安明城区鸟瞰图

"城市建设是一个历史范畴，任何一座城市在营造自己的文化环境的同时，都需要在原有城市文化的基础上进行再创造，使城市形象独具特色，一座城市没有文化将失去灵魂，没有特色将失去活力。"

——张锦秋《城市文化环境的营造》

5.3 风貌：
明城区街道视觉景观

　　街道视觉景观由沿街建筑、绿化、环境设施、人流和车流等元素共同组成，是兼具形态和人文特征的空间视觉综合形式。作为城市公共空间的结构骨架和城市公共生活的主要区域，街道富有活力，最能反映城市文明程度和体现城市特色。街道把不同城市景色联结成了连续的景观序列，形成城市视觉通廊，达成人们对于城市的空间体验。明城区街道景观内容丰富而复杂，既包括体现城市历史、文化、自然风貌的建筑和风景，也包括各种城市生活场景。在整体城市景观的保护下，明城区街道形成了一种独具特色的景观特征，景观可识别性较强，展现了古都的地域文化特色。

当代明城区钟楼南望街道视廊

旧时钟楼远眺终南山显现的山城关系
来源：王凌 1960 年摄

旧时钟楼南望大雁塔的景观联系
来源：申忠雄 1977 年摄

5.3.1 四向各望：明城区街道视廊

街道景观视廊是指利用街道开敞空间形成的视线通廊，在街道设计中可以通过梳理街道视域范围内视点与景点的关系，以达建立良好的城市景观秩序和风貌特征。明城区的景观视廊主要包括三类：以钟楼为中心，向东西南北四个方向形成各有特色的轴线景观；由平直整齐的棋盘路网所构成的街道景观；城楼、城门洞、塔、楼堂等重要建筑形成的对景景观。

明城区东西、南北中心轴线是统领整个明城区的核心线索，是体现西安明城区整体风貌的重要视线廊道。从钟楼望去，作为明城区的主要干道的东、西、南、北 4 条大街在总体上把控着城市景观体系，成为建立城市形象认知的重点空间领域。"终南阴岭秀，积雪浮云端"对于西安来讲是十分重要的自然山水背景，无论是明代钟楼与唐代

大雁塔的穿越时空的对话，还是"林表明霁色，城中增暮寒"①所传达的山城关系，都与街道形态及两侧的建筑高度息息相关。现代城市建设使得这些城市代表性景观通廊遭到破坏，西安南郊地区及轴线上的高层建筑遮挡主要视线，"以城望山，以山阅城"的场景已大打折扣。

南大街在西安是连接四城门与钟楼距离最近的一条街道。它与大南门外的城市礼仪性出入口相通，是展示城市风貌的最佳场所。北大街和南大街串接在城市最重要的南北中轴线上，集中了西安近现代各个时期的代表性建筑，如钟楼邮局、人民剧院、和平电影院、报话大楼等新中国初期的"西安十大建筑"，中国建设银行、西安百货大楼、中国工商银行等1990年代建筑，以及开元商城、中大国际等21世纪新建筑。这两条大街的街道尺度较大，个别建筑突破了明城高度控制线，城市中轴线的空间特征显著。

西大街是四大街中唯一一条经过整体风貌规划和严格建设控制的街道，因与唐长安皇城天街旧址重合，其沿街建筑全部采用仿唐风格，风貌统一。东大街是西安解放后逐渐形成的商业大街，从钟楼到大差市，向北延伸到民乐园，开元商城、唐城百货、民生百货、万达购物中心等购物中心，以及骡马市、民乐园步行商业街区都汇集于此。东大街几经改造，进行了统一的规划，控制了建筑高度，令街道环境质量有所提升，但商业氛围受社会发展大环境的影响，活力略显不足。

明城区继承了典型的传统棋盘式道路格局，道路网较密，很多道路因被城墙阻断而形成了街道与城墙的对景。如解放路北望火车站，朱雀大街南望朱雀门等。城墙亦因此成为明城街道重要的景观要素，彰显古城意向。此外，明城区内城楼、角楼、钟楼、鼓楼以及碑林等丰富的历史建筑之间形成的建筑对景，如钟楼、鼓楼之间具有良好的景观视线关系，亦很好地烘托了城市独特的历史文化氛围。

① （唐）祖咏《终南望余雪》

5.3.2 地方特色：明城区街道风貌

　　城市街道风貌映射着社会的政治、经济、科技、历史人文和自然地理等所赋予城市的地域性、时代性典型特征。其作为记述历史进程的代表性文化基因，以特定的物质存在形式，诉说曾经发生的故事，留下风土的遗痕。

　　明城区拥有全国唯一保存良好的明代城墙。城门、敌楼、瓮城、角楼、护城河、堤岸坚固整齐，蔚为壮观，是技术与艺术高度统一的建筑杰作。明城区内有国家级文保单位 16 处，省级文保单位 22 处，市级文保单位 15 处。保留了三学街、北院门、七贤庄三处历史文化街区，以及由湘子庙街、德福巷、竹笆市构成的历史风貌区。这些历史街区均蕴含了丰富的历史内涵，承载了当地人的群体记忆。围绕这些具有地方特色的历史片区，亦形成了不同文

化体验的特色休闲街道，如红色文化体验线、回坊特色体验线、顺城商业休闲线、环城慢行休闲线、城墙探迹游览线、内城慢行休闲线等。它们在风貌上各有特色，是人们感受明城历史文化氛围的主要场所。

　　围绕钟楼，东、西、南、北四条大街构成中轴对称、经纬纵横的城市整体框架，可识别性突出，是城市风貌的缩影。四条大街也由于不同年代的更新改造，其整体形象与风格亦各有不同。

　　南大街是西安改革开放后最早启动改造的街道，1980 年代末街道格局初步形成，沿线建筑直到 2000 年代左右才基本完成，部分新建建筑 2010 年前后又经过了一轮改造。改造前街道较窄，两侧商店店面密集，建筑体量较小，街道视距较深，有纵长感，传统的商街氛围浓厚。改造后，道路拓宽，建筑以 36 米为总体控制线（钟楼宝

顶高度），体量明显加大。因整体建设周期跨越 30 余年，建筑风格各异，反映了不同时期的建筑特点。如屋顶简化处理的西安有色冶金设计院办公楼（后屋顶改造为传统攒尖顶）、现代风格的中国建设银行、欧陆风格的中大国际（后改造为现代简约风格）、折中主义风格的中国建设银行等。临街建筑大多以平直的立面面向街道，除了临近钟楼的部分建筑底层做了骑楼处理，大部分建筑形体高、低、进、退变化不明显，且空间节点的穿插较少，致使整体空间较为单调，原本的传统城市空间的层次变化在现代化建设中逐渐消失，高大的钟楼和南门城楼在现代建筑体量的压迫下显得局促。

2000 年代的西大街改造吸取了南大街拓宽变短的教训，在确定新唐风整体格调的基础上，分片成组，复式组合，形成高低错落的沿街建筑天际线。整条街采用了新而

不古的简化传统造型语言，重复相似组群的呼应烘托了整体的统一，共同营造出颇有古韵新风的整体风貌。但是，西大街改造依然无法摆脱"风貌式"改造的诟病，仅仅关照早已湮灭的皇城意向，忽略对于现实明清城市文脉的延续，造成历史观的"厚此薄彼"。此外，亦同样存在当代人文精神匮乏等问题。在人们的生活方式和审美意识都趋向于现代文明的背景下，刻意追求某种历史阶段的仿古中式建筑，不仅是不可持续的，也是一种经济上的浪费。

2010 年之后，北大街和东大街改造陆续开展，在更新建设中不再拘泥仿古形式，大屋顶被弱化，通过三段式建筑立面划分、传统符号的简化转译等方式突出简约大方的现代风格。临近钟楼和城门的建筑，仅在局部语言符号上和传统呼应，含蓄地表达了中式建筑特征。就建筑风貌而言，注重街道整体性的同时，单体设计也有了一定创新。

当代街道空间设计意向．UIA2017国际大学生建筑设计竞赛优秀奖作品

"街道的设计和运行应为全部使用者提供安全的通道……意味着交通部门必须改变过去优先考虑小汽车的做法，确保所有人出行的安全。"

——[美] 全国完整街道联盟

5.4 回归：明城区街道发展思考

进入现代社会以来，功能主义主导城市规划建设与管理，工具理性被过度放大，街道蜕化为单一的功能性交通空间。"以车为本"的规划建设带来的城市问题引发人们的思考 ——"街道到底是谁的"？21世纪初，旨在为所有使用者建立安全、绿色、活力街道环境的"完整街道"概念试图回答这个问题。

跨出明城墙的西安已加入千万人口的大都市行列，现代城市道路系统在城市发展中扮演重要角色，如何保持出行的高效便捷、关照慢行者和步行者的路权、延续既有城市街道空间的群体记忆、塑造高品质的街道生活场所，是西安迈入国际化城市的基本条件。

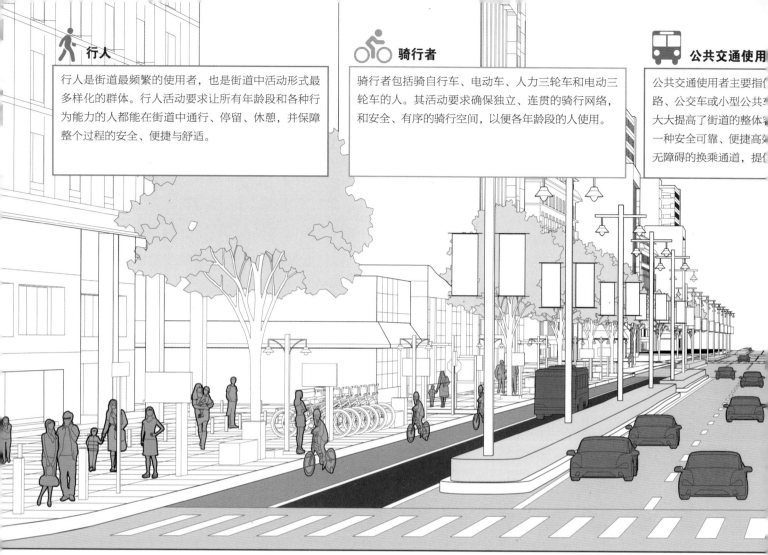

行人

行人是街道最频繁的使用者，也是街道中活动形式最多样化的群体。行人活动要求让所有年龄段和各种行为能力的人都能在街道中通行、停留、休憩，并保障整个过程的安全、便捷与舒适。

骑行者

骑行者包括骑自行车、电动车、人力三轮车和电动三轮车的人。其活动要求确保独立、连贯的骑行网络，和安全、有序的骑行空间，以便各年龄段的人使用。

公共交通使用

公共交通使用者主要指□路、公交车或小型公共□大大提高了街道的整体□一种安全可靠、便捷高□无障碍的换乘通道，提□

街道活动主体

大多数城市中，街道所占公共财产的比例最大，因此需要根据不同街道使用者的具体需求平衡街道空间使用。街道设计应有利于步行、骑行、公共交通运输、载客机动车使用及从事商业经营等。

5.4.1 人本理念：多维目标的载体

2010 年以来，西安进入发展的快车道，城市空间与人口增长迅猛，人流物流倍增，交通压力凸显。特别是已建成区域，既有道路无法适应都市快速发展需求，道路拥堵严重。政府以"缓堵保畅"为指导开展交通规划和道路改造，出台拓宽道路、打通断头路、交通管制等系列措施，在一定程度上提高了车辆出行效率，缓解了交通压力。但是，"以车为本"的建设改造带来的负面影响显著，城市被单一的交通功能绑架，街道空间的多义性被忽略，使得人反而成了街道的弱势群体。

2015 年 12 月，中央城市工作会议召开，明确提出城市进入由增量发展转向存量治理的新阶段，更加注重内涵建设。强化内涵发展的城市，首先应该是一个尊重"人"的城市，不仅需要考虑人的基本物质需求，更要结合人的知觉认知和文化情感需求，全面理解城市空间的多元功能属性与场所精神

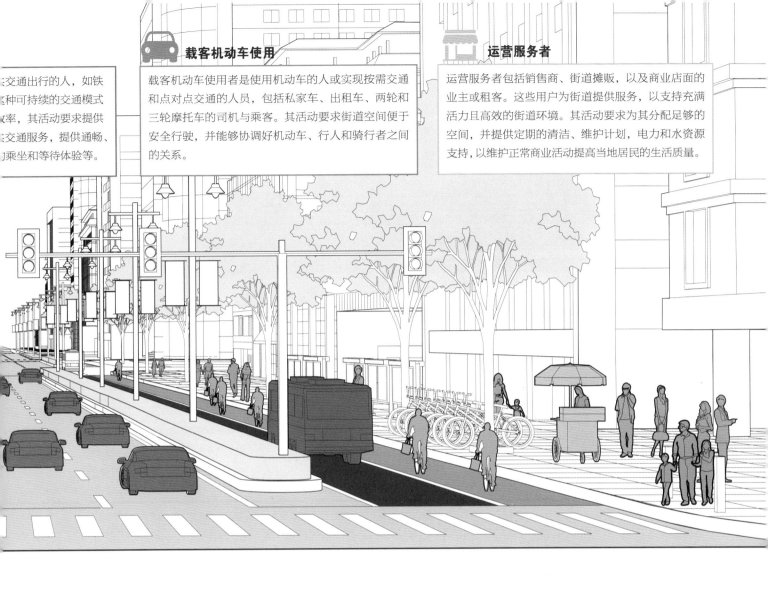

载客机动车使用

载客机动车使用者是使用机动车的人或实现按需交通和点对点交通的人员，包括私家车、出租车、两轮和三轮摩托车的司机与乘客。其活动要求街道空间便于安全行驶，并能够协调好机动车、行人和骑行者之间的关系。

运营服务者

运营服务者包括销售商、街道摊贩，以及商业店面的业主或租客。这些用户为街道提供服务，以支持充满活力且高效的街道环境。其活动要求为其分配足够的空间，并提供定期的清洁、维护计划，电力和水资源支持，以维护正常商业活动提高当地居民的生活质量。

（左上角部分文字）……交通出行的人，如铁……种可持续的交通模式……率，其活动要求提供……交通服务，提供通畅、……乘坐和等待体验等。

意义。城市街道首先应满足人、非机动车、机动车等各类出行需求；其次，街道是城市公共空间的重要组成部分，承载各类社会活动；最后，街道更是城市文化和群体记忆的空间载体。因此，使街道重新回归人性的属性，既是提升城市品质、改善城市环境的重要途径，也是激发城市活力实现可持续发展的关键举措。

简·雅各布斯在《美国大城市的死与生》中指出，"街道是城市的生命之源，只有街道有了生气，有了活力，才能形成有活力的城市"。显然，街道活力的营造不仅关乎街道自身，更关乎城市整体活力的营造。在街道的设计和运行中，应充分考虑街道的历史与现实特征，满足行人、骑行者、公共交通使用者、载客机动车使用者和运营服务者五类使用者的综合需求，关照城市空间的多意性。

西安明城内涵丰富，街道更新既要尊重不同历史阶段所形成的空间特征，也要努力适应现实发展需求，力求形成具有地域特色和吸引力的城市环境。换言之，即重视"人"在街道中的行为习惯和活动特点，也要综合考虑交通功能、沿街设施、空间特色和景观风貌等整体要求。综上，西安明城区街道可分为复合型商业街道、生活型服务街道、特色型休闲街道、综合型交通街道等四大类型，并以此确立发展目标。

需要注意的是，对特定的街道来说，其所属类型并非一成不变，城市是动态发展的有机体。交通组织方式和街道两侧用地功能等环境的变化均可能导致街道类型发生改变。街道的建设目标应适时做出调整，形成切实有效的品质提升。

典型街道使用活动场景

来源：西安建筑科技大学建筑学专业 2014 级课程设计

第一，复合型商业街道。

是指沿线布置大型商业综合体、文化设施，具有一定服务职能或业态特色的城市主要商业大街，如东、西、南、北四大街和解放路。其街道空间应能充分满足商业类公共活动需求，有序组织各类交通流线，注重街道风貌景观和公共空间节点营造。鼓励商业空间向街区内部延伸，创造步行化全天候商业街区，提升消费环境品质，塑造城市活力区域。

这类街道以城市型商业活动为主，同时兼顾文化、娱乐等其他非消费性活动。以及步行通行、闲逛、表演、游憩、玩耍等非消费性活动。

第二，生活型服务街道。

是以服务本地居民、企业和工作者的中小规模零售、餐饮、生活服务型商业（理发店、干洗店等）等设施以及公共服务设施（社区诊所、社区活动中心等）为主的街道。明城区内该类型街道最多。其通常交通流量不大，优先考虑人们的出行、休息与交往需求，适度降低机动车通行速度，营造安全舒适的步行与骑行环境。

该类街道是社区日常生活的重要场所，为居民提供会面与交往空间。该类街道容纳在住所、工作地点、公交站点、公共服务设施之间步行通勤的必要性活动，以及邻里会面、漫步、攀谈、玩耍等经常性活动。

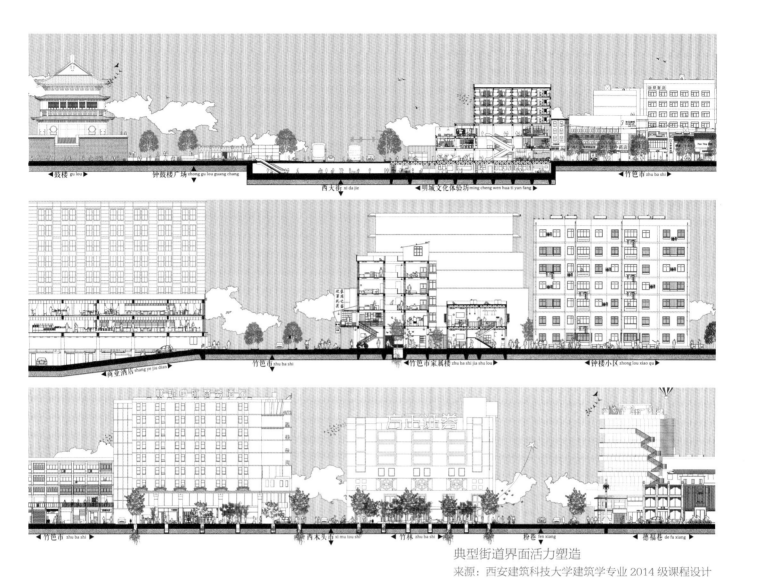

◄鼓楼 gu lou► ◄钟鼓楼广场 zhong gu lou guang chang► ◄西大街 xi da jie► ◄明城文化体验坊 ming cheng wen hua ti yan fang► ◄竹笆市 zhu ba shi►

◄商业酒店 shang ye jiu dian► ◄竹笆市 zhu ba shi► ◄竹笆市家属楼 zhu ba shi jia shu lou► ◄钟楼小区 zhong lou xiao qu►

◄竹笆市 zhu ba shi► ◄西木头市 xi mu tou shi► ◄竹林 zhu ba shi► ◄粉巷 fen xiang► ◄德福巷 de fu xiang►

典型街道界面活力塑造
来源：西安建筑科技大学建筑学专业 2014 级课程设计

第三，特色型休闲街道。

指景观及历史风貌特色突出，沿线集中设置成规模休闲活动设施的街道，主要包括特色景观街道、历史风貌街道，如书院门、北院门、德福巷、顺城巷等。特色景观街道通过沿线特色环境体现地区风貌，历史风貌街道则主要以两侧的历史建筑为主要特色。总体上以步行活动为主，应避免车辆穿行。

该类街道往往历史悠久，地域特征明显，是城市最具吸引力的旅游观光、休闲娱乐场所，具有良好的空间环境条件，在城市街道系统中独具魅力。通过优美的景观环境激发街道活力，达到促进社区内部交往的根本目的。

第四，综合型交通街道。

指承担交通职能为主的复合型街道。西安明城区作为老城区，其内部几乎没有单纯的现代交通街道，通常都是与其他街道活动复合使用形成交通主导的综合性街道，主要包括主干路和解决较长距离交通联系的城市干道，如莲湖路、和平路等。

对交通干道而言，机动车交通构成了交通的主要部分，保证交通效率是其首要目标。受既有城市空间和城墙限制，明城区内交通型街道不应简单采用拓宽路面的做法，易造成街道尺度失调。应当通过疏解交通源，鼓励公共交通等措施缓解交通压力。

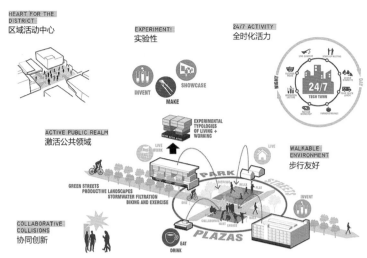

多元目标驱动的街道公共空间设计
来源：底特律中心科技园区城市设计，Sasaki

5.4.2 各取其道：多元价值的建构

现代城市在机动车的便利中离人越来越远，人们开始反思现代主义城市建设观念。限制汽车数量、推广替代型交通工具、控制流动及可达性等交通政策先后出台，如1960 年代初巴黎优先发展公共交通，1970 年代荷兰推行自行车政策、伦敦限制小汽车发展等。同时，在雅各布斯、凯文林奇等学者的推动下，街道复兴运动开始，特别是 1980 年代后，美国"新都市主义"、英国"新传统主义思想"实践成为主流，街道价值回归。

21 世纪初"完整街道"概念提出，旨在通过改革道路政策，为街道上所有出行者及交通方式提供出行平等、安全的需求，包括：减少超速等安全问题，改善街道风貌，营造宜人氛围，为居民步行提供便利等，使"不完整街道"逐渐变成安全、绿色、活力的"完整街道"。之后活力街道运动开展起来，提倡重视场所、文脉传承以及独特性营造的街道设计，全面提升城市质量，落实公众参与。许多国家及城市围绕场所性、步行性及自行车友好等观念重新制定了相关政策。目前，西方城市已全面进入精细化的道路系统规划与分类管理阶段。

2016 年 10 月，中国第一部街道设计导则《上海市街道设计导则》颁布施行，标志着我国城市街道设计进入新的阶段。随后，南京、广州、昆明、北京等也相继出台街道设计导则，街道价值得以重新发现。这种价值转变对街道的建设管理提出了更加精细化、人性化、智慧化的新要求，倡导安全、绿色、活力、智慧等明确的多元化价值导向。

第一，安全街道。安全顺畅是人们参与街道活动和街道系统保持良性运转的重要基础，街道设计首先应当保证交通有序，确保步行有道、骑行顺畅、车行快捷，保障不同使用主体的路权，形成连续、通畅的步行、骑行、车行网络；建立清晰明确的交通标识系统、便利灵活的交通换行节点和多样完善的街道设施。

第二，绿色街道。绿色生态强调街道空间资源的集约、节约和复合利用，倡导绿色低碳出行，并兼顾活动与景观需求。通过生态种植和绿色技术的使用改善街道小气候，提升街道绿化品质，促进人工环境和自然环境的和谐共存，营造便利、舒适的环境感受，增加街道空间的吸引力。

"完整街道"导向下的街道场所塑造
来源：A Future For the Oxford Street District

第三，活力街道。注重街道空间和使用功能的一体化设计，重视街道界面功能形态、空间尺度以及环境设施的便捷性和多样性，形成丰富的视觉体验，延长行人的停留和活动时间，促进市民交往交流，提升城市生活体验。注意街道空间环境特色的呈现，延续历史人文氛围，强化场所意义。

第四，智慧街道。主要体现在整合街道设施进行智能改造提供智能协助、安全维护、生活边界、环境"智"理等服务。包括应用智能出行辅助手段，倡导共享出行方式；建立智慧设施交互系统，提升城市服务水平；打造智慧管理检测平台，提高信息管理效率等综合措施。

围绕"完整街道"概念的规划设计原则推动了街道规划设计、建设实施和运营管理的持续变化，主要反映在以下方面。

首先，从"以车为本"向"以人为本"转变。机动车的行车效率不再是唯一优先目标，注重步行优先、多种交通方式并存、合理地限制机动车速度以及在某些地段考虑人车共享等。在街道空间资源配置上优先保障行人和非机动车的权益，采用系统方法对慢行交通、静态交通、机动交通和沿街活动进行统筹考虑。

其次，从"红线管控"向"空间经营"转变。街道并非仅仅是满足车行的道路红线内的区域，而是多种功能集合的整体空间。街道规划设计和相关规范标准中对管控范畴和内容进行了相关拓展，对道路红线内外区域均纳入系统统筹，将关注对象从单纯路面拓展到包括两侧界面的街道空间整体，实现整体环境的塑造。

然后，从"工程设计"向"场所营造"转变。街道在满足交通功能需求的同时应满足市民多方面的生活需求。越来越多的街道建设引入体系化的城市设计以提供相关支持，突破既有工程设计思维，突出街道的人文特征，对沿街建筑、景观环境、市政设施等要素进行有机整合，注重场所精神，凸显街道风貌特色。

最后，从"交通效能"向"融合发展"转变。交通效率是一个可预测和评价的标准，交通流量、饱和度、服务水平等常用作道路评价的核心指标。但是伴随理念导向的转变，人们日益重视公共活力催化和环境品质提升等综合功能，将街道视作历史人文、场所记忆的物质载体，促进地区活力和经济繁荣的融合发展。

陆 形态 —— 明城十街

街道不会存在于什么都没有的地方，亦即不可能同周围的环境分开。换句话说，街道必定伴随着那里的建筑而存在。街道是母体，是城市的房间，是丰沃的土壤，也是培育的温床。其生存能力就像人依靠人性一样，依靠于周围的建筑……街道正是由于沿着它有建筑物才成其为街道，摩天大楼加空地不可能是城市。

——[美]B. 鲁道夫斯基《人的街道》

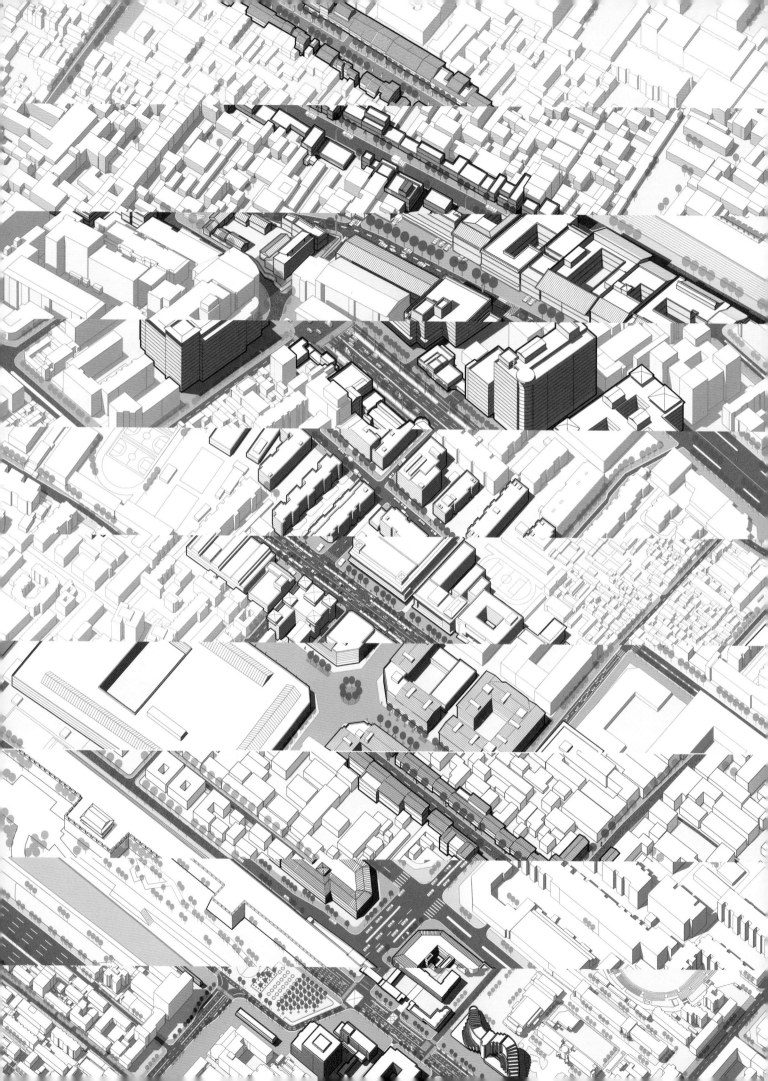

"当我们想到一个城市时，首先出现在脑海里的就是街道。街道有生气，城市也就有生气；街道沉闷，城市也就沉闷。"

——［美］简·雅各布斯《美国大城市的死与生》

6.1 全景：
街区的俯瞰

历史城市文化内涵丰富、层积特征明显，物化在城市空间上的文化基因映射时代的差异性和传承性。城市片区形态、街区空间肌理、街道建筑风貌和场所环境氛围，这些代表性基因图谱是地域特征的空间投影，记述城市历史发展进程。经历千余年兴衰荣辱，明城区空间异质而多样，地方风土印刻在城墙里的大街小巷。我们选择明城区具有代表性的南大街、解放路、东新街、尚俭路、南顺城巷、湘子庙街、东仓门、书院门、北院门和大皮院等十条街道进行形态图解，呈现历史城市的当下特征和场所属性。

明代 明初，安上门改建为永宁门后，该街道改称为"南门大街"。

民国 1927年拆除石条路面，改用土和石子砌筑，并拓宽道路，改称"南大街"。

132

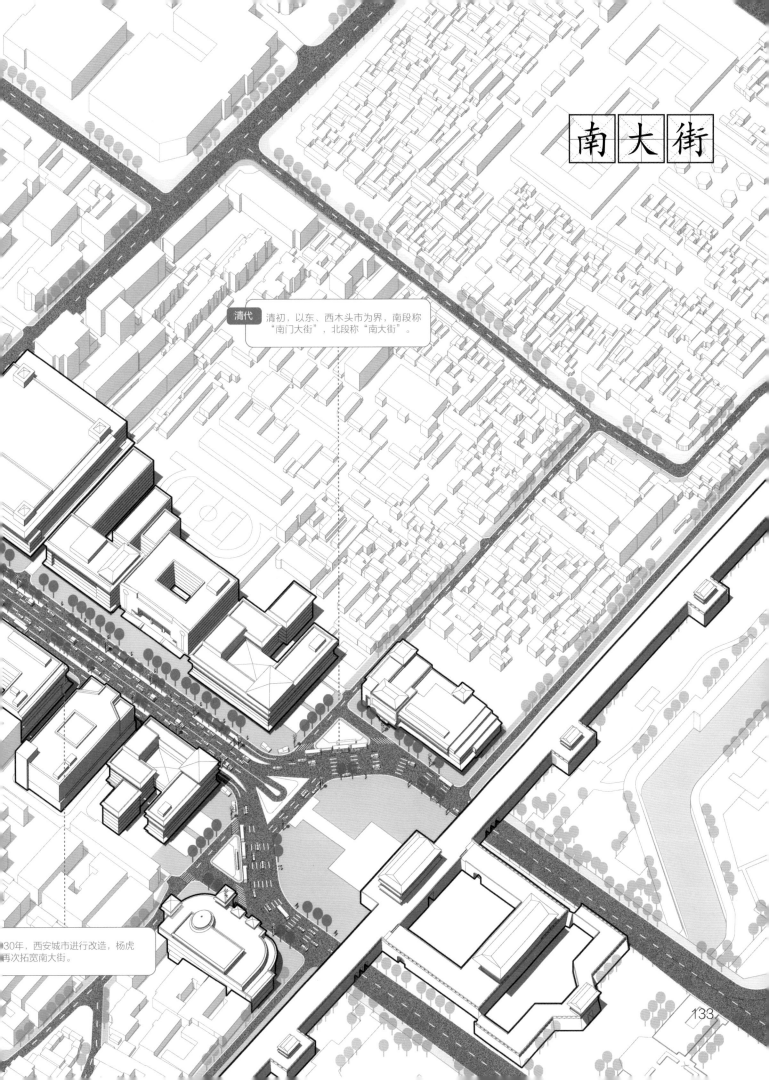

南大街

清代 清初，以东、西木头市为界，南段称
"南门大街"，北段称"南大街"。

30年，西安城市进行改造，杨虎
再次拓宽南大街。

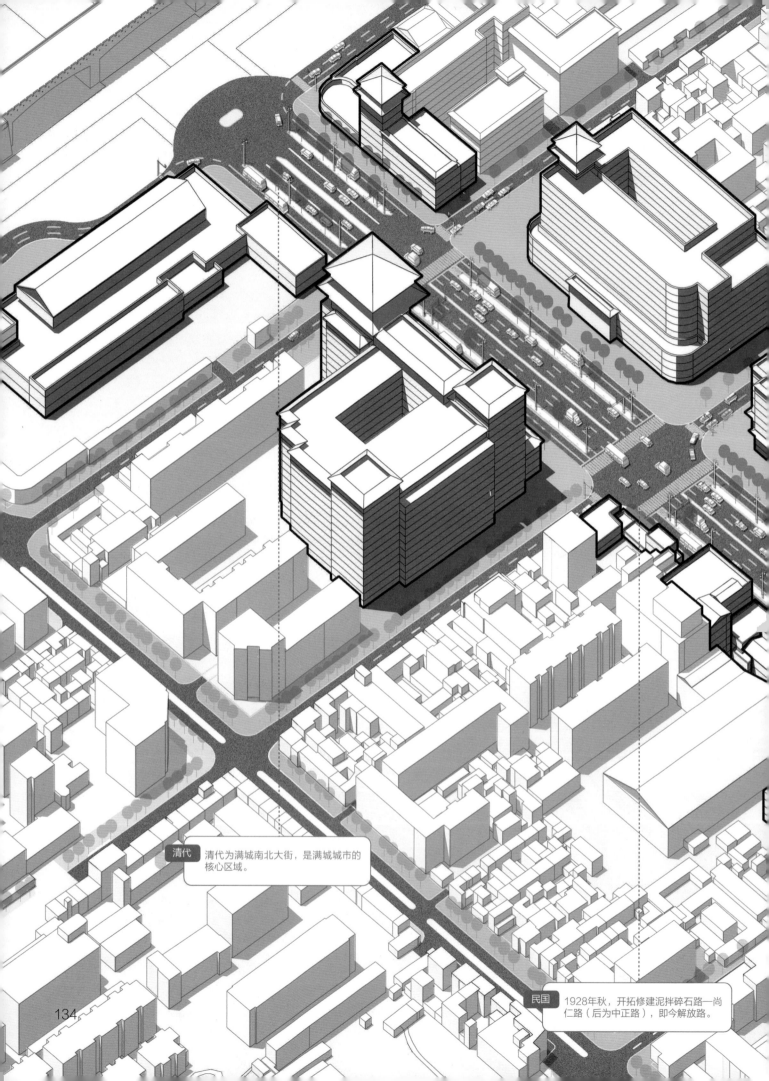

清代 清代为满城南北大街，是满城城市的核心区域。

民国 1928年秋，开拓修建泥拌碎石路——尚仁路（后为中正路），即今解放路。

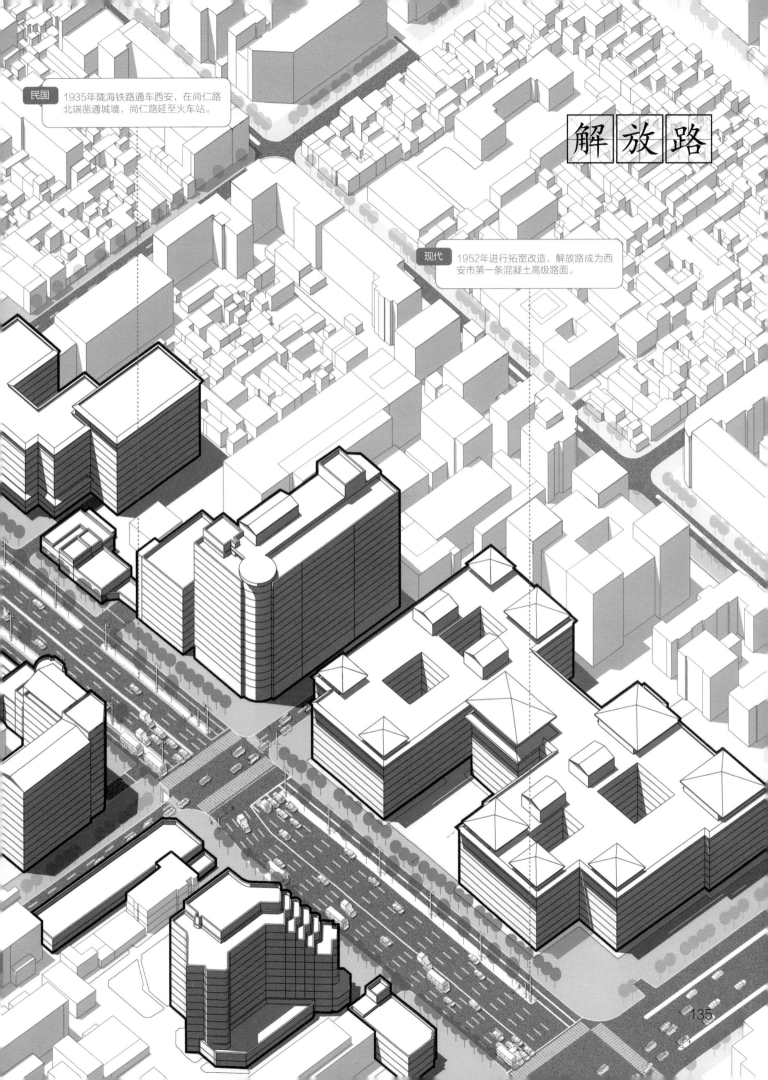

民国 1935年陇海铁路通车西安，在尚仁路北端凿通城墙，尚仁路延至火车站。

现代 1952年进行拓宽改造，解放路成为西安市第一条混凝土高级路面。

解 放 路

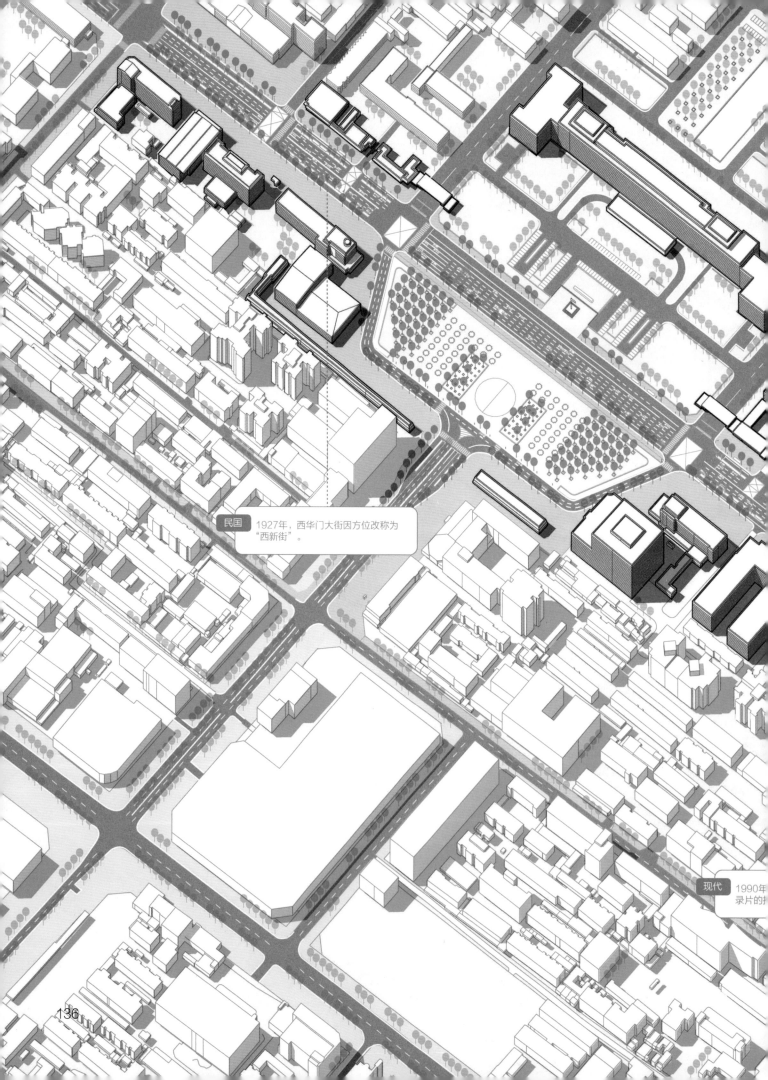

民国 1927年，西华门大街因方位改称为"西新街"。

现代 1990年
录片的扫

136

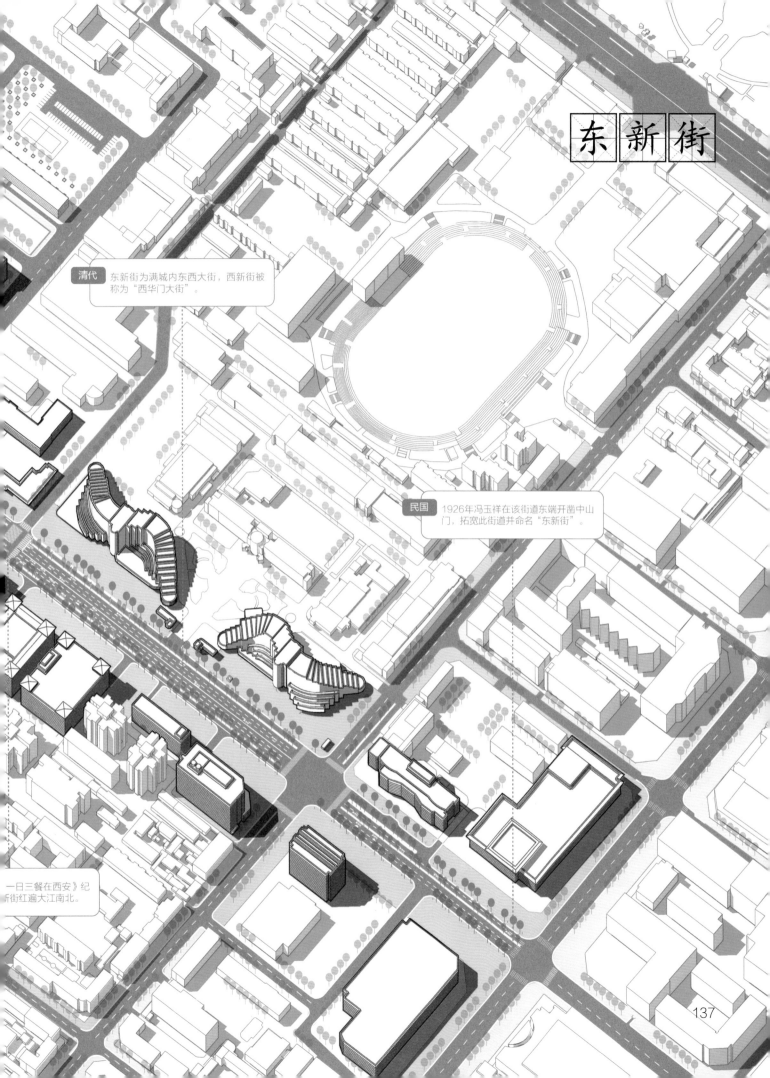

清代 东新街为满城内东西大街，西新街被称为"西华门大街"。

民国 1926年冯玉祥在该街道东端开凿中山门，拓宽此街道并命名"东新街"。

一日三餐在西安》纪⋯街红遍大江南北。

民国 1928年，市政府尚秦路、尚俭路、

民国 1926年冯玉祥驻军在此，将此处命名为明乐园，建四个砖结构三孔拱门。

尚俭路

拓诸路改为
门尚德路。

民国　1939年始，尚俭路南起东大街东段，
北延展至北顺城路。

明代　朱元璋在唐皇城旧城基础"高筑墙"，顺城巷在战时发挥物资流通作用。

民国　"顺城巷大规模改造工程"于1941年8月1日前开始兴修。

南 顺 城 巷

现代　1983至1999年，全面修复城墙墙体，顺城巷一定程度上恢复了古城风貌。

现代　2017年西安皇城复兴计划，顺城巷沿线及文化特色街区成为改造重头戏。

141

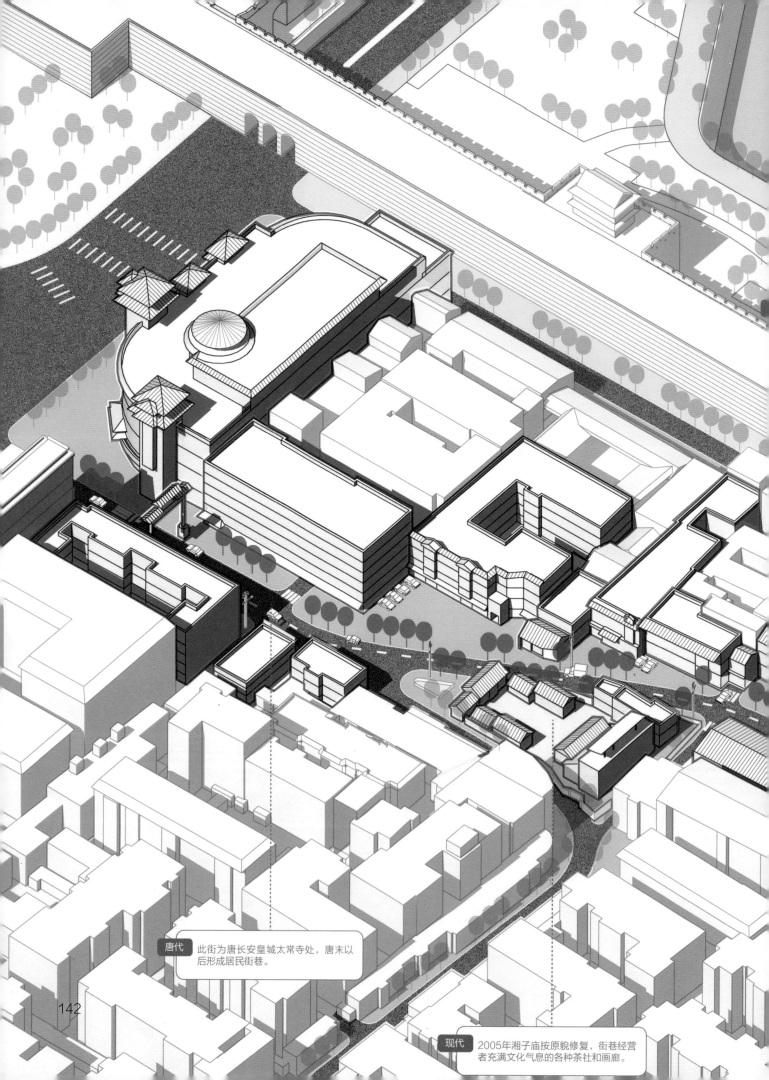

唐代 此街为唐长安皇城太常寺处，唐末以后形成居民街巷。

142

现代 2005年湘子庙按原貌修复，街巷经营者充满文化气息的各种茶社和画廊。

湘子庙街

民国 湘子庙街33号院是清末民国一代大鸿
儒、史学大家吴廷锡先生的公馆。

住着清代举人武述善，做过山西汾
知府，当时称为西安四老之一。

143

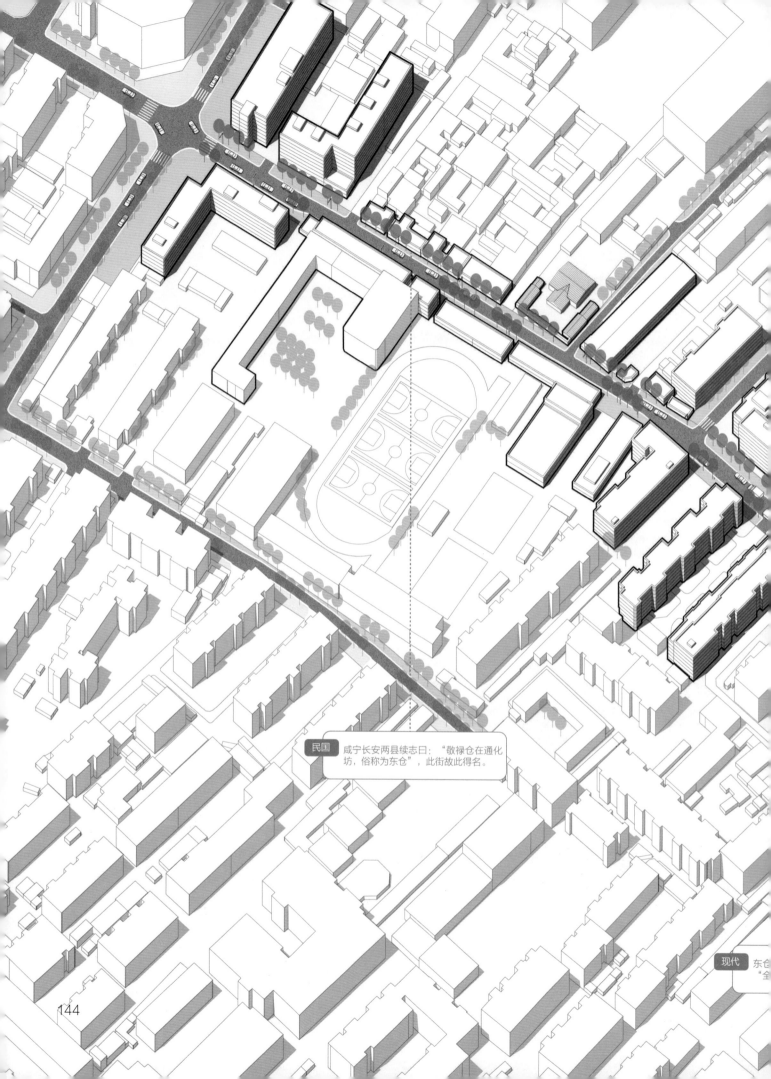

民国　咸宁长安两县续志曰："敬禄仓在通化坊，俗称为东仓"，此街故此得名。

现代　东仓
　　　"全

144

现代 2013年东仓门社区结合"一格三员"
网络管理模式,实行居民自治改造。

"2000年9月成立,曾荣获
进社区"的称号。

明代 2002年，在中央及省市领导
持下，开始对于右任故居筹备

146

康熙3年，关中书院重建。光绪三十二年，改建为陕西省师范大学堂。

现代　书院门的地名起源于在它里面的关中书院。为明清时全国四大著名书院之一。

90年8月，碑林区政府对书院门进行规模改造。1991年6月基本完成。

书 院 门

民国　民国时期，北院门长期作为省政府所在地。

现代　新中国成立后,西安市政府迁入北院门。后来这里又成为莲湖区政府办公地。

民国　1927年2月，在邓小□□军事政治学校"在这□□

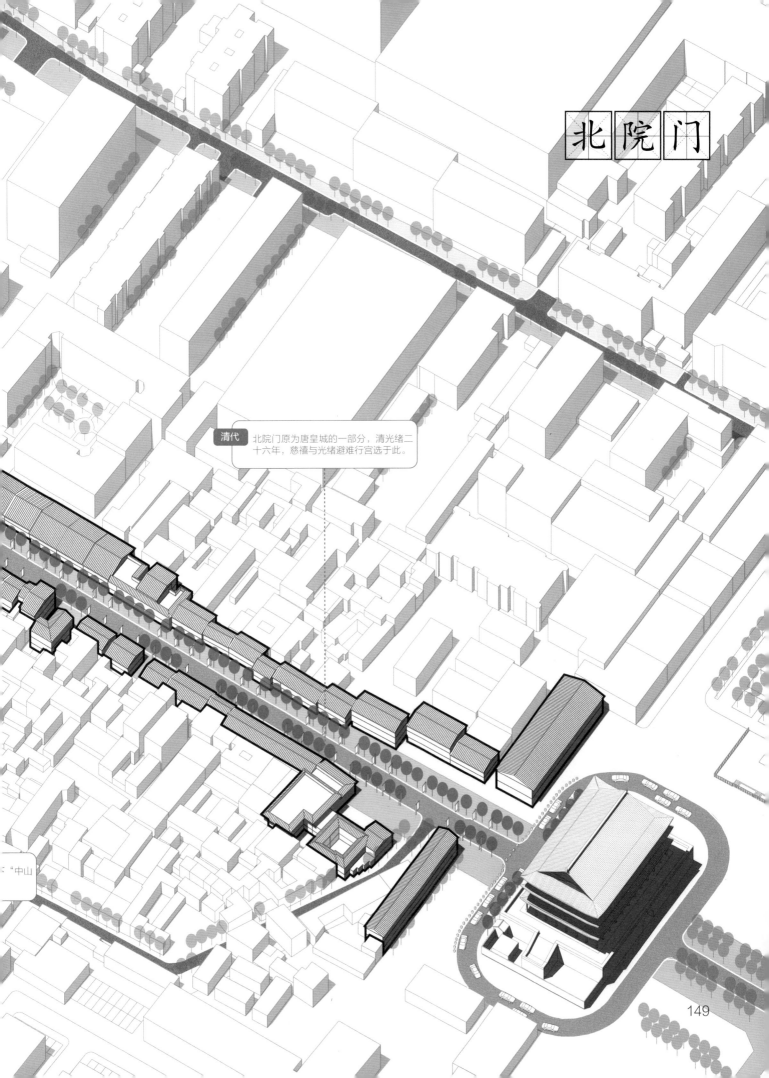

北院门

清代 北院门原为唐皇城的一部分，清光绪二十六年，慈禧与光绪避难行宫选于此。

"中山

149

明代　明代时，这里聚集了许多经营绸皮生意的商铺，因而得名"大皮院"街。

现代　1985年，由当地教民捐资，大皮院西段南侧清真寺开始修缮重建。

大皮院

清代　清代到民国期间，回坊一带的居民以提篮叫卖为生。

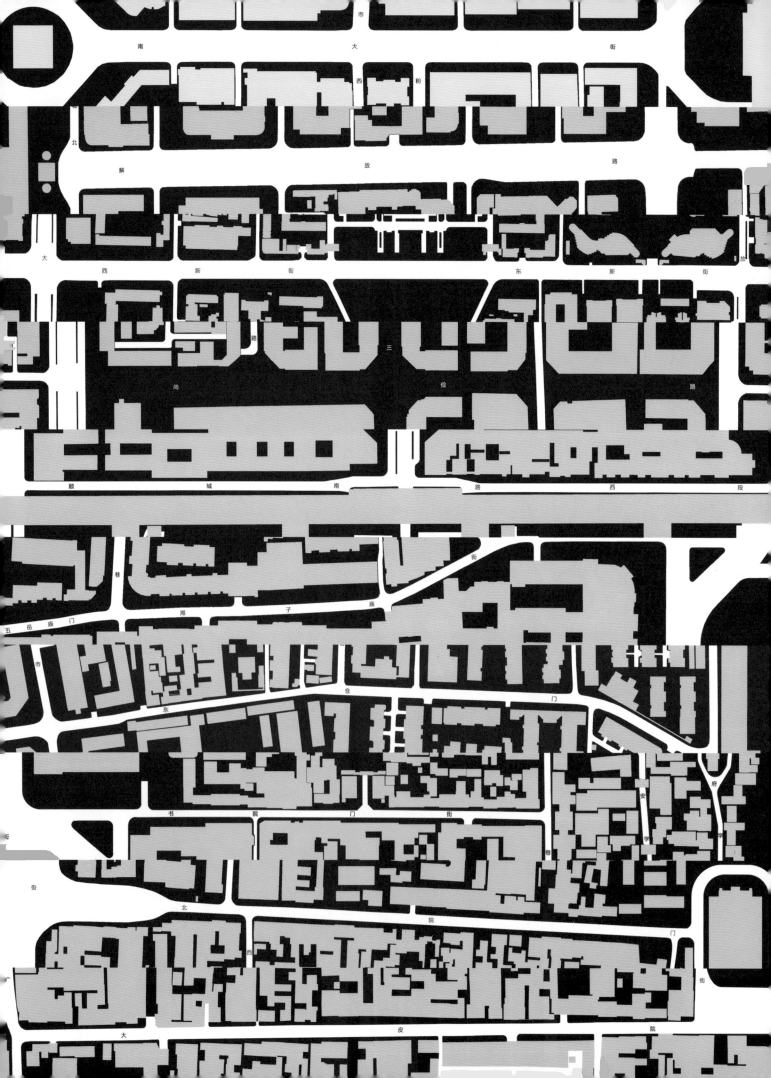

"研究平面图对于更好地理解城镇历史是有效的，建筑群、广场和街道的平面图允许我们认识城市的空间结构，因为它向我们展示建筑是从一开始就按照规则和对称的式样排列，或是相反，有偶然的因素和意外的联系。"

—— [法] A.Q.Quincy《建筑学历史目录》

6.2 图底：空间的肌理

建筑实体和开敞空间相互穿插形成城市肌理。密集的城市建成环境中，道路网络结构和连接方式搭建了肌理骨架，实体建筑的功能类型、组合方式，开敞空间的位置规模、形式密度共同界定了肌理样态。在历史沉淀、政策机制、时代诉求、技术发展等多方面影响下，明城区传统肌理融合城市文化特色和市民生活特点，形成了愈加丰富多样、有机复合的新肌理形态。这种拼贴特征直观反映了城市空间在多意志引导下渐进式、碎片式的发展变化，而在这种变化中更为持久的空间存在，则让明城区的肌理特征更具辨识性。

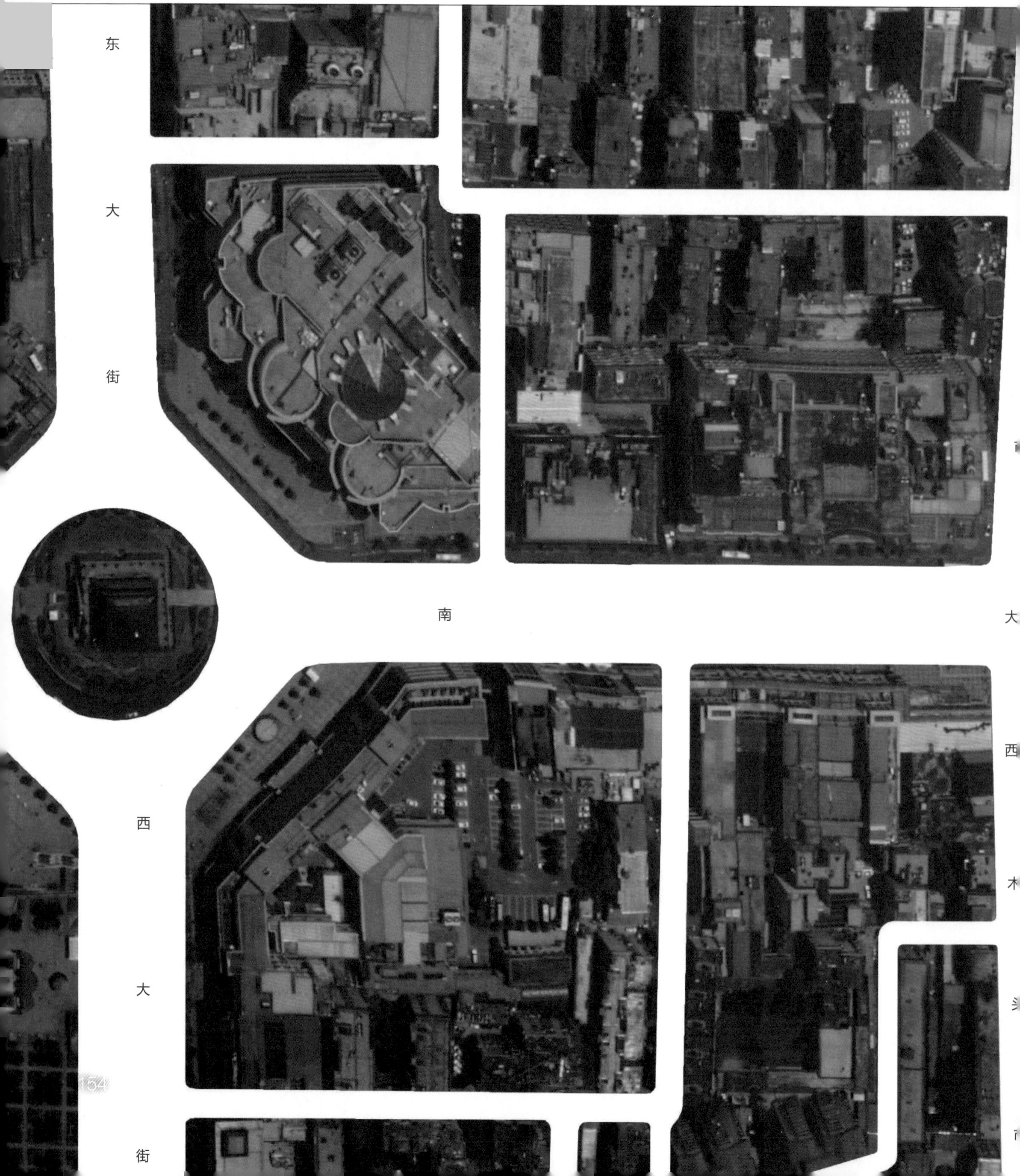

东

大

街

南

西

大

街

街

南大街

南大街长 670 米，宽 12 米，北自钟楼，南至永宁门，是西安明城区内最宽和最繁华的商业大街，是西安市南北中轴核心街区。

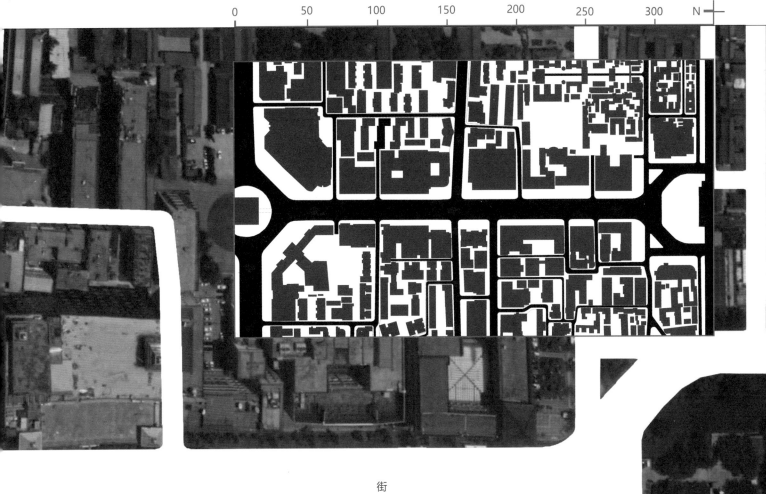

0   50   100   150   200   250   300   N

街

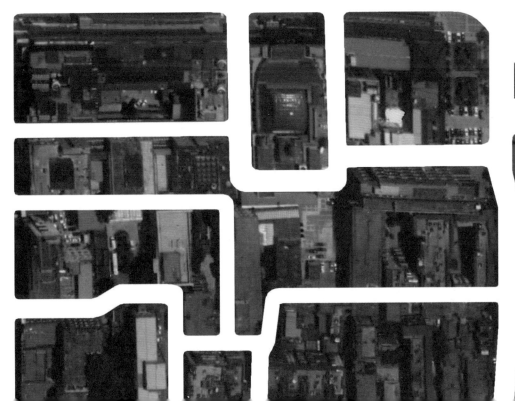

尚

俭

东

东

八

七

路

路

顺

城

北

解

放

路

西

西

八

七

东

路

路

段

解放路

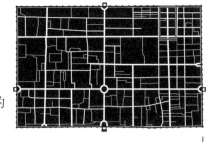

解放路长 670 米，宽 12 米，北起火车站广场，南至东大街大差市什字。建筑与街道 的高宽比约为 0.5，街道尺度大，两侧建筑较高。

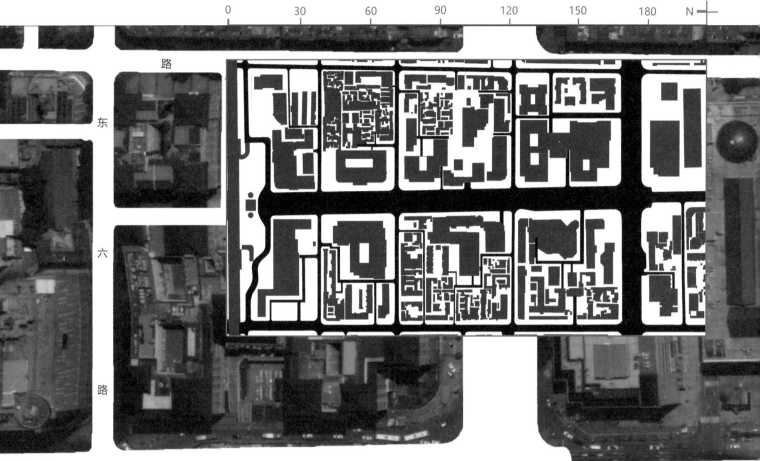

路

东

六

路

路

路

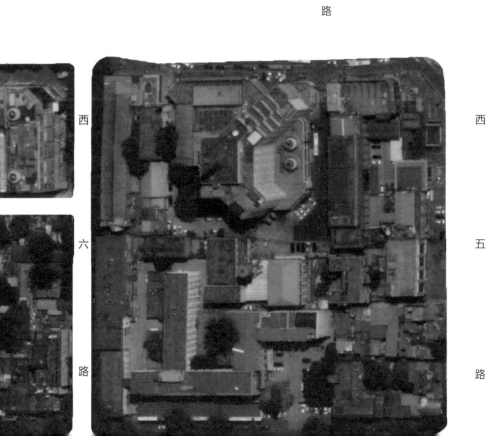

西

六

路

西

五

路

157

北

大

西 新 街

街

东新街

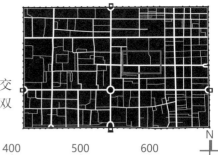

东西新街长 1200 米，宽 12 米，为明城区内交通性主干道，省政府门前为单向道路，其余部分双向通行。该街北侧为省政府，南侧为新城广场。

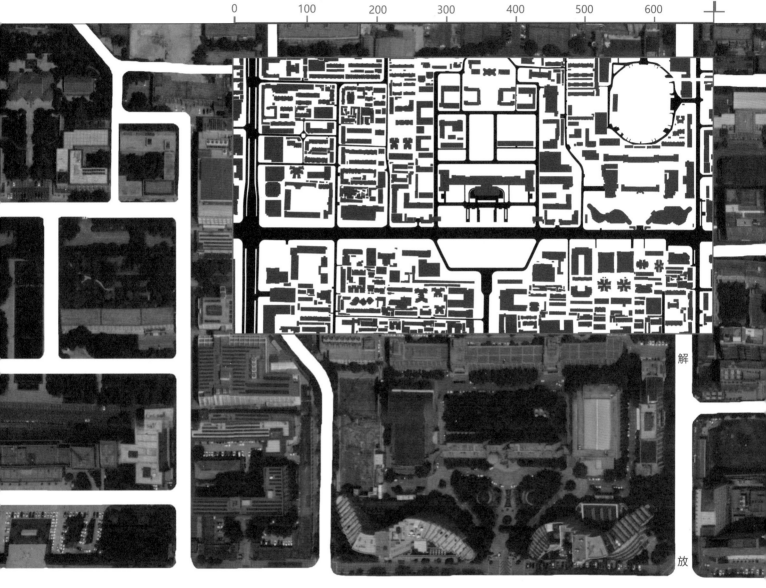

解

放

东　　　　新　　　　街

路

南

新

街

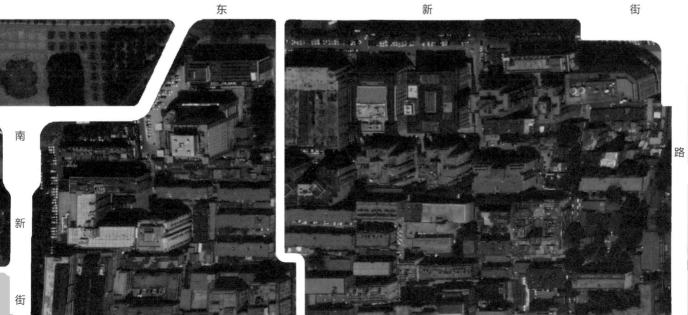

东

东
四
路

尚

东

五

尚

东

三

路

路

解

尚俭路

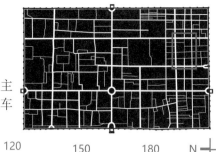

尚俭路长约630米，宽18米，是明城区内主干道。位于西安市城墙内东北方向，街道位于火车站以东，环城北路以南。

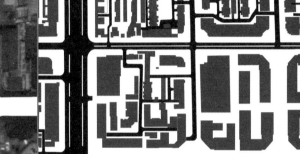

东

勤

二

俭

路

新

路

街

放

路

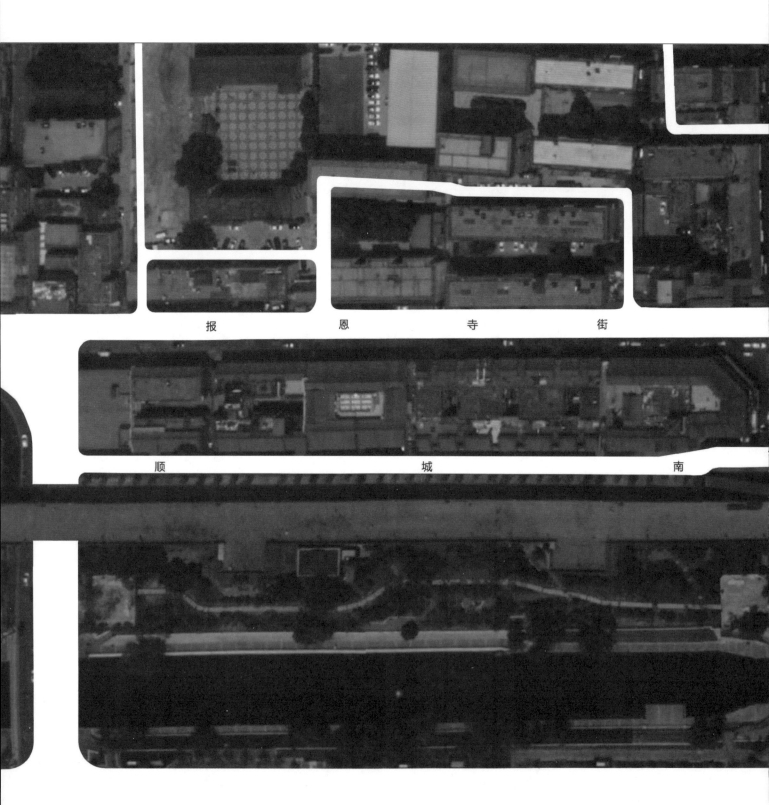

报　　　恩　　　寺　　　街

顺　　　　　城　　　　　南

环　　　　　城　　　　　南

南顺城巷

南顺城巷西段长 550 米，宽 12 米，青石铺成的路面。巷若其名，是一段在城墙内侧顺墙而成的街巷。

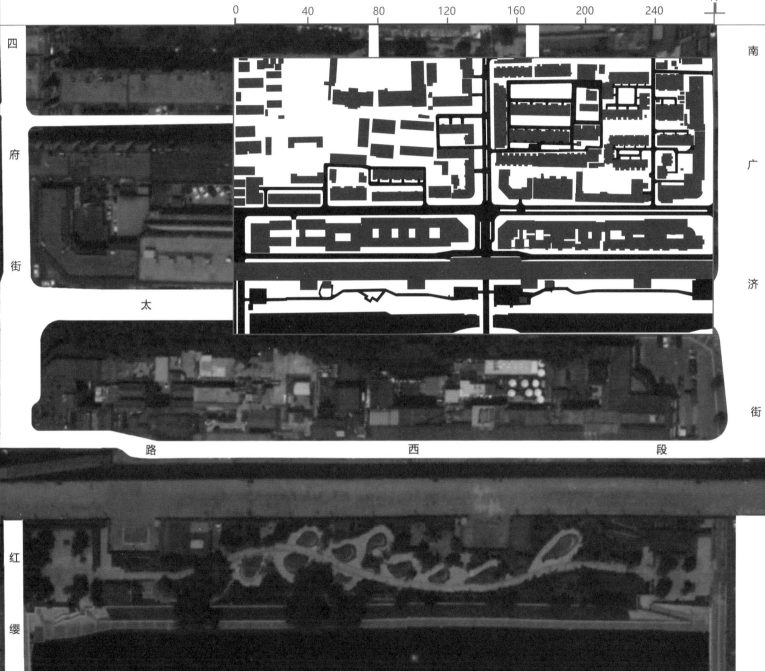

大
车
家
巷

福

巷

庙

五 岳 庙 门　　　湘　　　子

顺　　　城　　　南　　　路

湘子庙街

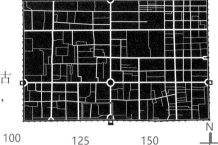

湘子庙街长 300 米，宽 12 米，是一条古色古香的街巷。湘子庙处的"人"形岔口，一撇向北，是德福巷；一捺往南，是湘子庙街。

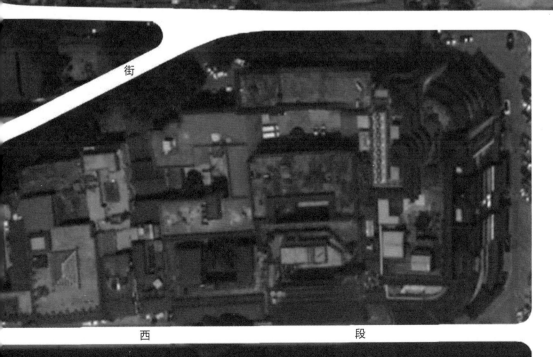

和 平

东

羊

市

东

东

县

门

仓

东仓门

东仓门长 520 米，宽 12 米，为一块板支路。建筑与街道的高宽比约为 1.5，防御感较强，在夏季能有效遮阳，为人们提供阴凉的街道休憩场所。

书　　　　院　　　　门

顺　　　　城　　　　南

书院门

书院门长 230 米，宽 12 米，为商业步行街，南门内东侧，东至安居巷接三学街，建筑与街道的高宽比约为 1.5，压迫感弱，空间尺度舒适。

安

街

居

巷

路　　　　　　东　　　　　　段

华
门
大
街

北

西

羊

市

大

皮

170

院

北院门

北院门长 560 米，宽 15 米，沿街建筑为明清风格，是一条旅游休闲步行街。位于西大街东段北侧，南起西大街，北至西华门。

院　门

小 北 广 济 街 大 皮 皮 羊 西

大皮院

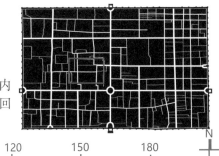

　　大皮院长 370 米，宽 12 米，因明朝时街道内多经营绸皮生意而得名。现街道内所经营的具有回族特色饮食。

173

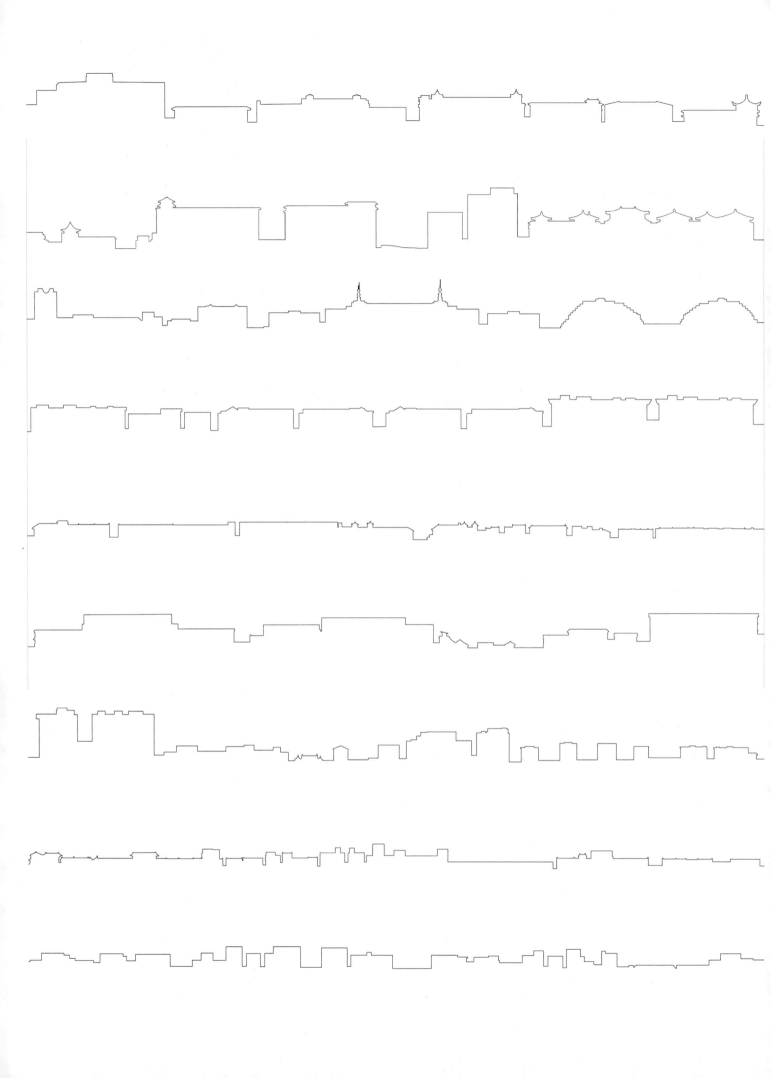

"形状的种类是数不尽的，新的城市会不断诞生，直到每一种形状都找到自己的城市为止，形状的变化达到尽头的时候，城市的末日也就到来了。"

——［意］伊塔洛·卡尔维诺《看不见的城市》

6.3 界面：
建筑的风貌

沿街建筑作为街道的"第一层次轮廓线"，是展示街道侧界面的重要元素，也是街道空间形成的基础。沿街建筑的形式、高度、贴线率、面宽比等相互关联，形成一定的秩序和结构，影响街道的韵律感和连续性，使街道更具识别性。明城区街道各有不同的性格特征，传统街道建筑尺度宜人，以历史风貌为主。现代街道兼顾交通功能，建筑体量较大，风貌各异。此外，沿街建筑的功能不同，形成差异化的街道活动，使之成为与人们生活关联最密切，感知体验最直接的街道元素。

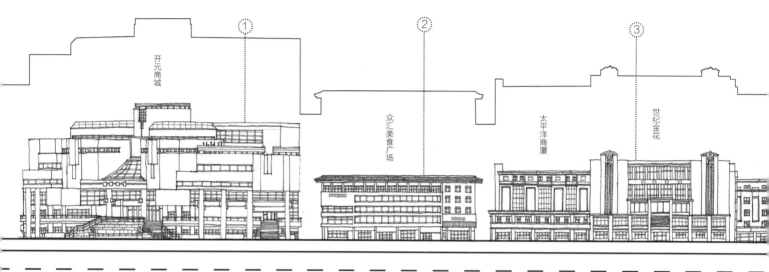

开元商城

① 众汇美食广场

② 太平洋商厦

世纪金花 ③

南

钟楼饭店

五环 NOVO

清沐精选酒店

博泰酒店

西安工美

中信建设证券

⑤

⑥

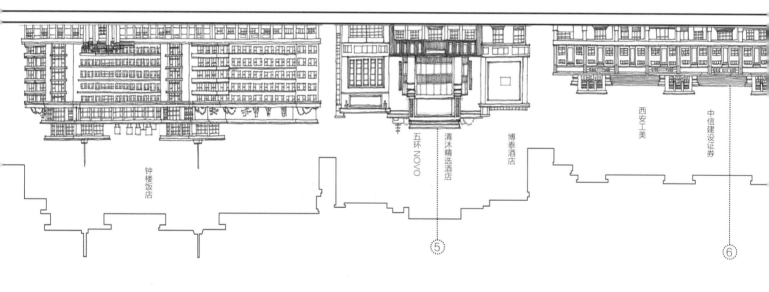

① 2019.10.18 AM 9:00 开元商城

② 2019.10.18 AM 9:00 众汇美食广场

③ 2019.10.18 AM 9:00 世纪金花

④ 2019.10.18 AM 9:00 西安百货大厦

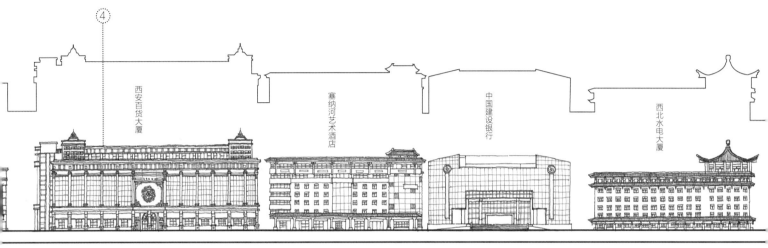

④

西安百货大厦

塞纳河艺术酒店

中国建设银行

西北水电大厦

街

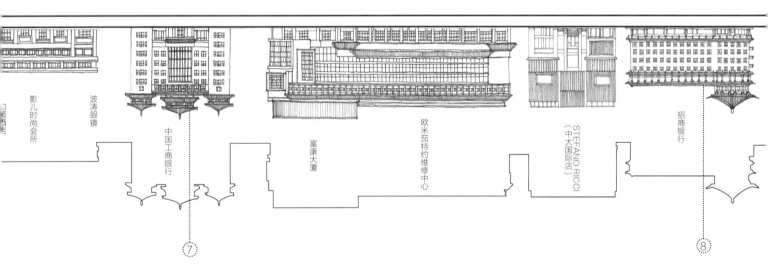

影儿时尚会所

波涛眼镜

中国工商银行

⑦

富康大厦

欧米茄特约维修中心

STEFANO RICCI
（中大国际店）

招商银行

⑧

⑤ 2019.10.18 AM 9:00 清沐精选酒店

⑥ 2019.10.18 AM 9:00 中信建设证券

⑦ 2019.10.18 AM 9:00 中国工商银行

⑧ 2019.10.18 AM 9:00 招商银行

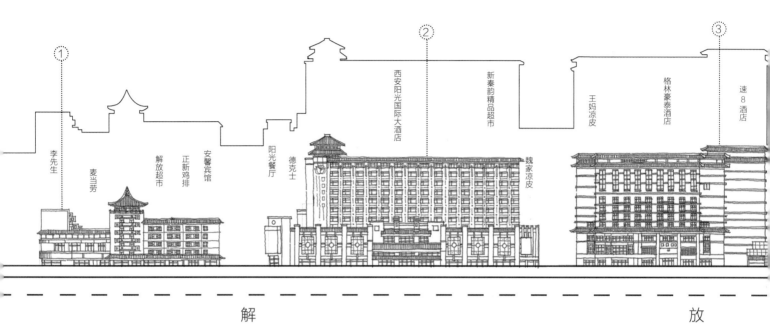

①

李先生 麦当劳 解放超市 正新鸡排 安馨宾馆 阳光餐厅 德克士

②

西安阳光国际大酒店 新秦韵精品超市 魏家凉皮

③

王妈凉皮 格林豪泰酒店 速8酒店

解　　　　　　　　放

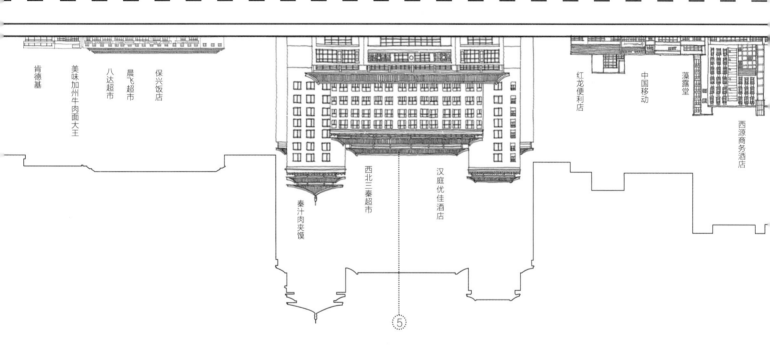

肯德基 美味加州牛肉面大王 八达超市 晨飞超市 保兴饭店

秦汁肉夹馍 西北三秦超市 汉庭优佳酒店

红龙便利店 中国移动 藻露堂 西源商务酒店

⑤

① 2019.10.19 PM 2:55 安馨宾馆

② 2019.10.19 PM 2:56 西安阳光国际大酒店

③ 2019.10.19 PM 3:04 速8酒店

④ 2019.10.19 PM 3:08 中国银行 浪淘沙大酒店

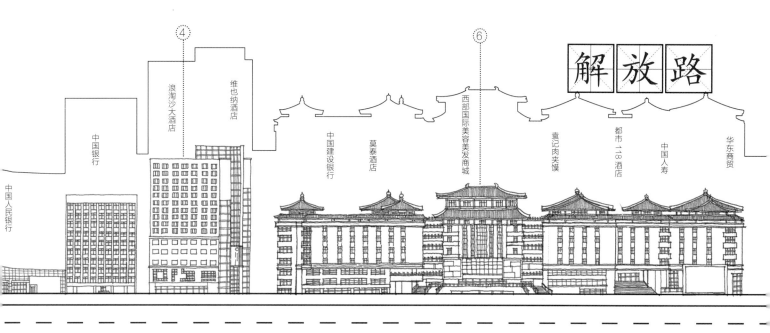

解放路

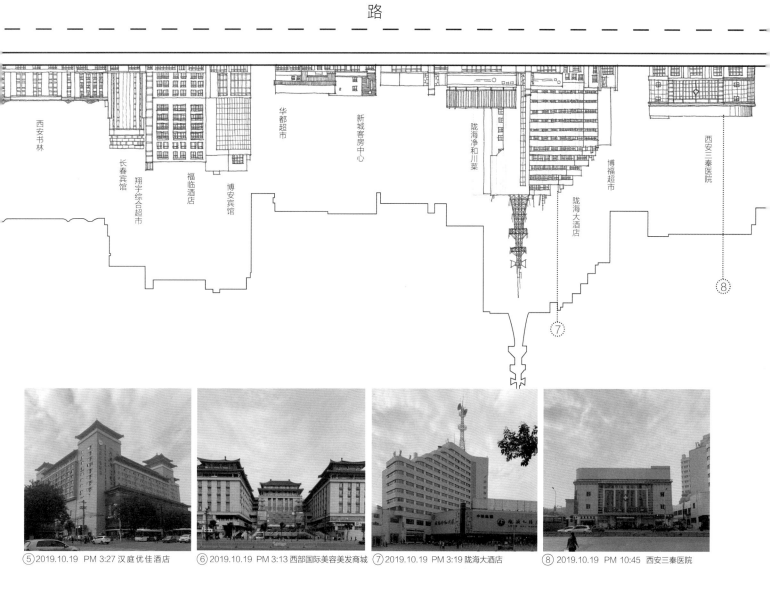

路

⑤ 2019.10.19　PM 3:27 汉庭优佳酒店　　⑥ 2019.10.19　PM 3:13 西部国际美容美发商城　　⑦ 2019.10.19　PM 3:19 陇海大酒店　　⑧ 2019.10.19　PM 10:45　西安三秦医院

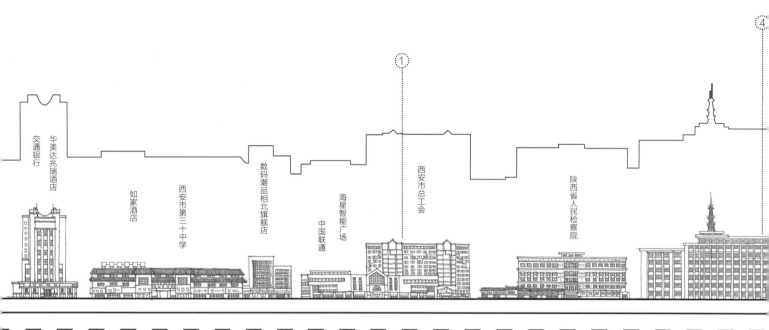

①
④

交通银行
华美达兆瑞酒店
如家酒店
西安市第三十中学
数码潮品相北旗舰店
中国联通
海星智能广场
西安市总工会
陕西省人民检察院

东　　　　　　　　　　　　　西

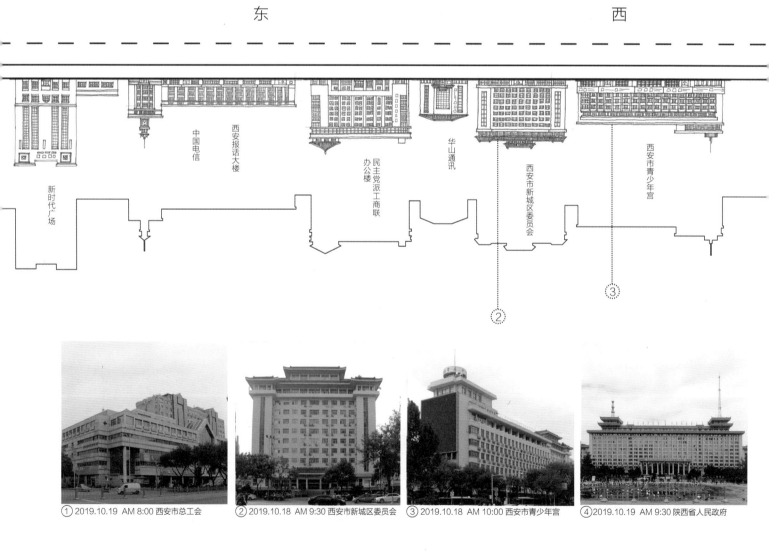

新时代广场
中国电信
西安报话大楼
民主党派工商联办公楼
华山通讯
西安市新城区委员会
西安市青少年宫

②
③

① 2019.10.19 AM 8:00 西安市总工会　② 2019.10.18 AM 9:30 西安市新城区委员会　③ 2019.10.18 AM 10:00 西安市青少年宫　④ 2019.10.19 AM 9:30 陕西省人民政府

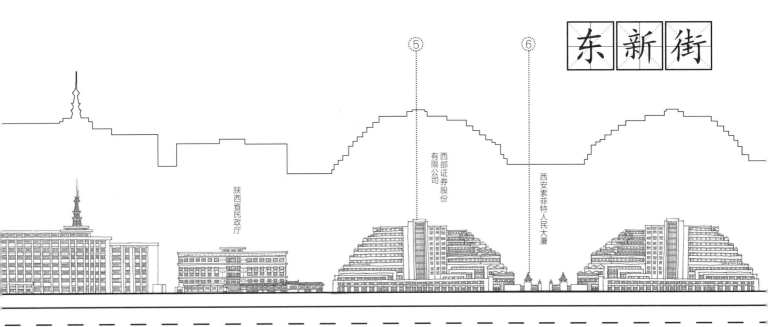

东 新 街

陕西省民政厅

西部证券股份有限公司

西安索菲特人民大厦

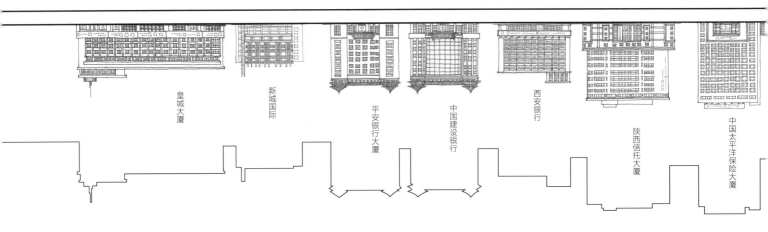

新 街

皇城大厦

新城国际

平安银行大厦

中国建设银行

西安银行

陕西信托大厦

中国太平洋保险大厦

⑤ 2019.10.19 AM 9:00 西部证券

⑥ 2019.10.18 AM 10:00 西安索菲特人民大厦

⑦ 2019.10.18 AM 10:00 绿树电竞馆

⑧ 2019.10.18 PM 11:00 苏宁易购

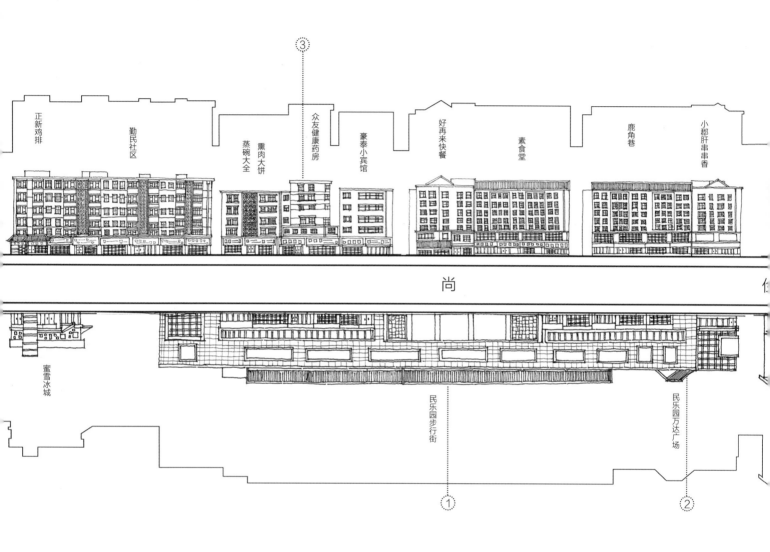

正新鸡排　　　　勤民社区　　　　　蒸碗大全　熏肉大饼　众友健康药房　豪泰小宾馆　　　好再来快餐　　　素食堂　　　　鹿角巷　小郡肝串串香

尚　　　　　　　　　　　　　　　　　　　　　　　　　　　　　　　　　伯

蜜雪冰城　　　　　　　　　　　　　　　　　　　　　民乐园步行街　　　　　　　　民乐园万达广场

① 2019.11.03 AM 8:00 民乐园步行街

② 2019.11.03 AM 8:00 民乐园万达广场　　③ 2019.11.03 AM 8:30 沿街居民楼

④ 2019.11.03 AM 8:30 西安民间金融协会

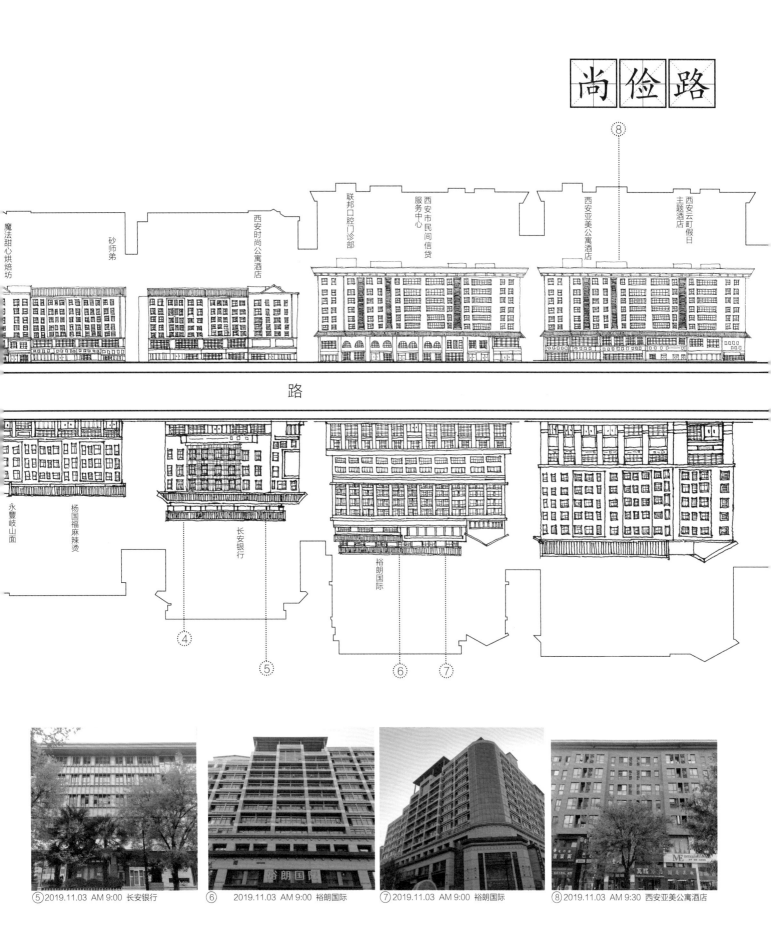

尚俭路

魔法甜心烘焙坊
砂师弟
西安时尚公寓酒店
联邦口腔门诊部
西安市民间信贷服务中心
西安亚美公寓酒店
西安云町假日主题酒店

路

永丰岐山面
杨国福麻辣烫
长安银行
裕朗国际

④

⑤

⑥ ⑦

⑧

⑤ 2019.11.03 AM 9:00 长安银行

⑥ 2019.11.03 AM 9:00 裕朗国际

⑦ 2019.11.03 AM 9:00 裕朗国际

⑧ 2019.11.03 AM 9:30 西安亚美公寓酒店

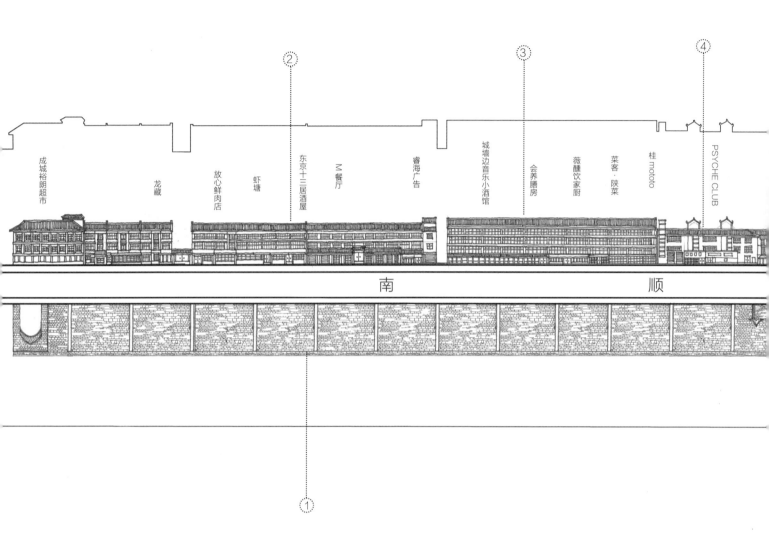

成城裕朗超市

龙藏

放心鲜肉店

虾塘

东京十三居酒屋

M餐厅

睿海广告

城墙边音乐小酒馆

会养膳房

薇醺饮家厨

菜客·陕菜

桂 mototo

PSYCHE CLUB

南　顺

① 2019.10.17 AM 11:15 城墙一角

② 2019.10.17 AM 11:10 东京十三居酒屋

③ 2019.10.17 AM 11:06 会养膳房

④ 2019.10.17 AM 11:05 PSYCHE CLUB

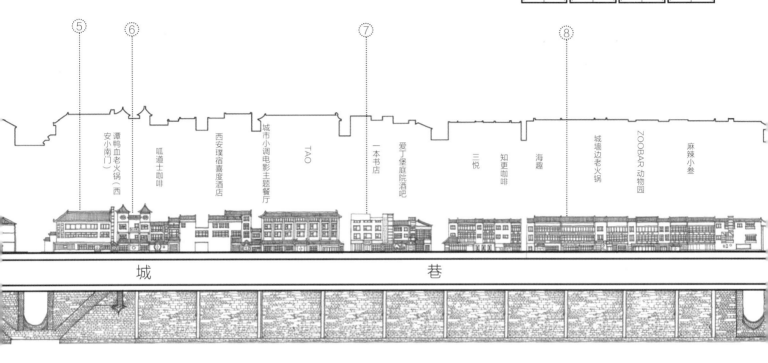

⑤ ⑥ ⑦ ⑧

谭鸭血老火锅（西安小南门）

呱道士咖啡

西安璞宿喜度酒店

城市小调电影主题餐厅

TAO

一本书店

爱丁堡庭院酒吧

三悦

知更咖啡

海趣

城墙边老火锅

ZOOBAR 动物园

麻辣小叁

城 巷

⑤ 2019.10.17 AM 11:00 洪七公

⑥ 2019.10.17 AM 11:00 谭鸭血老火锅

⑦ 2019.10.17 AM 10:46 一本书店

⑧ 2019.10.17 AM 10:45 RICH HOMIE

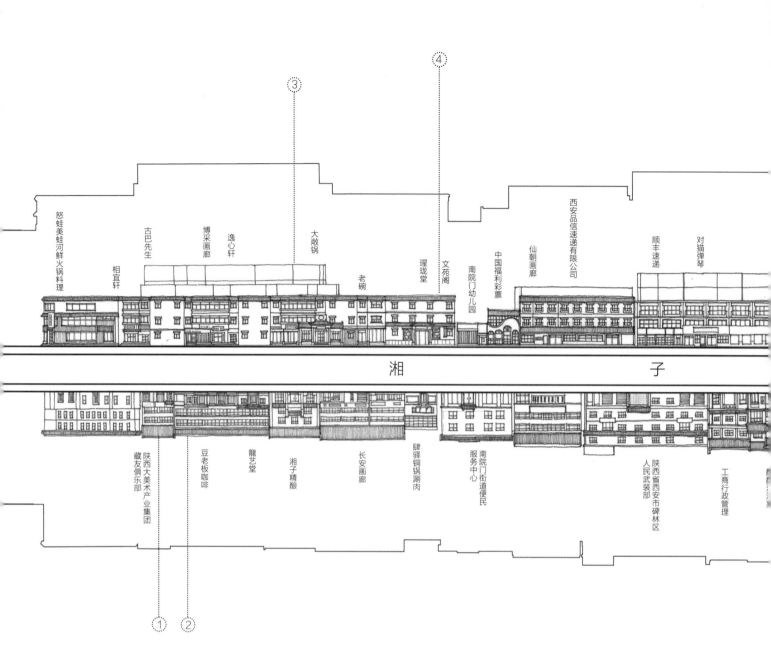

怒蛙美蛙河鲜火锅料理　相宜轩　古巴先生　博采画廊　逸心轩　大敞锅　老碗　珵珑堂　文苑阁　南院门幼儿园　中国福利彩票　仙朝画廊　西安品信速递有限公司　顺丰速递　对猫弹琴

湘　子

陕西大美术产业集团　藏友俱乐部　豆老板咖啡　龍艺堂　湘子精酿　长安画廊　肆驿铜锅涮肉　南院门街道便民服务中心　陕西省西安市碑林区人民武装部　工商行政管理

① 2019.10.22 AM 9:00 藏友俱乐部

② 2019.10.22 AM 9:00 豆老板咖啡

③ 2019.10.22 AM 9:00 大敞锅

④ 2019.10.22 AM 9:00 文苑阁

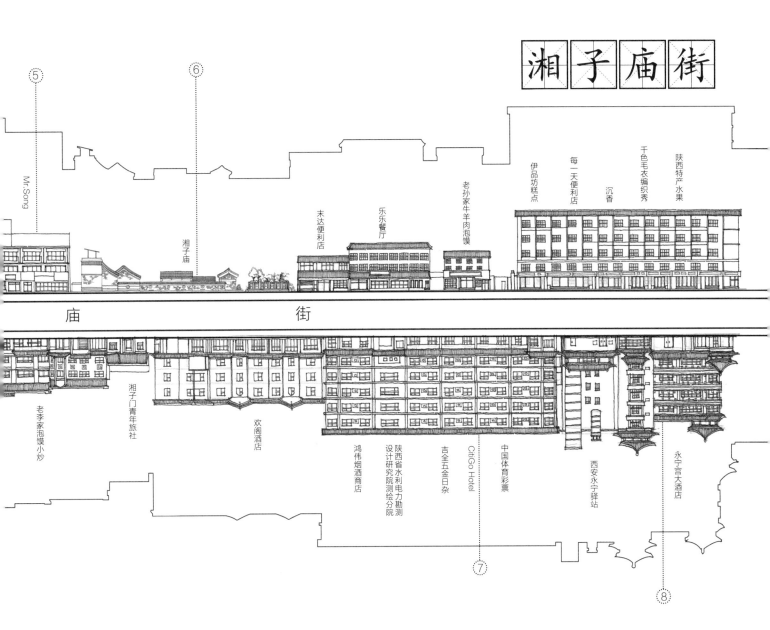

Mr.Song

湘子庙

末达便利店

乐乐餐厅

老孙家牛羊肉泡馍

伊品坊糕点

每一天便利店

沉香

千色毛衣编织秀

陕西特产水果

庙　　　　　街

老李家泡馍小炒

湘子门青年旅社

欢阁酒店

鸿伟烟酒商店

陕西省水利电力勘测设计研究院测绘分院

吉全五金日杂

CitiGo Hotel

中国体育彩票

西安永宁驿站

永宁宫大酒店

⑤ 2019.10.22 AM 9:30 Mr.Song

⑥ 2019.10.22 AM 9:30 湘子庙

⑦ 2019.10.22 AM 9:30 CitiGo Hotel

⑧ 2019.10.22 AM 9:30 永宁宫大酒店

187

嘉斯顿酒店
好再来中式快餐
君旺私厨水饺
红昌烟酒商行
新秦风凉皮店
百姓娃娃服装店
ABC-KIDS
浆水鱼鱼
浆水面搅团
南城清真寺
天天鲜蔬菜店
毛毛虫儿童生活馆

②

东

比你酷
小博士办公用品
雅居房产
渭南包子
东鹏五金建材经销部
金花茗茶
老武家胡辣汤
川味铁板炒饭
诚信粮油
「和」服饰
三枪
西安市第八中学
大众小吃
清真老贾家牛羊肉店
虹彩五金水暖电料
万小姐黄焖鸡

①

① 2019.11.2 AM 9:30 西安市第八中学

② 2019.11.2 AM 8:00 南城清真寺

③ 2019.11.2 AM 9:00 东仓巷17号院

④ 2019.11.2 AM 9:30 奥托便利店（居民楼底商）

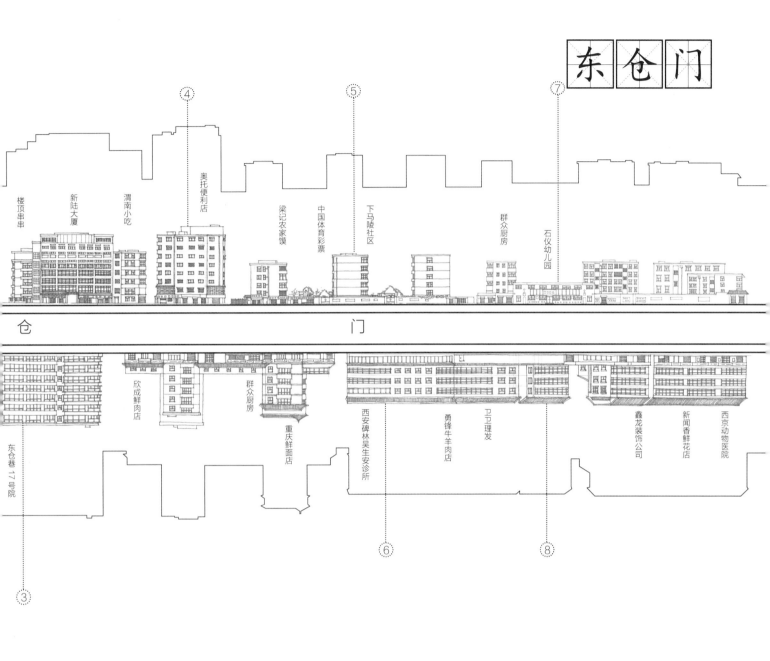

东仓门

楼顶串串
新陆大厦
渭南小吃
奥托便利店
梁记农家馍
中国体育彩票
下马陵社区
群众厨房
石仪幼儿园

仓

门

欣成鲜肉店
群众厨房
重庆鲜面店
西安碑林吴生安诊所
勇锋牛羊肉店
卫卫理发
鑫龙装饰公司
新闻香鲜花店
西京动物医院

东仓巷 17 号院

⑤2019.11.2 AM 10:00 下马陵社区

⑥2019.11.2 AM 10:00 西安碑林吴生安诊所

⑦2019.11.2 AM 10:00 石仪幼儿园

⑧2019.11.2 PM 11:00 居民楼前

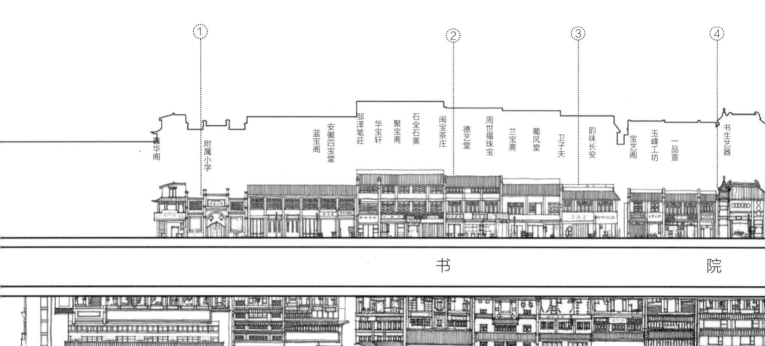

① ② ③ ④

嘉华阁　附属小学　蓝宝阁　安徽四宝堂　邹泽笔莊　华宝轩　聚宝斋　石全石美　闽宝茶庄　德艺堂　周世福珠宝　兰宝斋　蜀风堂　卫子夫　韵味长安　宝艺阁　玉峰工坊　一品宣　书生艺器

书　　　　　　　　　　　院

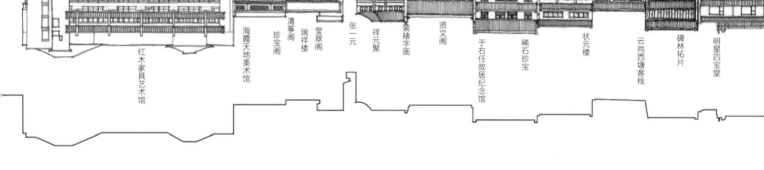

红木家具艺术馆　海霞天地美术馆　莹翠阁　瑞祥楼　珍宝阁　清筝阁　张一元　祥元聚　裱褙字画　贤文阁　于右任故居纪念馆　稀石珍宝　状元楼　云尚西塘客栈　碑林拓片　明星四宝堂

① 2019.10.18 AM 9:00 附属小学

② 2019.10.18 AM 9:00 德艺堂

③ 2019.10.18 AM 9:00 韵味长安

④ 2019.10.18 AM 9:00 书生艺器

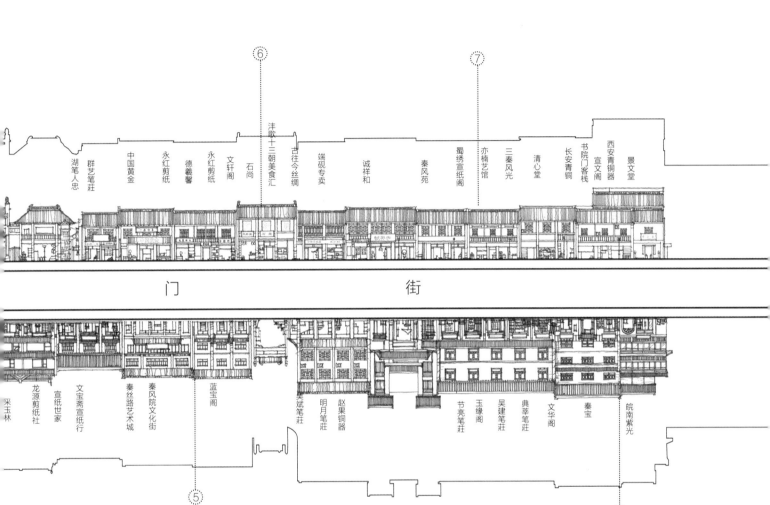

⑥　　　　　　　　　　　　　⑦

湖笔人忠　群艺笔莊　中国黄金　永红剪纸　德羲馨　永红剪纸　文轩阁　石尚　沣歌十三朝美食汇　古往今丝绸　端砚专卖　诚祥和　秦风苑　蜀绣宣纸阁　亦楠艺馆　三秦风光　清心堂　长安青铜　书院门客栈　宣文阁　西安青铜器　景文堂

门　　　　　　　街

采玉林　龙源剪纸社　宣纸世家　文宝斋宣纸行　秦丝路艺术城　秦风院文化街　蓝宝阁　吴斌笔莊　明月笔莊　赵果铜器　节亮笔莊　玉缘阁　吴建笔莊　典莘笔莊　文华阁　秦宝　皖南紫光

⑤　　　　　　　　　　　　　　　⑧

⑤ 2019.10.18 AM 9:00 蓝宝阁

⑥ 2019.10.18 AM 9:00 沣歌十三朝美食汇

⑦ 2019.10.18 AM 9:00 亦楠艺馆

⑧ 2019.10.18 AM 9:00 皖南紫光

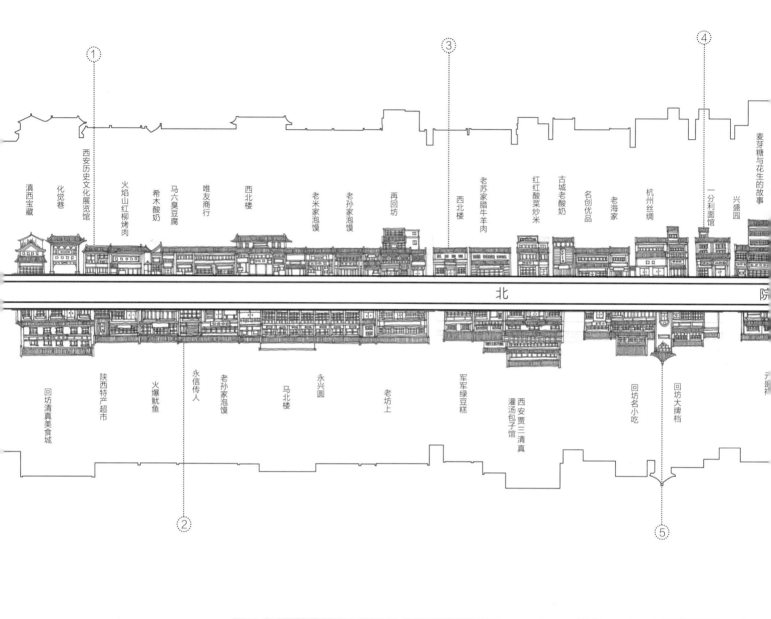

滇西宝藏
化觉巷
西安历史文化展览馆
火焰山红柳烤肉
希木酸奶
马六臭豆腐
唯友商行
西北楼
老米家泡馍
老孙家泡馍
再回坊
西北楼
老苏家腊牛羊肉
红红酸菜炒米
古城老酸奶
名创优品
老海家
杭州丝绸
一分利面馆
兴盛园
麦芽糖与花生的故事

北   院

回坊清真美食城
陕西特产超市
火爆鱿鱼
永信传人
老孙家泡馍
马北楼
永兴圆
老坊上
军军绿豆糕
西安贾三清真灌汤包子馆
回坊名小吃
回坊大牌档
宁居祥

① 2019.10.17 AM 8:00 西安历史文化展览馆

② 2019.10.17 AM 9:00 永信传人

③ 2019.10.17 AM 9:30 西北楼

④ 2019.10.17 AM 9:30 一分利面馆

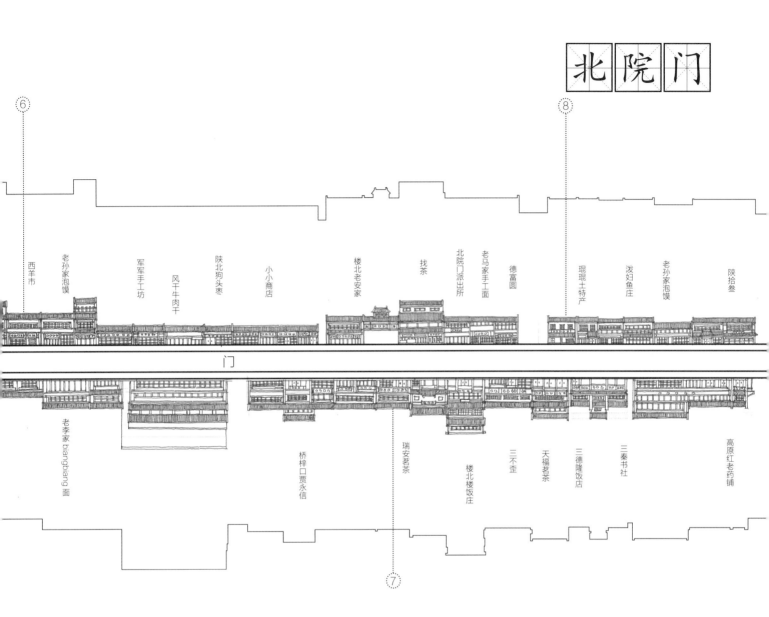

西羊市

老孙家泡馍

军军手工坊

风干牛肉干

陕北狗头枣

小小商店

楼北老安家

找茶

北院门派出所

老马家手工面

德富圆

琨琨土特产

泼妇鱼庄

老孙家泡馍

陕拾叁

门

老李家 biangbiang 面

桥梓口贾永信

瑞安茗茶

楼北楼饭庄

三不歪

天福茗茶

三德隆饭店

三秦书社

高原红老药铺

⑤ 2019.7.11 AM 10:00 回坊大牌档

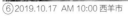

⑥ 2019.10.17 AM 10:00 西羊市

⑦ 2019.10.17 AM 10:00 瑞安茗茶

⑧ 2019.10.17 PM 10:00 琨琨土特产

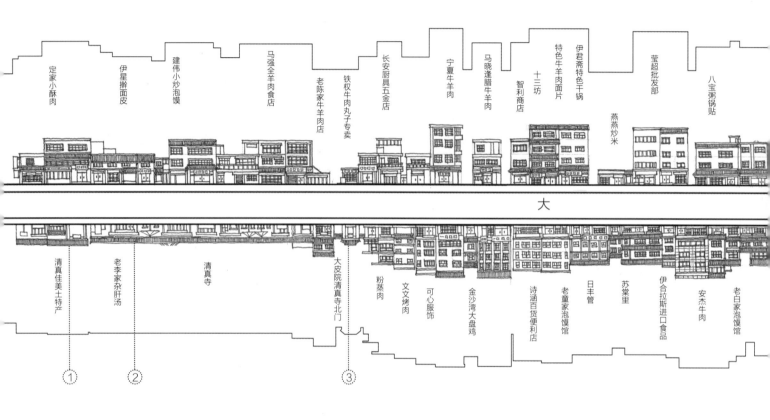

定家小酥肉　伊星擀面皮　建伟小炒泡馍　马强全羊肉食店　老陈家牛羊肉店　铁权牛肉丸子专卖　长安厨具五金店　宁夏牛羊肉　马晓逢腊牛羊肉　特色牛羊肉干锅　伊君斋特色牛羊肉面片　十三坊　智利商店　莹超批发部　燕燕炒米　八宝粥锅贴

大

清真佳美土特产　老李家杂肝汤　清真寺　大皮院清真寺北门　粉蒸肉　文文烤肉　可心服饰　金沙湾大盘鸡　诗涵百货便利店　老童家泡馍馆　日丰管　苏棠里　伊合拉斯进口食品　安杰牛肉　老白家泡馍馆

① ② ③

① 2019.10.17 AM 10:00 门头一隅　② 2019.10.17 AM 10:00 老李家杂肝汤　③ 2019.10.18 AM 9:30 大皮院清真寺　④2019.10.18 AM 9:30 老陈家牛羊肉店

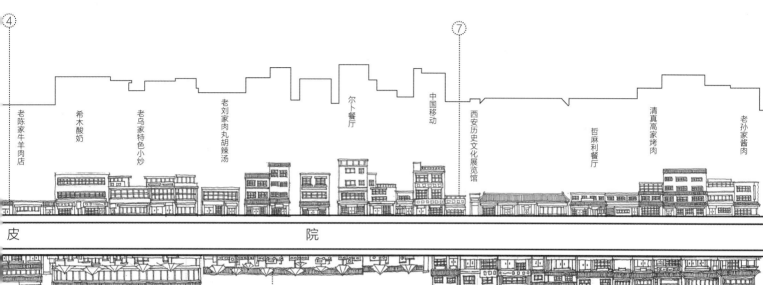

老陈家牛羊肉店　希木酸奶　老乌家特色小炒　老刘家肉丸胡辣汤　尔卜餐厅　中国移动　西安历史文化展览馆　哲麻利餐厅　清真高家烤肉　老孙家酱肉

皮　　　　院

德盛祥肉业　老回坊　诚信名烟茗茶　乌家特色小炒　兰州牛肉面　一真楼　马三汤包

⑤2019.7.11 AM 10:00 沿街小吃

⑥2019.10.17 PM 10:00 沿街小吃

⑦2019.10.18 AM 8:00 西安历史文化展览馆

⑧2019.10.18 AM 9:00 乌家特色小炒

"城市比之周围环境，一般密度较高而结构化，对周围的'背景'来说带有'图形'的性格。住宅区街道与建筑的关系也是同样，当把建筑物的外墙作为面来看时，街道也有可能带有'图形'的性格。"

——［日］芦原义信　《街道的美学》

6.4 街廓：场所的尺度

街道是一种线形空间，其水平距离（D）和实体高度（H）之间的比例反映了街道的围合特点，对人身在其中的心理感受具有直接影响。以 D 与 H 比值 1 为空间转折点，D/H 值越小，街道狭窄感强烈；D/H 值越大，则空旷感渐增。明城区内传统街道与现代街道尺度形成鲜明的对比。传统街道一般尺度宜人，沿街建筑与街道空间相得益彰，是人们生活的重要场所。现代街道由于过多强调交通通行功能，尺度不断失衡，阻碍了空间与人的对话，沦为通道作用。在实际生活中，人对街道的空间感受是在持续行进过程中完成的，一条街道街廓也会因为沿街建筑的高度不同而分段变化。

尚俭路

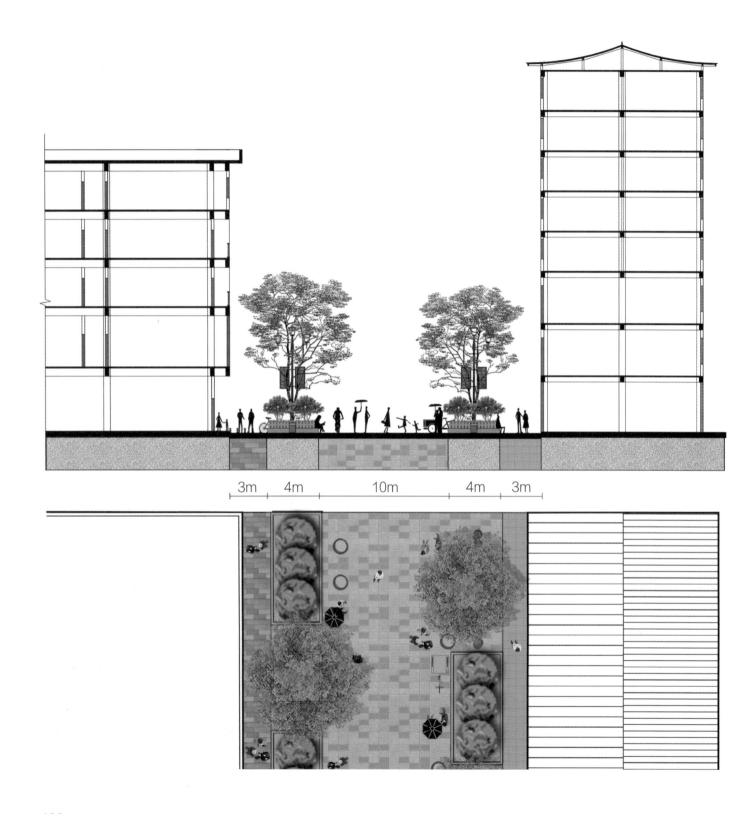

3m 4m 10m 4m 3m

南顺城巷

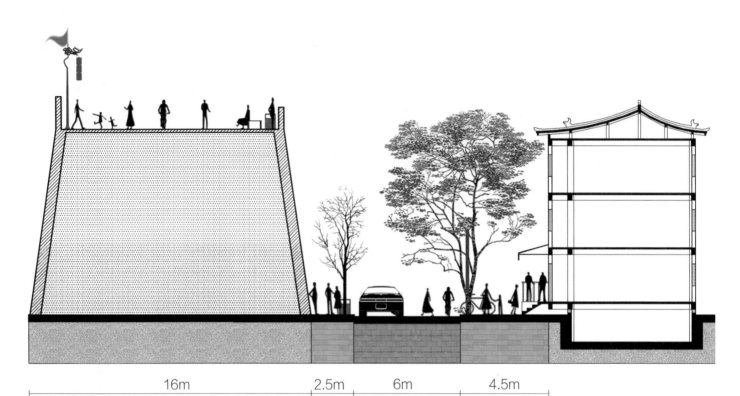

|←——— 16m ———→|← 2.5m →|← 6m →|← 4.5m →|

湘子庙街

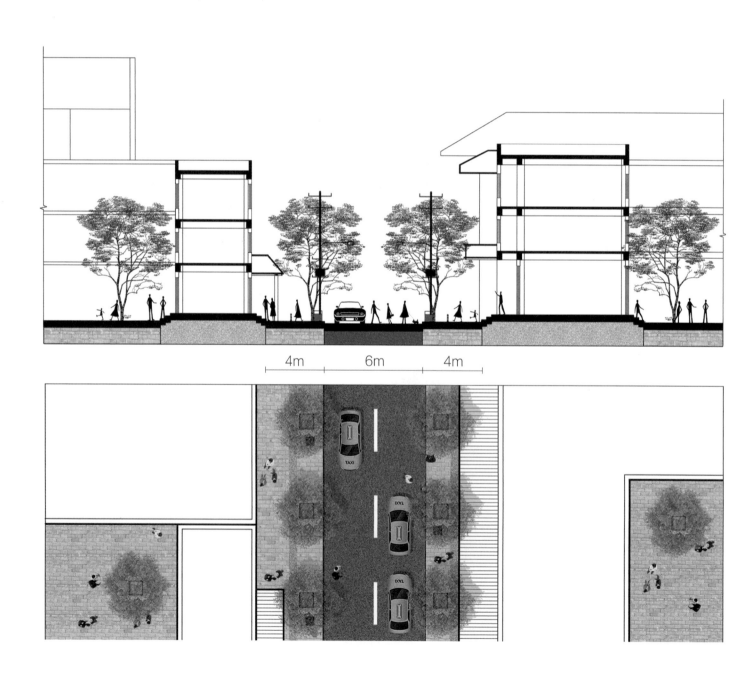

4m　　6m　　4m

东仓门

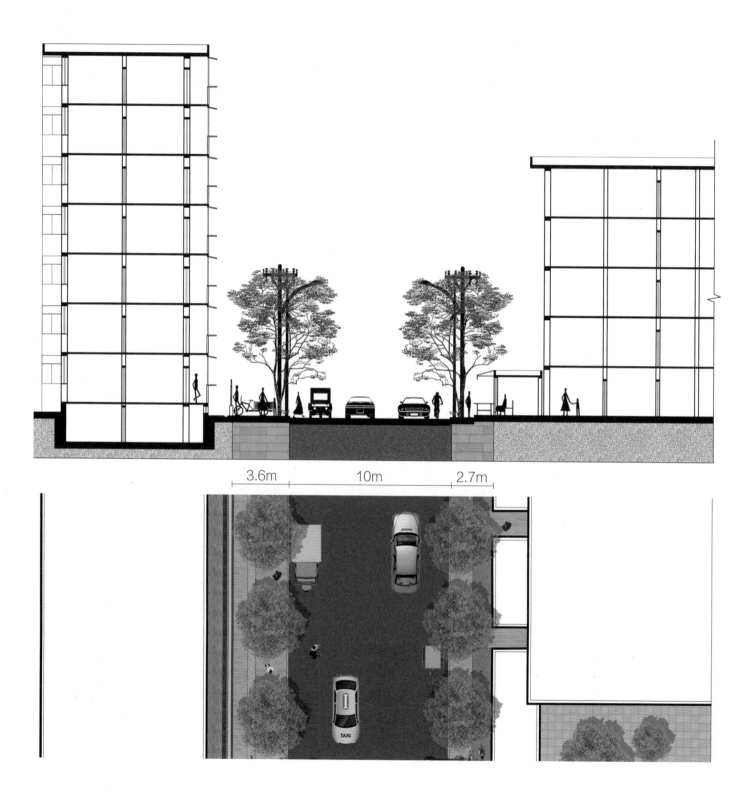

3.6m　　10m　　2.7m

書 院 门

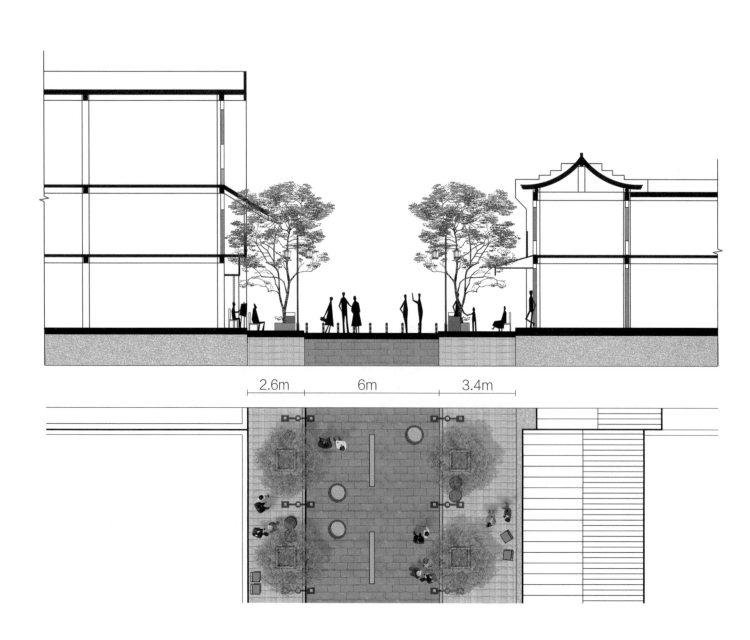

2.6m   6m   3.4m

北院门

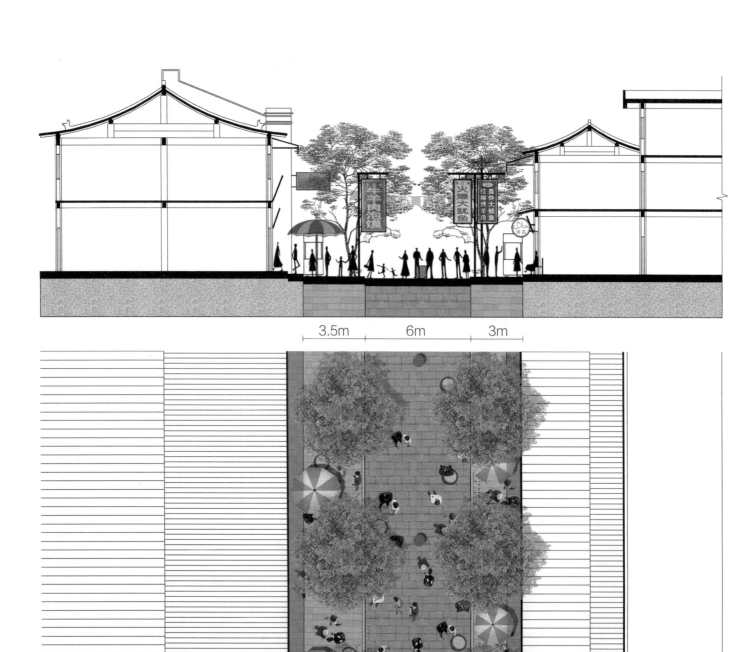

3.5m　　6m　　3m

大皮院

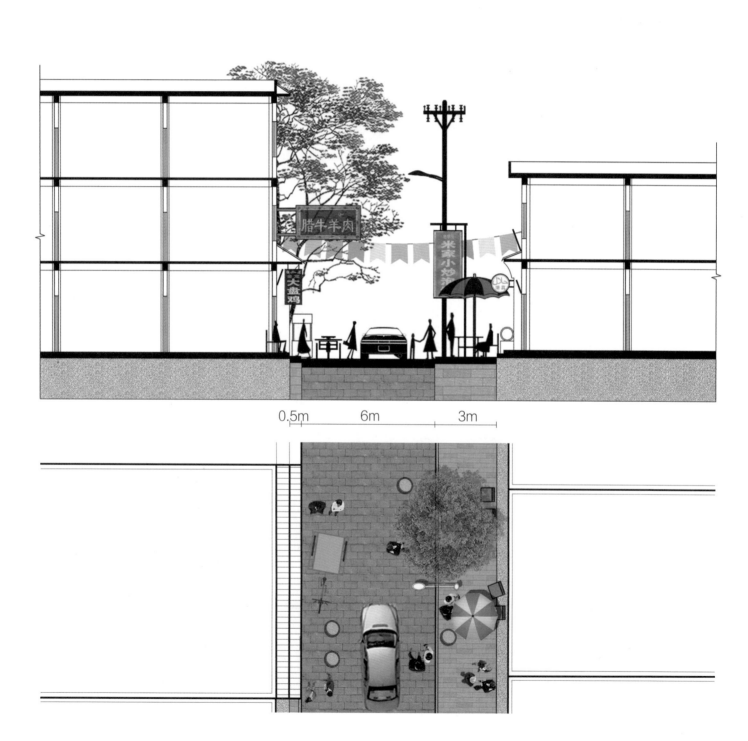

0.5m　　6m　　3m

南大街

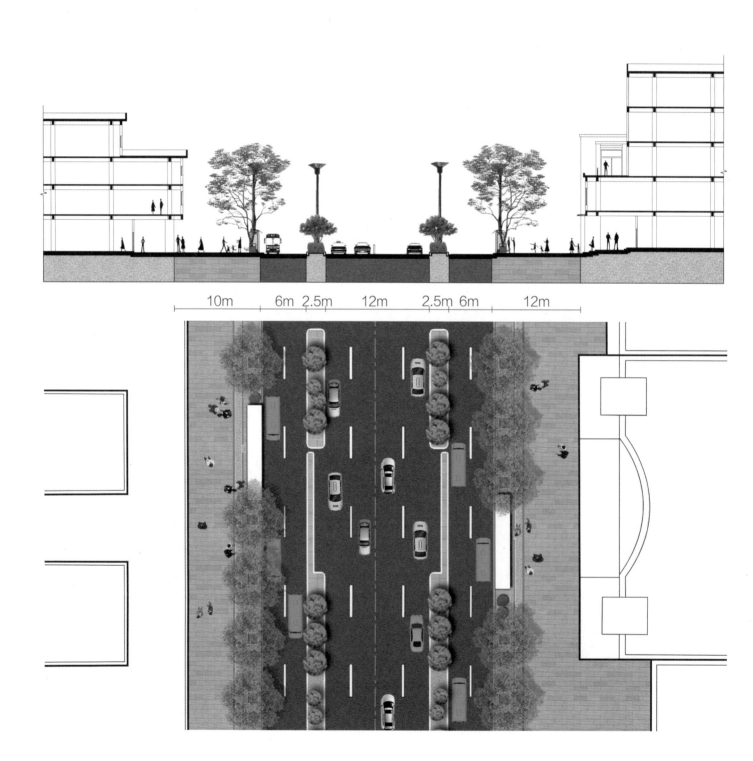

10m   6m 2.5m   12m   2.5m 6m   12m

解放路

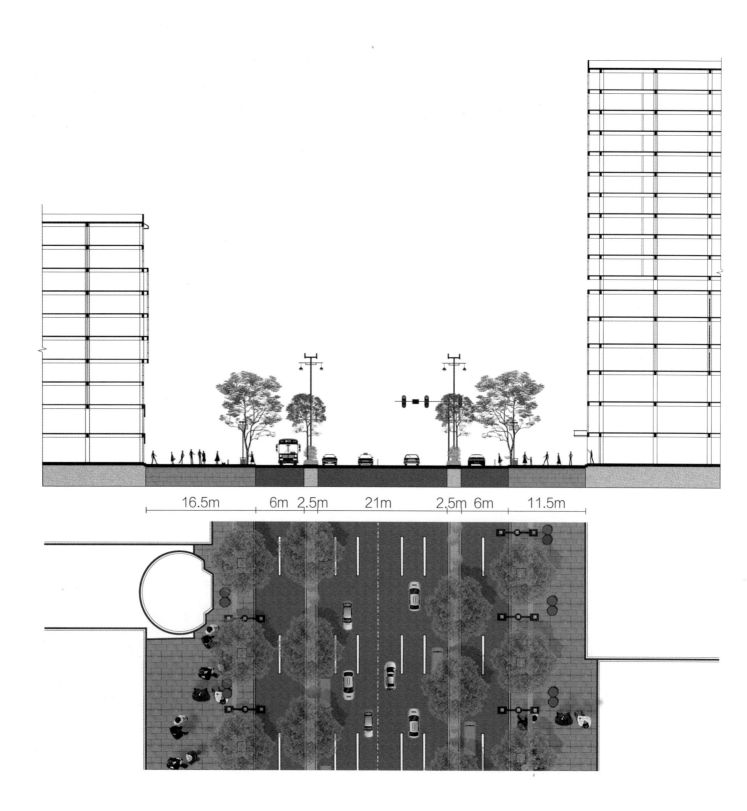

16.5m　6m　2.5m　21m　2.5m　6m　11.5m

东新街

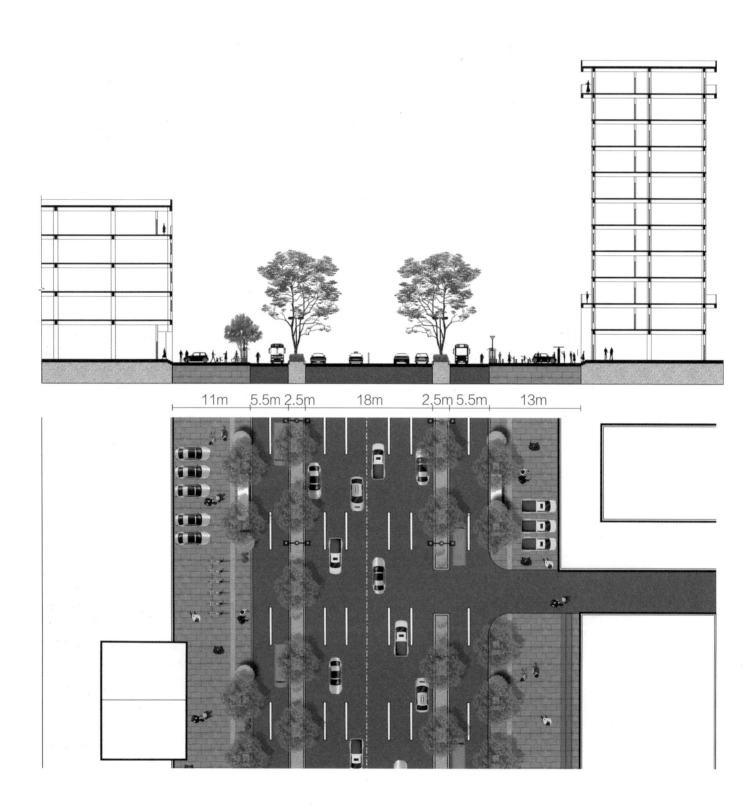

11m   5.5m 2.5m   18m   2.5m 5.5m   13m

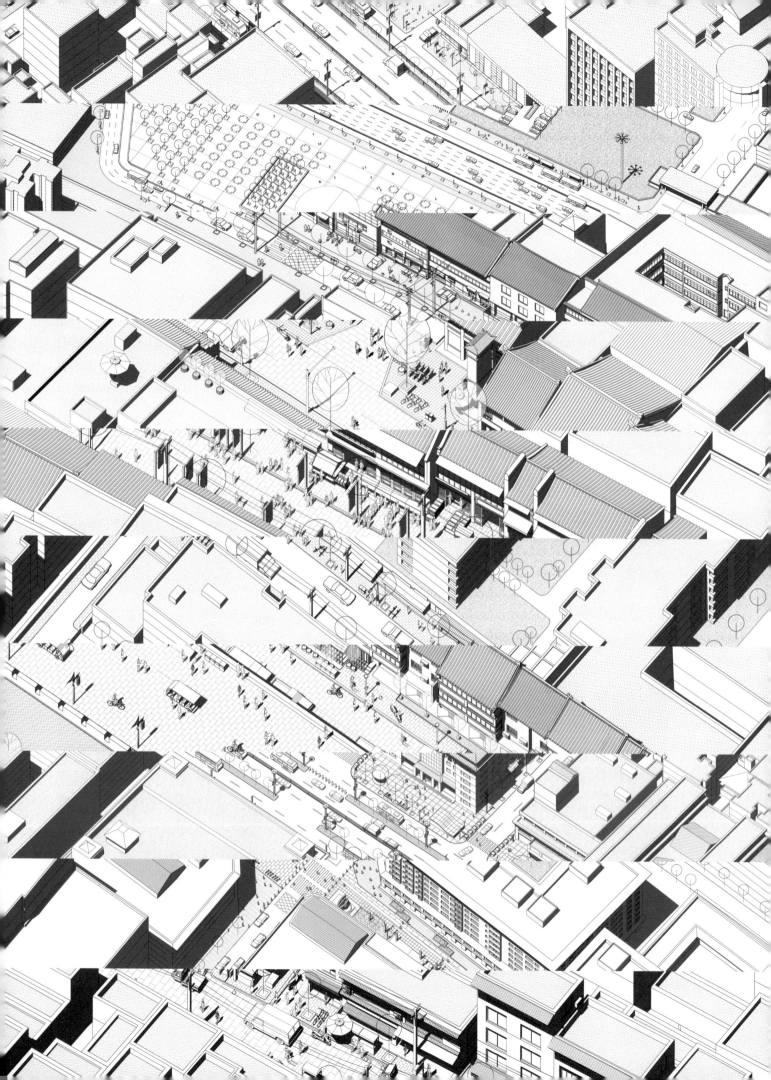

雅各布斯曾生动地将街道生活场景称为"街道芭蕾"：此刻正是孩子们玩轮滑、踩高跷、骑三轮……的时候，屋檐下、门廊前都是他们的玩耍场所；此刻也正是人们大包小包买东西的时候，从杂货店到水果摊再到肉铺，来来往往，人群熙熙攘攘……

——［美］简·雅各布斯《美国大城市的死与生》

6.5 场景：环境的氛围

街道作为城市重要的公共空间，分为生活、生产、商业、景观、交通等不同功能类型，与人们生活息息相关，是各种城市活动和城市事件发生的舞台。街道中的各类建筑构筑物、绿化景观、路面铺装、标识广告等组成了其物质空间，忙碌的汽车、穿梭的自行车、往来的人群等组织了其活动氛围。空间激发活动，活动影响空间，两者共同作用促进了街道氛围的营造，并依托街道这一物质载体，将人的生活融入到城市中。

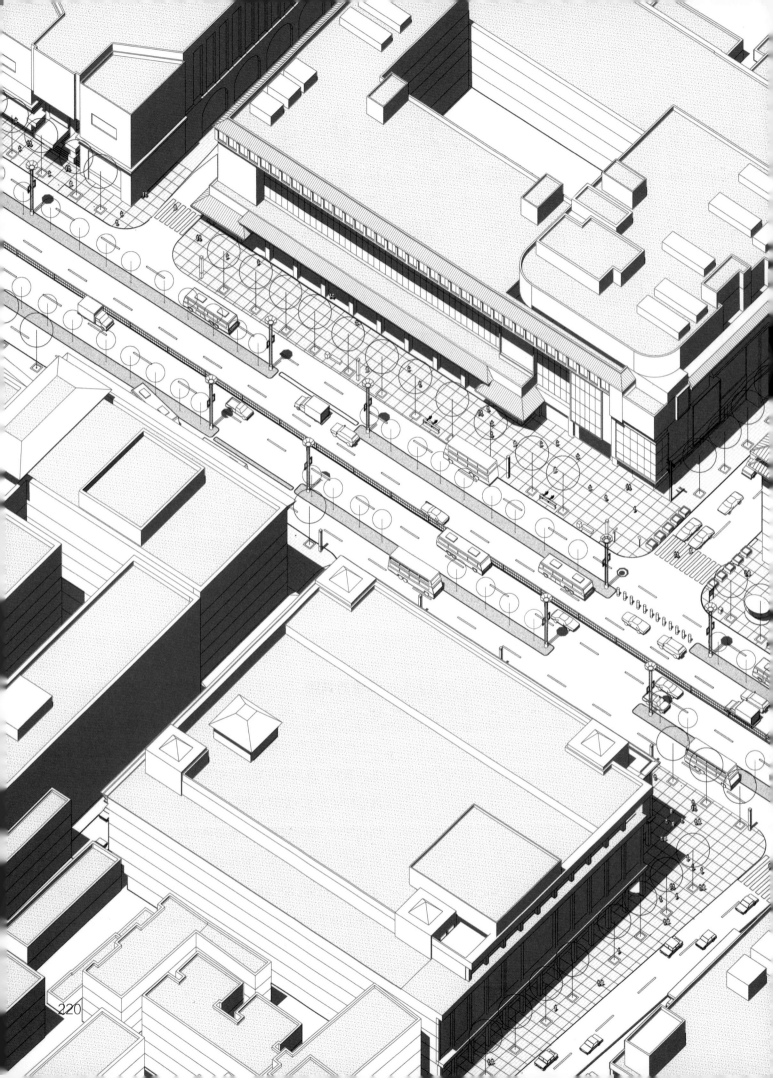

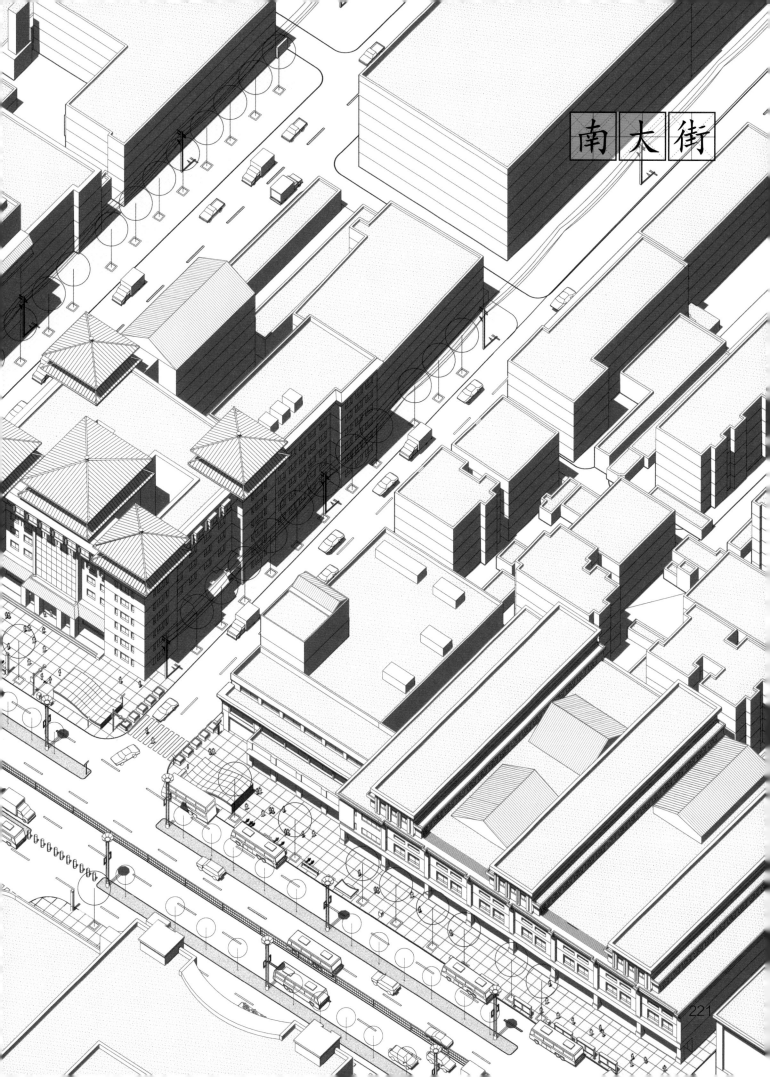

南大街

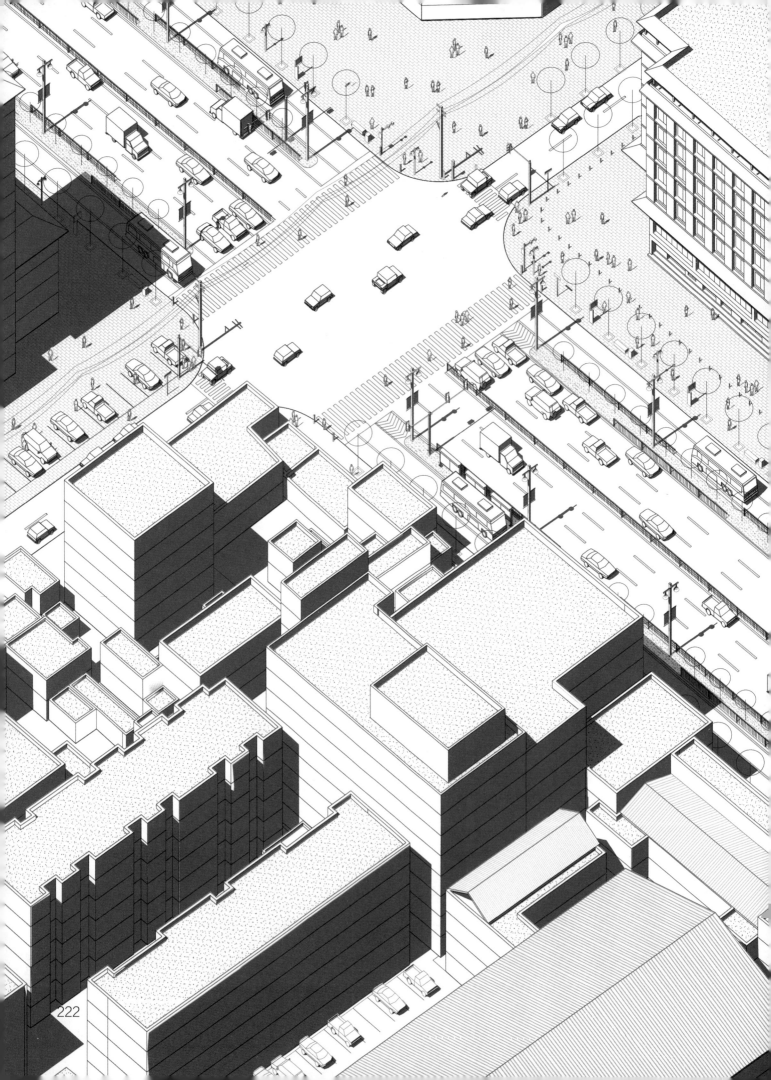

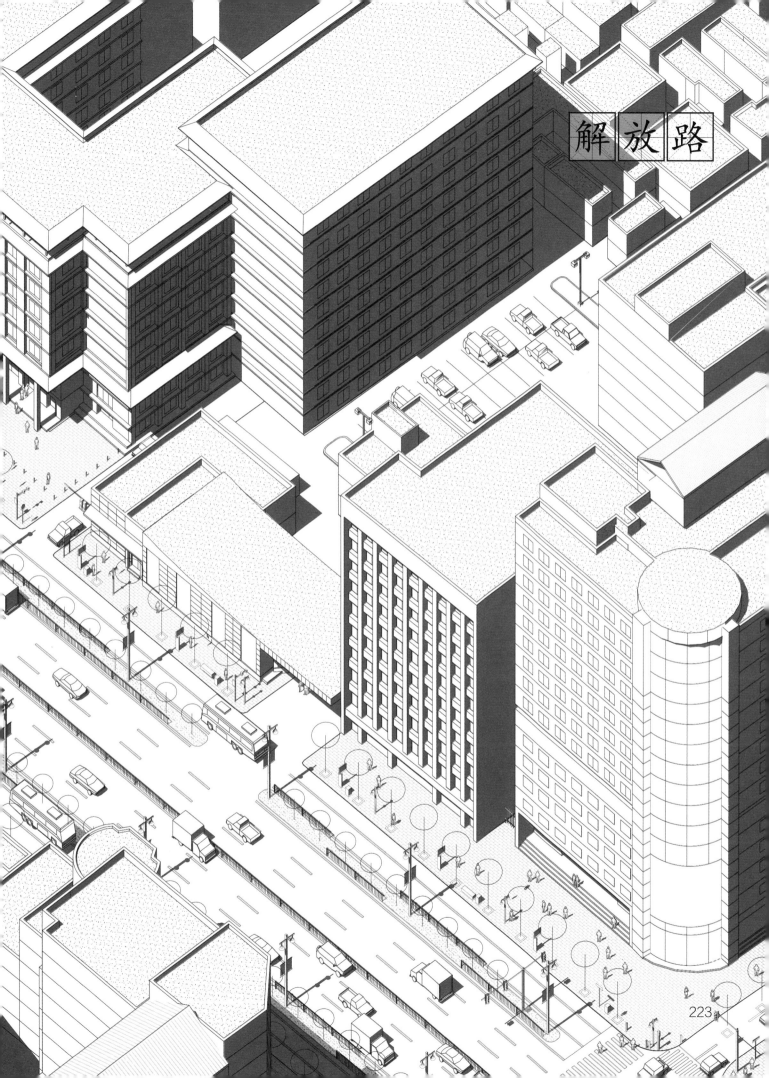

解放路

223

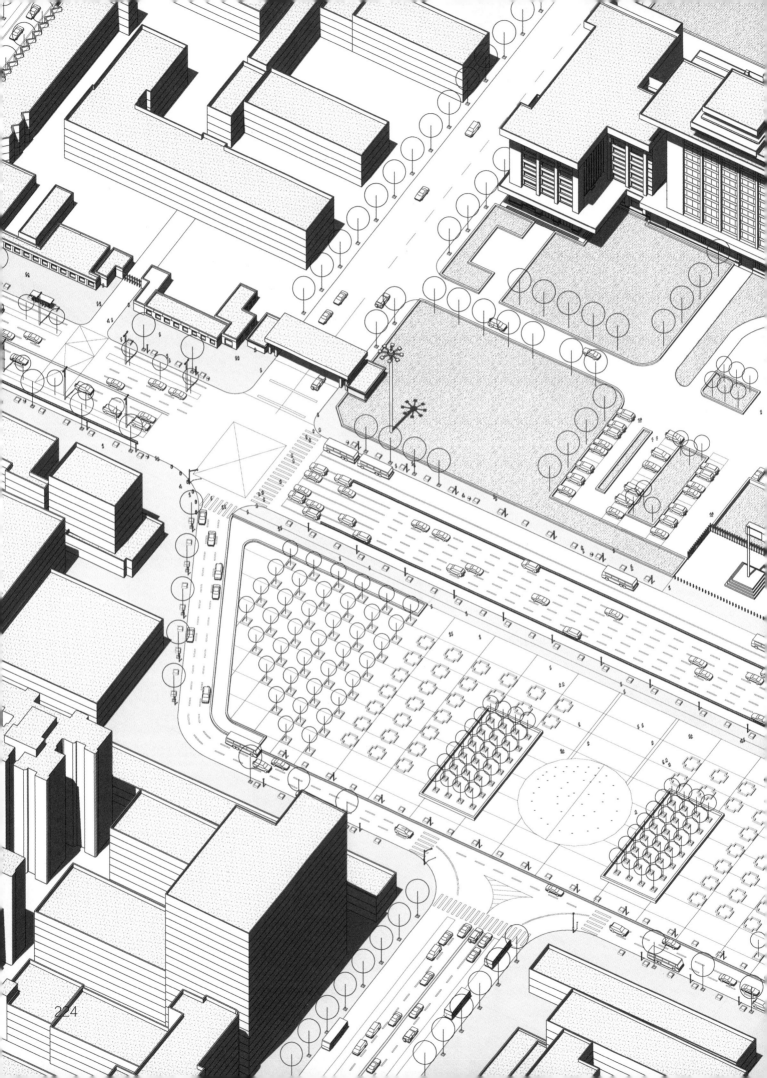

东新街

225

尚俭路

227

228

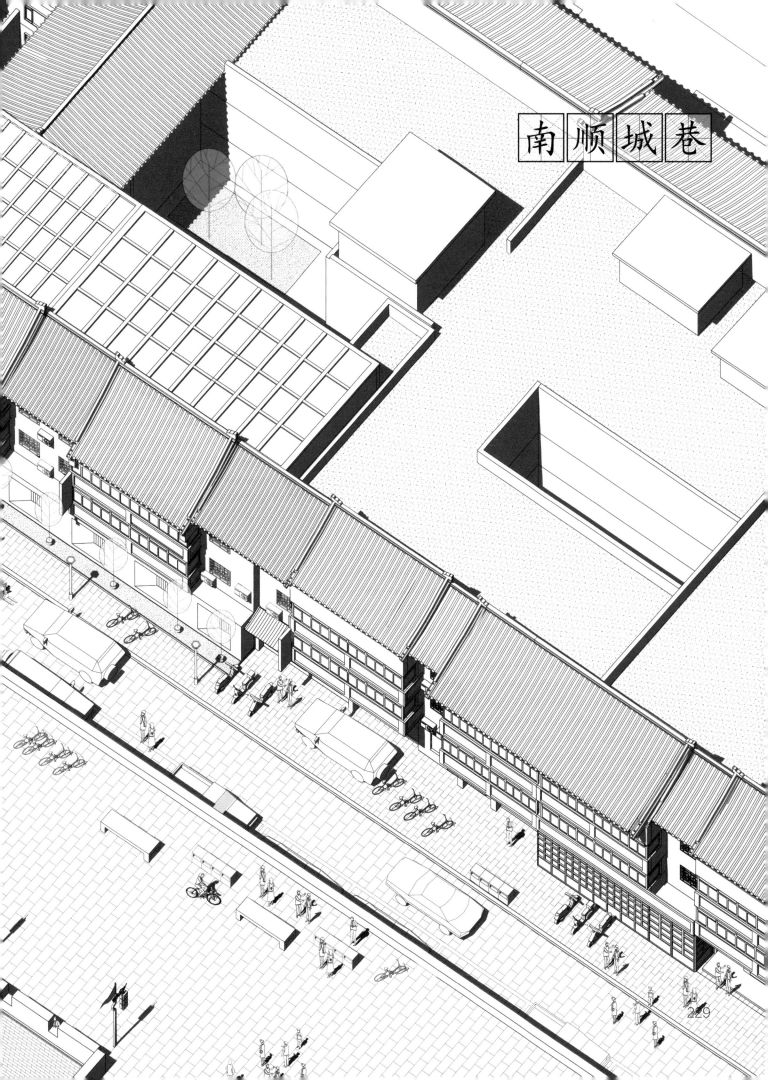

南顺城巷

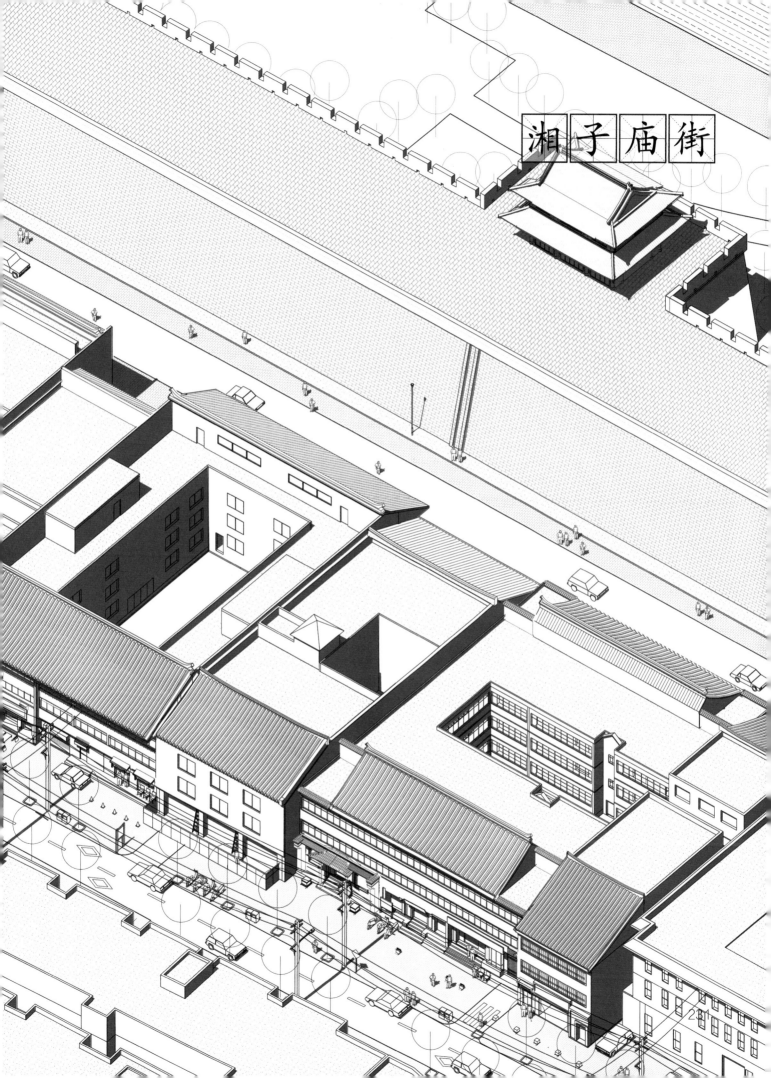

湘子庙街

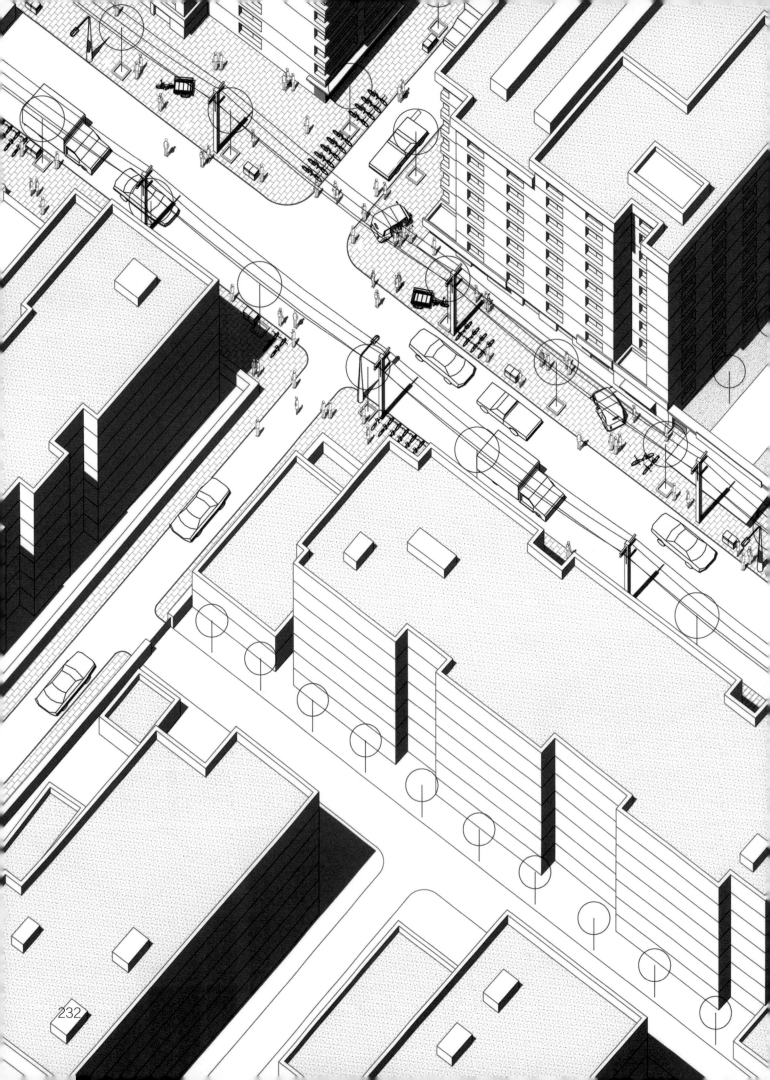

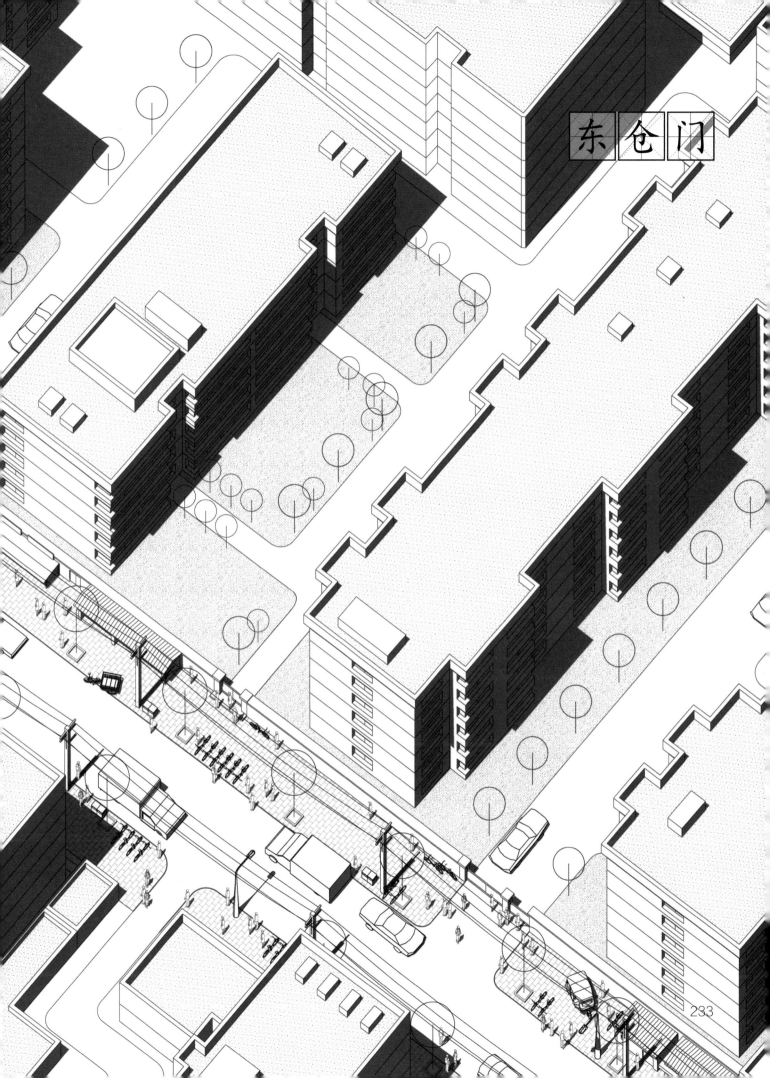

东仓门

233

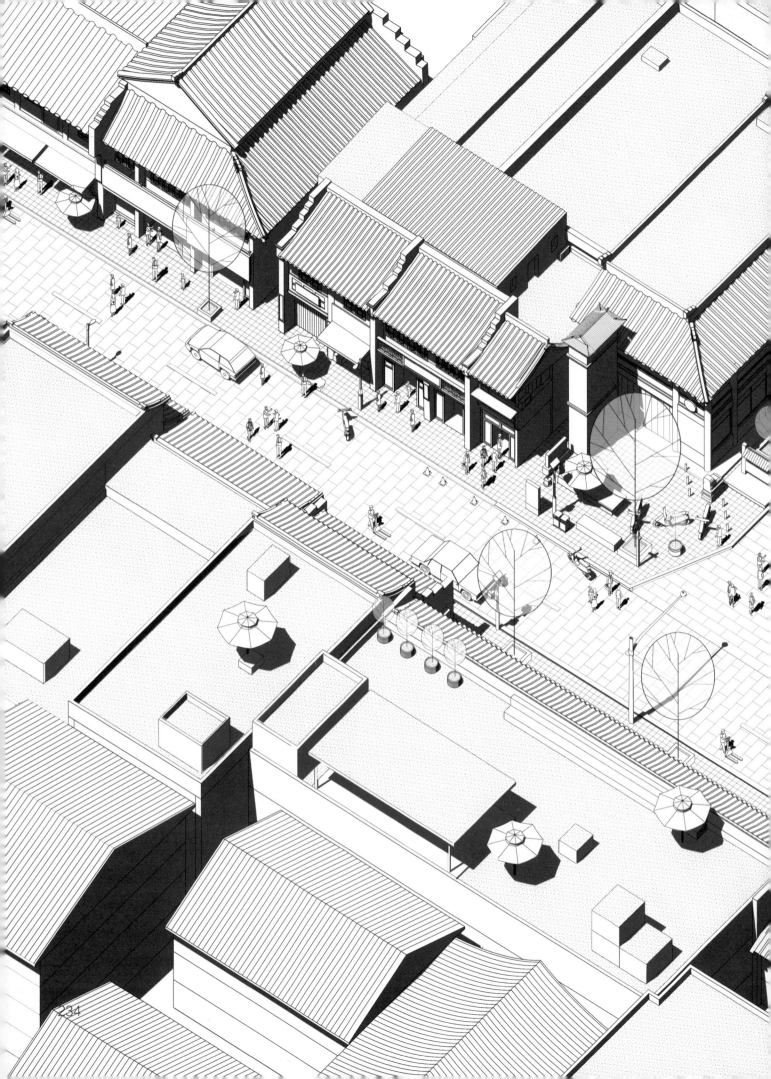

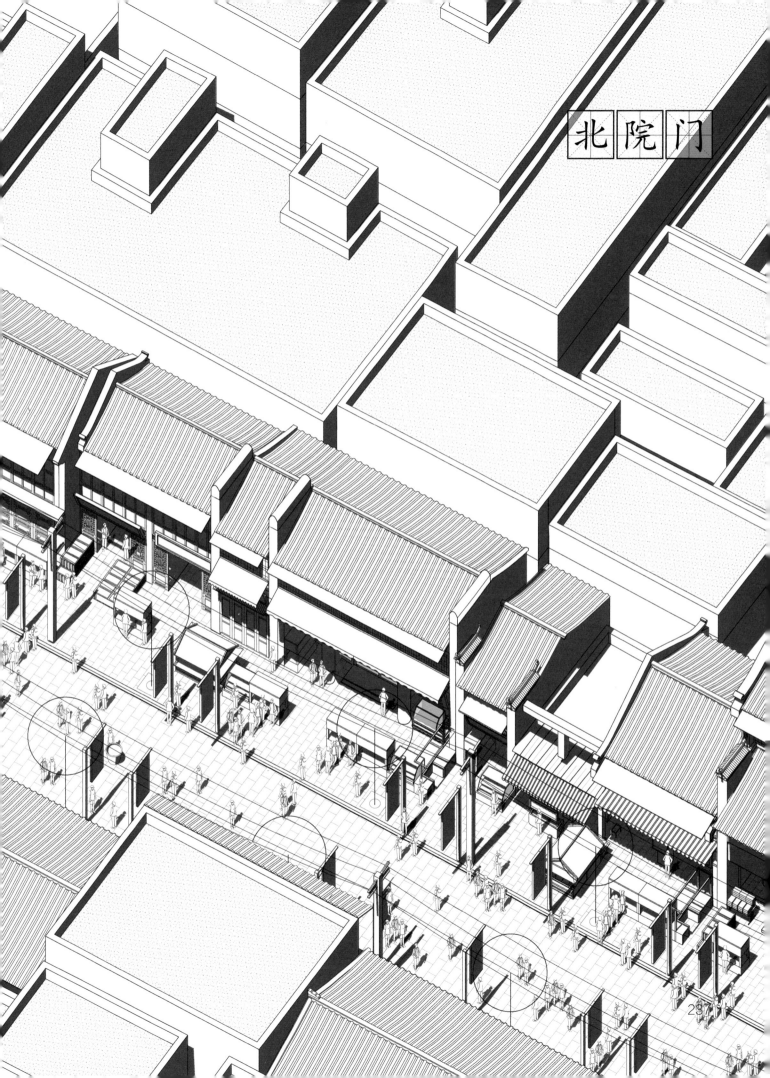

北院门

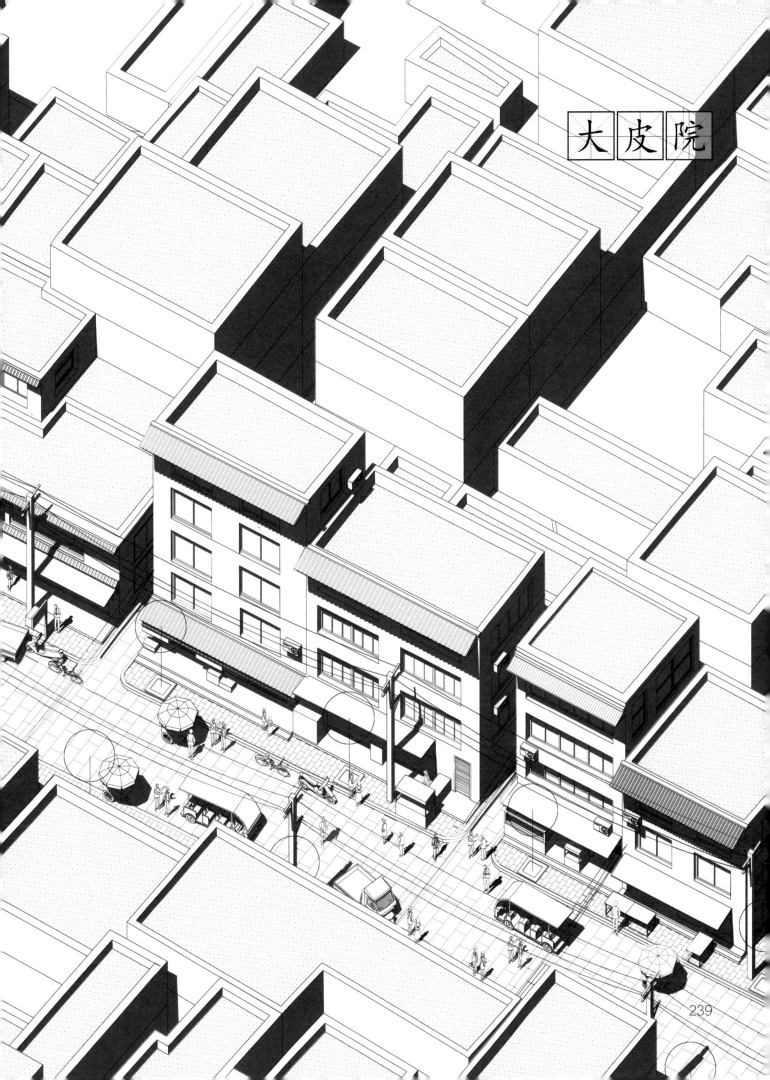

大皮院

柒 场所 —— 串城一路

最为重要的值得重视的世界，
是早在伽利略那里就开始被理念存有的世界偷偷摸摸地取代的、作为唯一实在的，通过知觉实际地被给予的、并
能被经验到的世界，
即我们的日常生活世界。

——[德] 埃德蒙德·胡塞尔《欧洲科学危机和超验现象学》

"透过离别的岁月；你看见我，像从窗口看见一辆公共汽车；在尘土飞扬的马路上行驶；你看见我如此灰暗；沉重——好像隔着车窗告别；话已道完，而汽车，仍停在原处"

——［拉脱维亚］维茨卡·贝尔瑟维卡《车站》

7.1 集散：
火车站南广场

作为城市轨道交通的枢纽，西安火车站自建成之日起，便承载了向全国各地运送旅客和货物的历史任务。历经了80多年的风雨洗礼，车站的基础设施已经无法满足日益增长的旅客。高峰时期进站时所需要进行的安检和等待，却时常导致了广场上大量旅客的滞留，以及空间的淤塞。其同时作为火车站商圈的核心节点，呈现出不同空间、时间拼贴的样态，包括小型餐馆、连锁超市、快捷酒店、换乘车站在内的各种公共服务设施，承载了旅行、通勤、购物、就餐、住宿等纷繁的日常生活功能。

场地

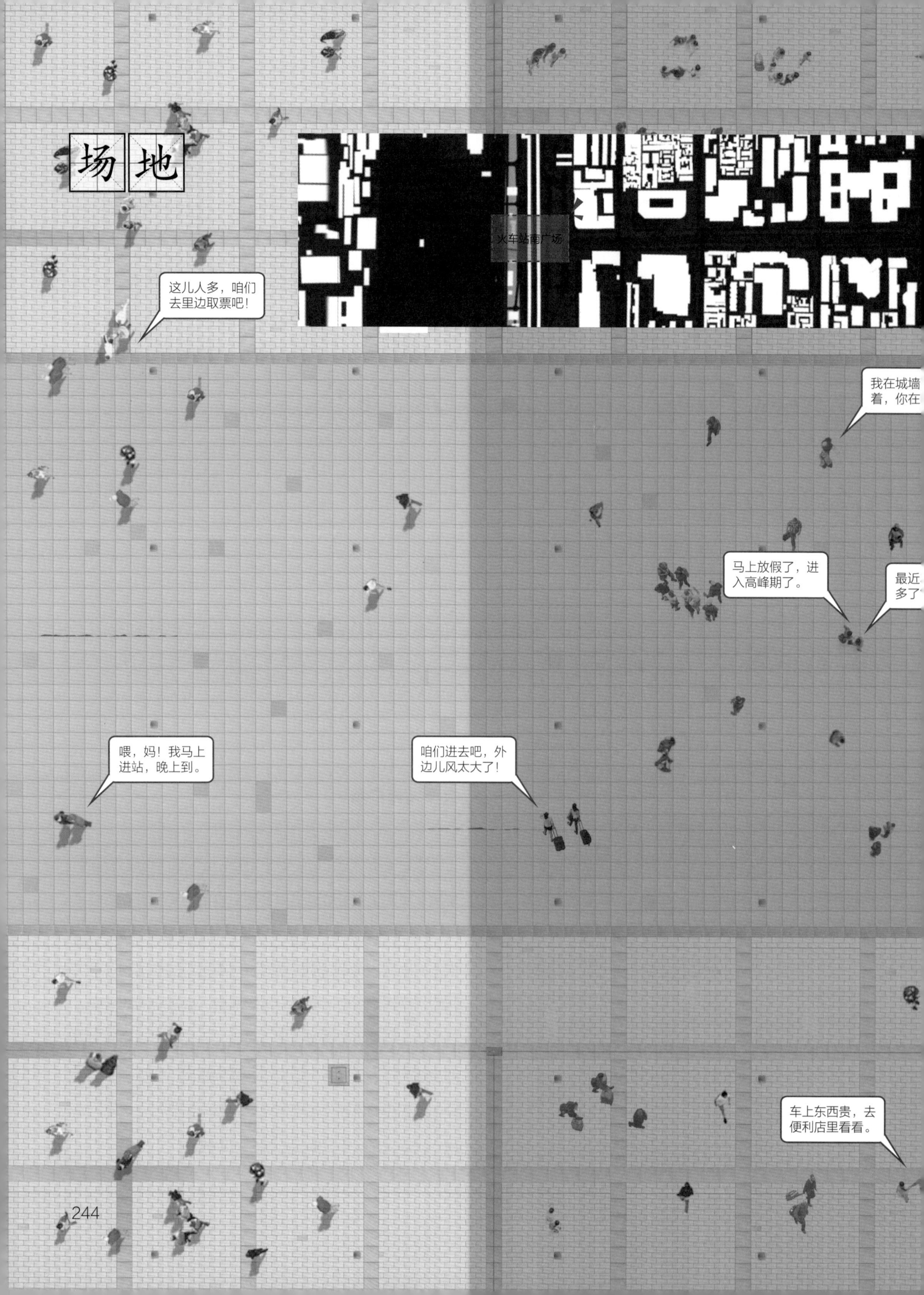

火车站南广场
这儿人多，咱们去里边取票吧！
我在城墙
着，你在
马上放假了，进入高峰期了。
最近
多了
喂，妈！我马上进站，晚上到。
咱们进去吧，外边儿风太大了！
车上东西贵，去便利店里看看。

解放路

快走，广播通知
开始检票了。

活动

界面　　　　　设施　　　　　栏杆　　　　　铺地

场域

火车站南广场

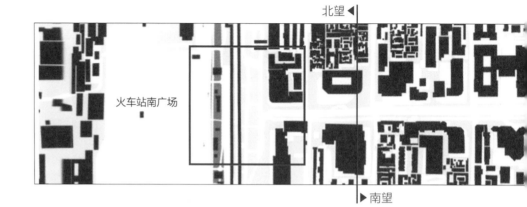

北望◀

火车站南广场

▶南望

北望火车

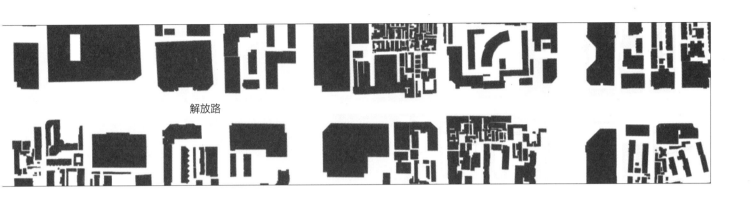

解放路

火车站南望

"所谓设计，就是通过创造与交流来认识我们生活在其中的世界。好的认识和发现，会让我们感到喜悦和骄傲。"

——［日］原研哉《设计中的设计》

7.2 聚会：
民乐园商业广场

作为我国西部地区铁路交通中枢，西安火车站自建成之日起便承载了向全国各地运送旅客和货物的重任。历经80多年的风雨洗礼，其基础设施建设已明显滞后，无法适应日益增长的客流需求，时常导致大量旅客滞留和空间拥塞。此外，其作为火车站商圈的核心节点，街区功能上呈现明显的多元拼贴特征，包括小型餐馆、连锁超市、快捷酒店、换乘车站等各类公共服务设施，并承担了旅行、通勤、购物、就餐、住宿等城市职能。

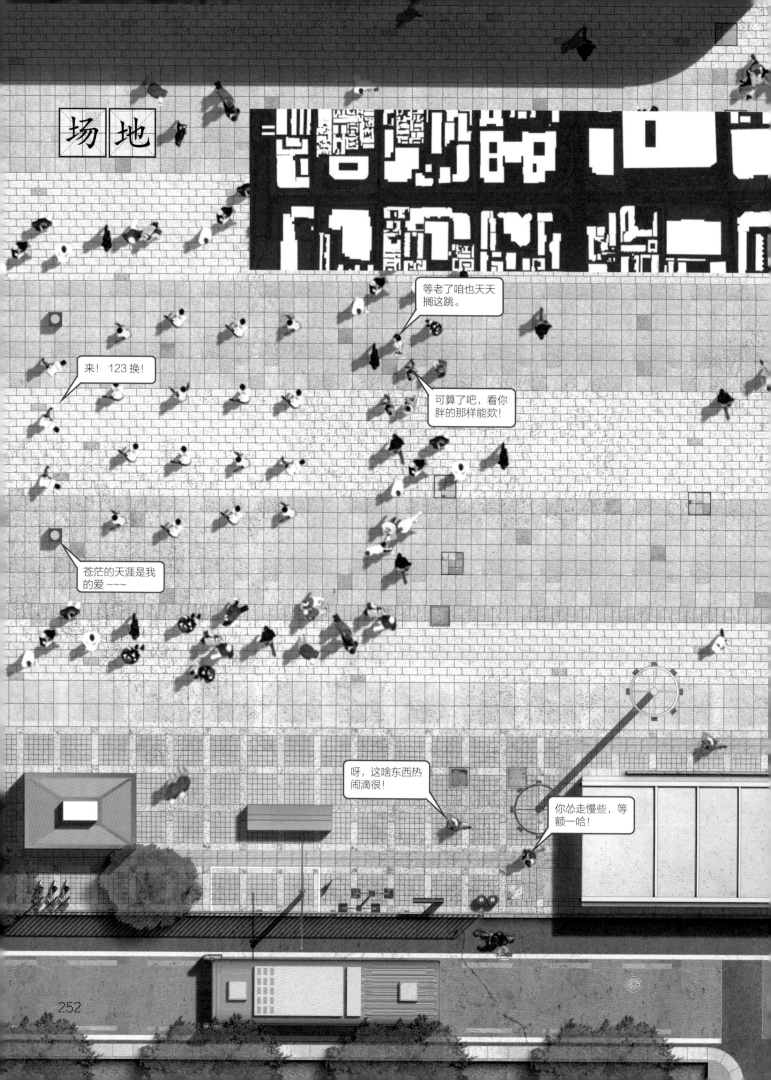

解放路

现在这万达真没啥逛的，无聊！

诶呀，这车停的乱几很！

场 景

活动

界面　　　　　　　　　　設施　　　　　　　　　　路标　　　　　　　　　　铺地

场域

解放路东新街交叉路口

民乐园商业广

解放路

北望民乐园商业广场

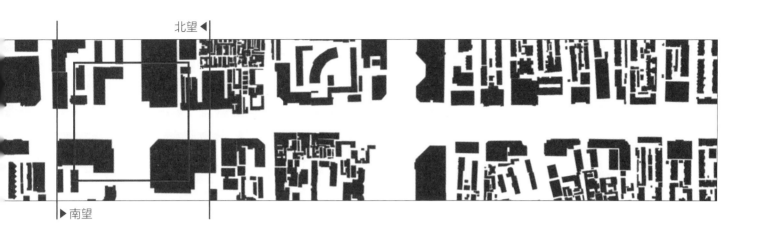

北望◄

▶南望

民乐园商业广场南望

"这个城市只有通过一种民族志调查式的方法才能被认识：你不能通过书或地图来给自己导航，而必须通过行走、观看、习惯以及经验来寻找方向。在这里，每一次的发现都是激烈但又脆弱的。"

——［法］罗兰·巴尔特《符号帝国》

7.3 穿越：和平门外

民乐园商业广场位于明城内解放路商圈核心地带，是目前古城墙内规划面积最大的一块商业综合用地。这里延续了解放路商圈长久以来积淀的商业资源和商业氛围，为城市公共活动提供了必要的场所环境，形成了商业与日常并置，购物与生活同行的复合样态。以"民俗、民生、民乐"为主题，民乐园商业广场打造了集商贸购物、餐饮休闲、旅游观光为一体的多功能商业区，成为明城区地标性商业名片。

活动

界面   设施   标识   铺地

场域

和平门外

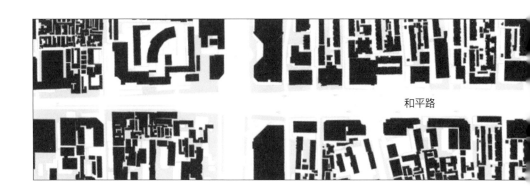

和平路

北望和平门

北望◄

雁塔北路

►南望

和平门南望

265

"总有一些街道，要比其他街道更不一般：置身其中，你胸中了无挂碍，可以随心所欲地做自己想做的事情。"

——[美]阿兰·B·雅各布斯《伟大的街道》

7.4 过街：李家村十字

李家村地段是城市典型的三级公共中心，周边汇集机关、商场、高校等人流密集场所。该十字是作为雁塔路和友谊路交汇的重要交通节点，设有地铁4号线与5号线的换乘枢纽。改造后的李家村十字路口交通通达性强，尺度巨大，缺乏对行人的基本关照。同时，区域容纳了李家村万达广场和华清广场两大商业综合体，商业气息浓厚。在承担交通职能之余，该地段也成为城市居民社会交往的重要公共活动场所。

李家村十字

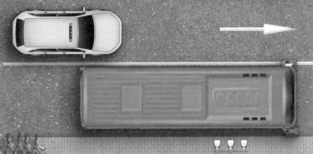

雁塔北路

马上又快红灯了，跑两步。

我们老年人过个马路可真不容易~

这里去哪都方便，想去哪玩？

这个红绿灯过不去了，等等吧。

269

活动

界面　　　　　　地铁　　　　　　标识　　　　　　铺地

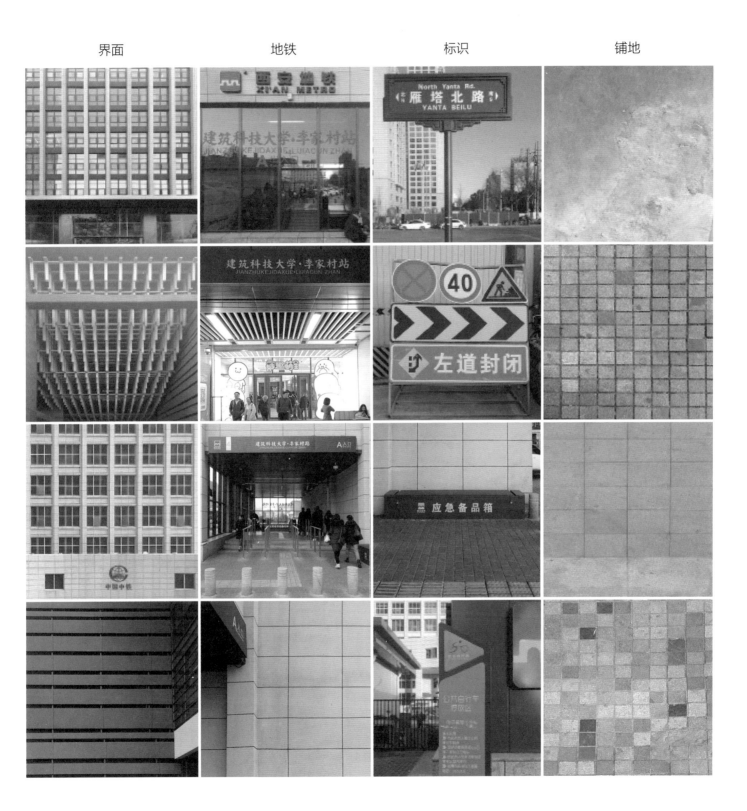

场域

李家村十字

北望李家村十字

北望 ◀

南望 ▶

雁塔北路

李家村十字南望

"解决问题的办法是尝试建立日常生活的清单和分析，以便揭示日常生活的歧义性——它的基础性和丰富性，它的贫乏和丰饶，用非正统的方式可以解放出作为日常生活内在组成部分的创造力。"

——［法］列斐伏尔《现代世界的日常生活》

7.5 交易：赛格电脑城

　　赛格电脑城是西安雁塔路电子一条街的重要节点，以销售电子产品为主，伴随电子产业的变化，街道空间呈现不同的表情。同时，赛格电脑城毗邻西安二环路，交通量巨大，公共交通、货运、骑行、人行等多种流线混杂交织。这一地段容纳了单位大院、商业综合体、沿街店面等多元空间模式，涵盖了消费、娱乐、餐饮等多种公共设施，快递收发、天桥交易、路边卸货、临时摆摊等活动异常活跃。

场地

活动

界面　　　　　　　路障　　　　　　　标识　　　　　　　铺地

场域

二环立交赛格电脑城

雁塔北路

北望赛格电脑城

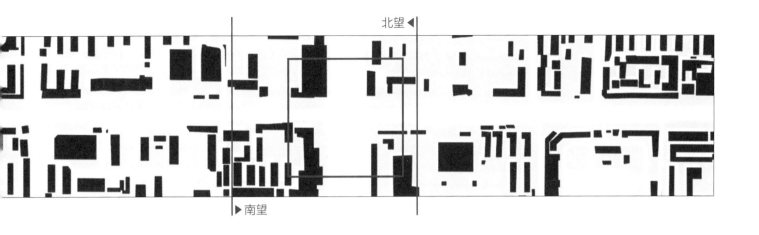

北望◄

▶南望

赛格电脑城南望

在每一个城市计划中必须将各种情况下所存在的每种自然的、社会的、经济的、文化的因素配合起来。

——《雅典宪章》

7.6 景观：大雁塔北广场

作为西安最著名的城市公共空间之一，大雁塔北广场经过数次提升改造，呈现出古今并置的空间物质形态和多元复合的社会生活样态。既是文化旅游目的地，也承载着市民的日常生活，为周边居民、市民游客提供了一处不同体验的公共活动场所。广场内景观设施丰富，包括大型音乐喷泉和众多唐文化主题的景观小品，商业服务设施完善，包含了餐饮消费、文化消费和娱乐消费等多方面内容。

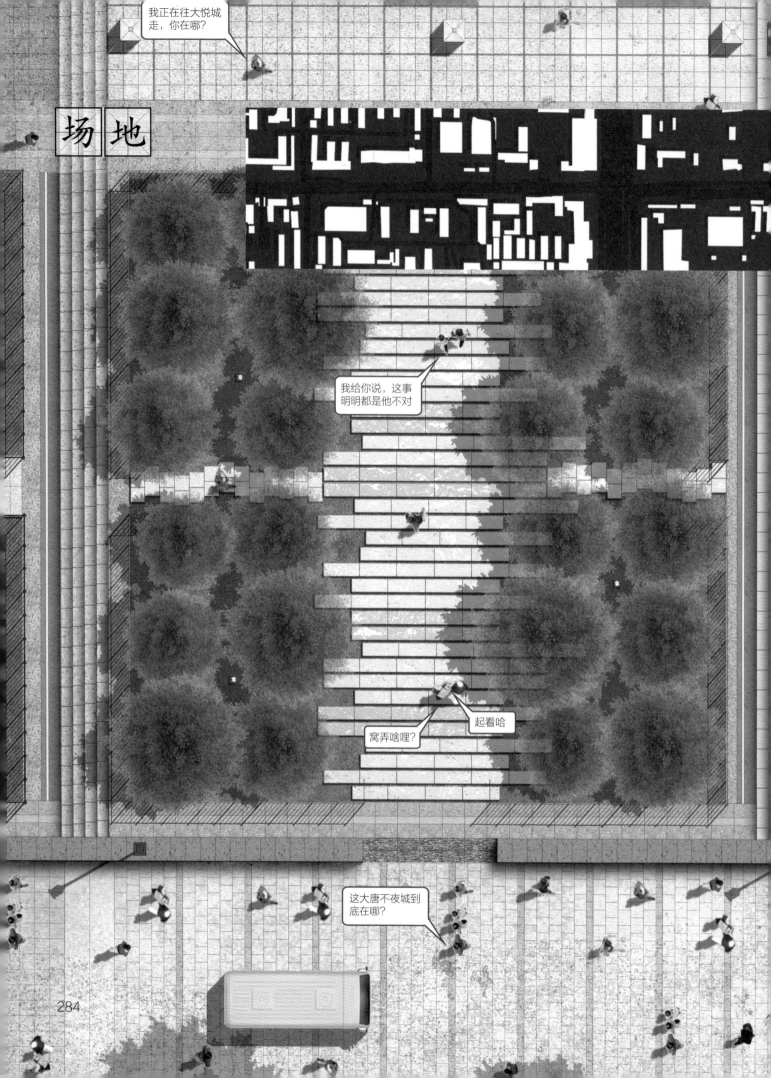

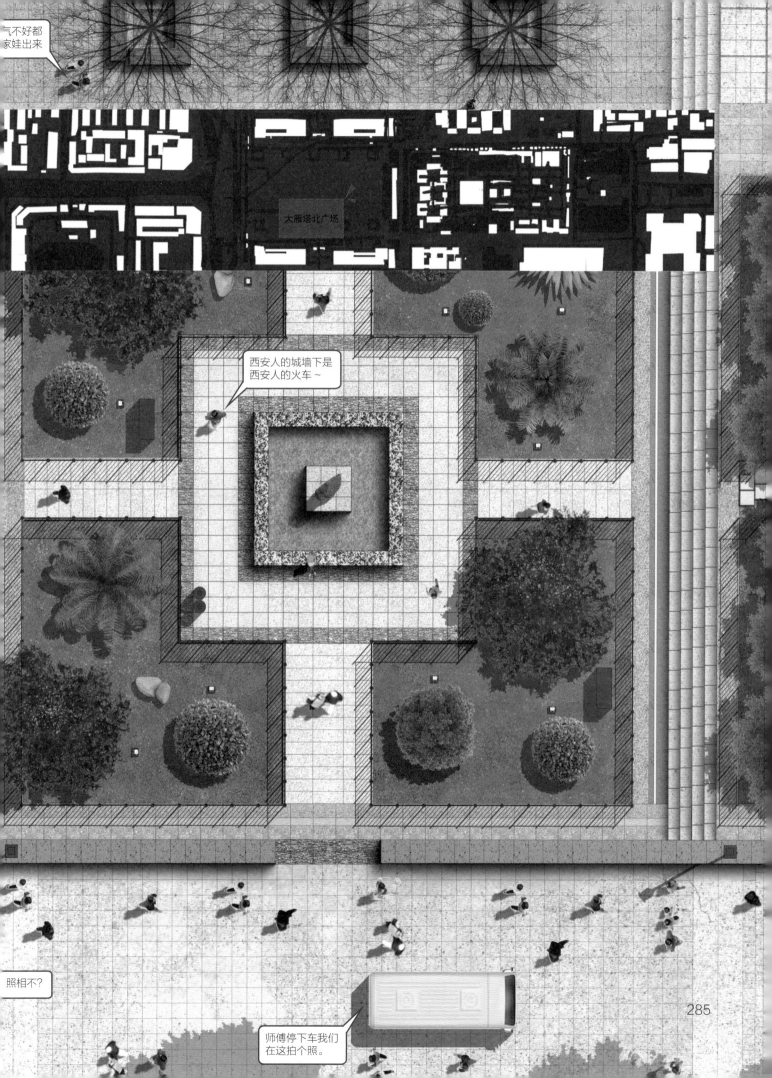

285

活动

界面　　　　　　　　　设施　　　　　　　　　雕塑　　　　　　　　　铺地

场域

大雁塔北广场

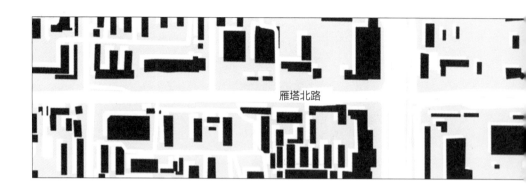

雁塔北路

南望大雁塔北广场

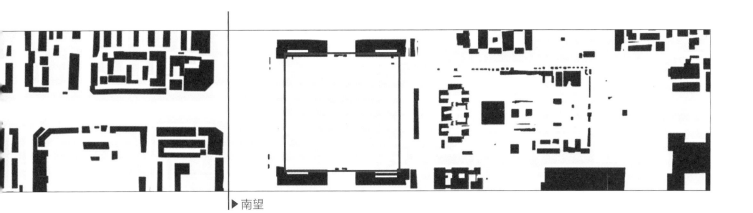

▶ 南望

大雁塔北广场夜景

"事实上，保护和保存场所精神意味以新的历史脉络，将场所本质具体化。我们也可以说场所的历史应该是其'自我的实现'。"

——［挪］诺伯舒兹《场所精神：迈向建筑现象学》

7.7 纪念：
大雁塔南广场

作为西安重要的佛文化主题空间，大雁塔南广场结合大慈恩寺传统建筑群营造兼具社会性与精神性的特色场所，呈现思想、精神、观念、文化和艺术的积累。该地段主题鲜明，尺度宜人，演绎着持续生长的本土文化，是容纳城市居民和外地游客公共活动的重要场所。广场基础设施配套完善，景观环境以纪念性开敞空间为主，连接大面积绿化和景观空间，提供了多样化的活动体验及视觉感受，是历史性与公共性并存的城市公共客厅。

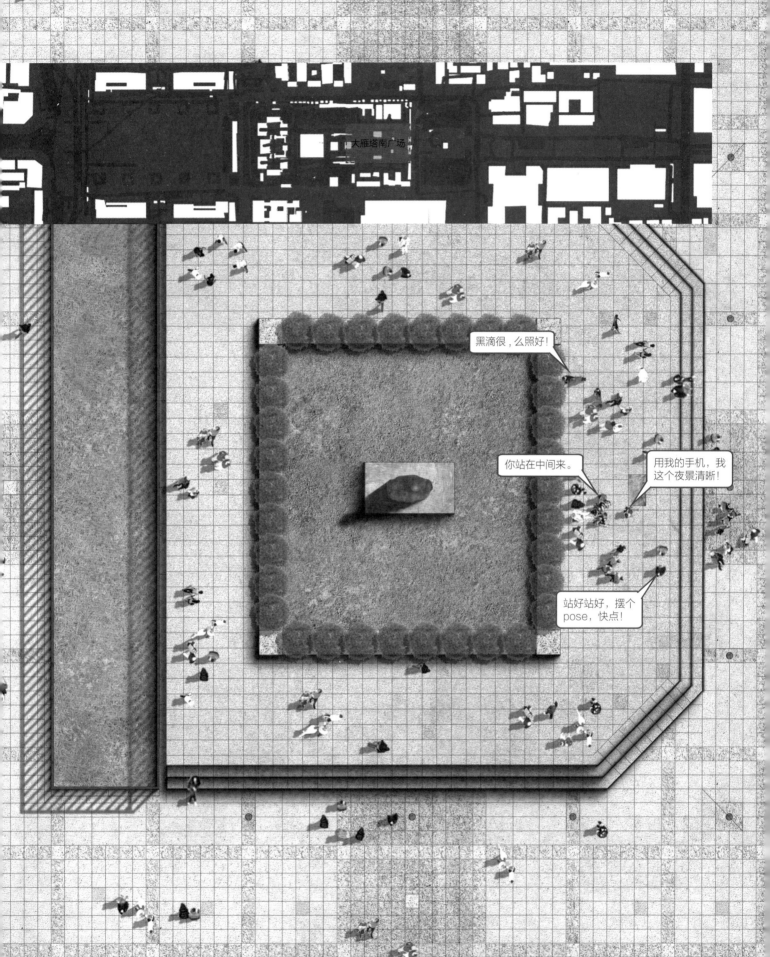

293

活动

界面　　　　　　　设施　　　　　　　景观　　　　　　　铺地

场 域

大雁塔南广场

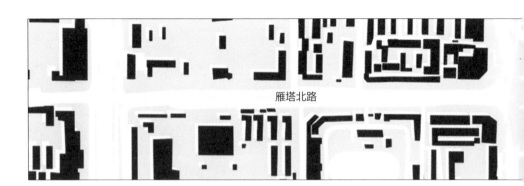

雁塔北路

北望大雁塔南广场

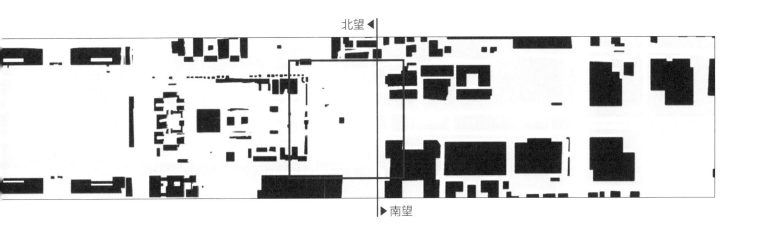

北望 ◀

▶ 南望

大雁塔南广场南望

"推动力都是布景术的，而不是构筑性的，于是不仅存在着内部实质与外部形式的完全分裂，而且形式本身也排斥了它的构造起源并耗损了它的明白性。"

——［美］肯尼斯·弗兰姆普敦《现代建筑：一部批判的历史》

7.8 庆典：大唐不夜城

作为全国驰名的文化型步行商业街区，大唐不夜城整体南北长 1500 米，东西宽 550 米，总占地面积 967 亩，总建筑面积 65 万平方米。区域以大雁塔为依托，北起玄奘广场、南至唐城墙遗址公园、东起慈恩东路、西至慈恩西路，贯穿玄奘广场、贞观文化广场、开元庆典广场三个主题广场，包含了六个仿唐街区和西安音乐厅、西安大剧院、曲江电影城、陕西艺术家展廊四大文化建筑。以盛唐文化为背景，以唐风元素为主线，以体验消费为特征，是展示西安唐文化的首秀之地。

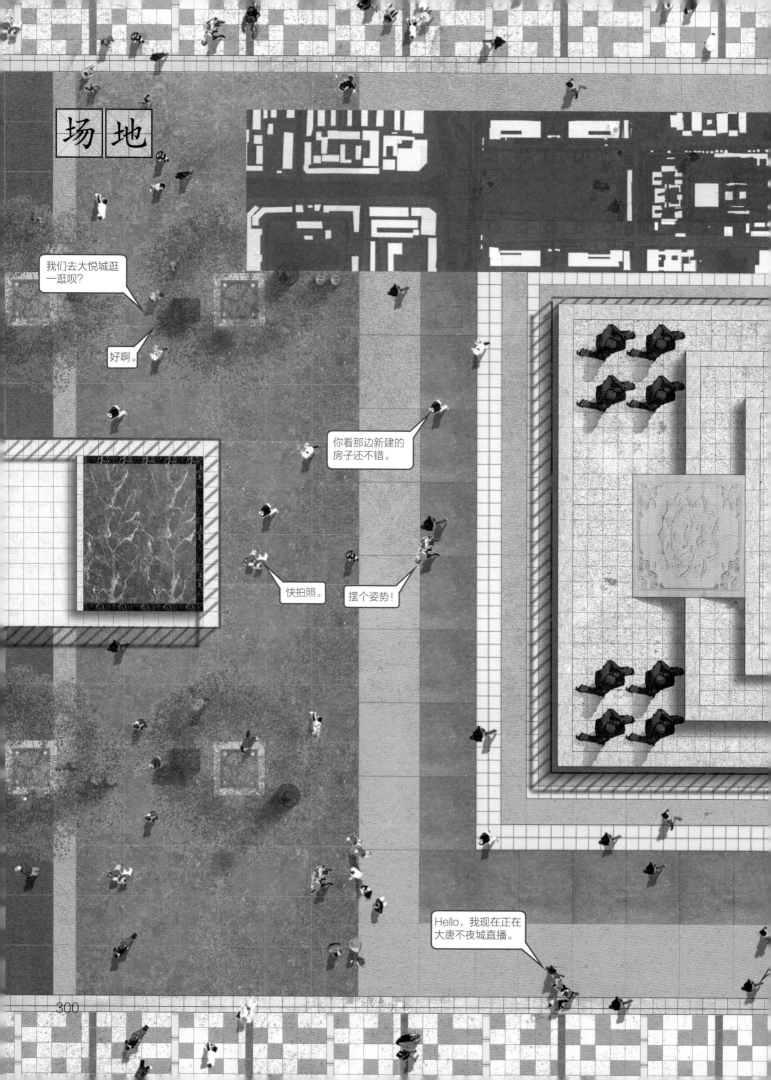

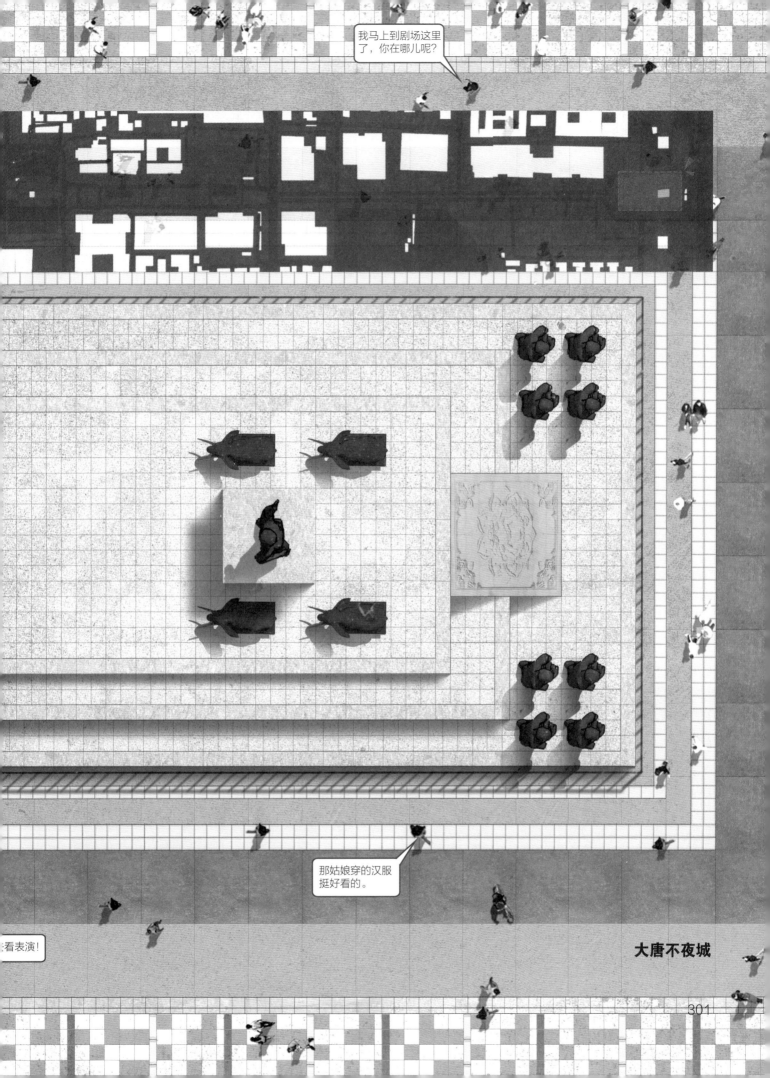

活动

界面　　　　　　　　　雕塑　　　　　　　　　设施　　　　　　　　　铺地

场域

大唐不夜城

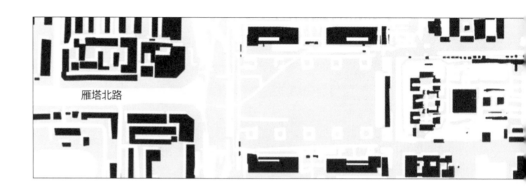

雁塔北路

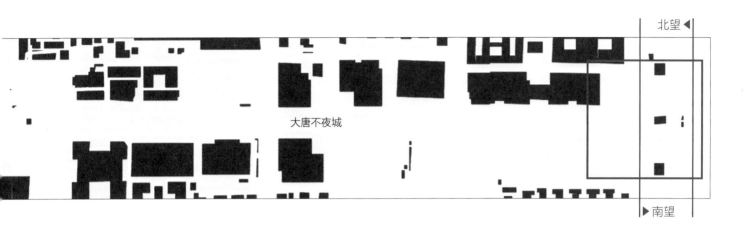

北望 ◄

大唐不夜城

▶ 南望

大唐不夜城南望

捌 要素——场景观察

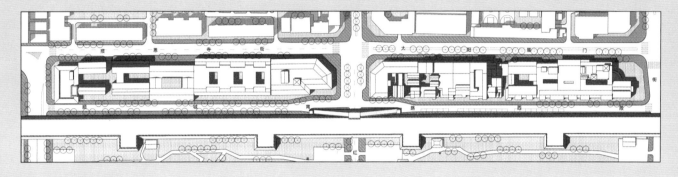

街道，是城市最基本的公共产品，是城市居民关系最为密切的公共活动场所，也是城市历史、文化重要的空间载体。城市道路、附属设施和沿线建筑等诸多元素，共同构成了完整的街道空间。活动的行人、运动的车辆、流动的空间共同构成了各具特色的街道生活。

——《上海市街道设计导则》

"寻常街道上的平凡日子里，游人在人行道上徜徉；孩子们在门前嬉戏；石凳上和台阶上有人小憩；迎面相遇的路人在打招呼；邮递员在匆匆地递送邮件；两位技师在修理汽车；三五成群的人在聊天。"

——[丹麦] 扬·盖尔《交往与空间》

8.1 活动：
街道生活要素

作为一个不断进化的有机体，城市在特定的自然环境基底上萌发，经过持续的空间营建，不同历史时期的文化基因累积或废退，城市空间呈现多样拼贴的异质形态。当代社会价值回归对日常生活的真实关切，城市的发展目标是营造幸福生活的场所环境，关照持续生长的在地文化。生活作为建成遗产的基本内容成为历史城市保护的前提，不应招致屏蔽与驱逐。明城区内的生活样态和空间类型丰富，包括蕴含地域风土特征的传统居住型街区，涵盖消费、娱乐、鉴赏、信仰等多种内容的公共设施以及提供各类休闲活动场所的街道、绿地和广场。

憩

313

游

314

317

319

买

320

321

"外部空间设计要尽可能赋予该空间以明确的用途，根据这一前提来确定空间的大小、铺装的质感、墙壁的造型、地面的高差等，这成为很好的着手途径。"

——[日] 芦原义信《外部空间设计》

8.2 界面：街道空间要素

从空间构成上来看，街道界面由侧界面、顶界面、底界面、对景面构成。其中侧界面为垂直界面，顶界面、底界面为水平界面。界面作为空间媒介，促成了街道空间的产生与存在。在街道中，每个界面又包括很多空间要素，这些零散的空间要素，如垂直方向的建筑立面构成、立面肌理、门窗样式、沿街橱窗、门头牌匾、栏杆装饰等，水平方向的地面铺装、各类井盖等，通过丰富的形式与类型，多样的构成与组合，缤纷的色彩与造型，增加了街道空间的层次性，共同形成街道整体空间环境。

326

窗

330

户

331

装

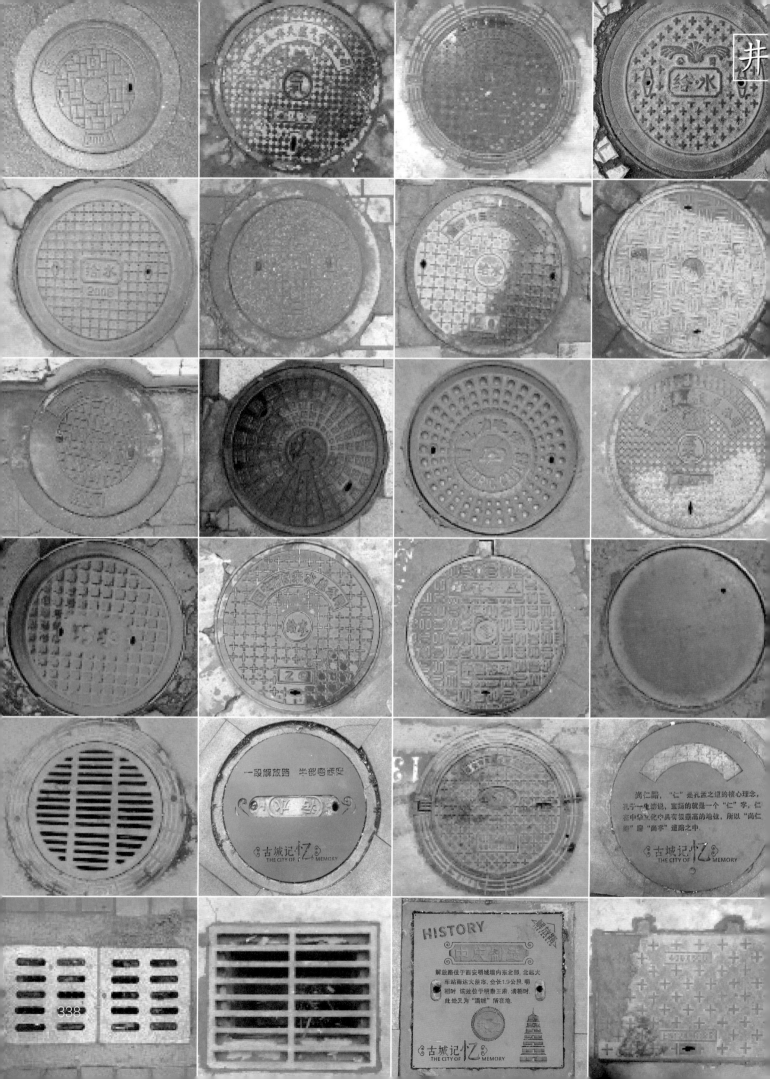

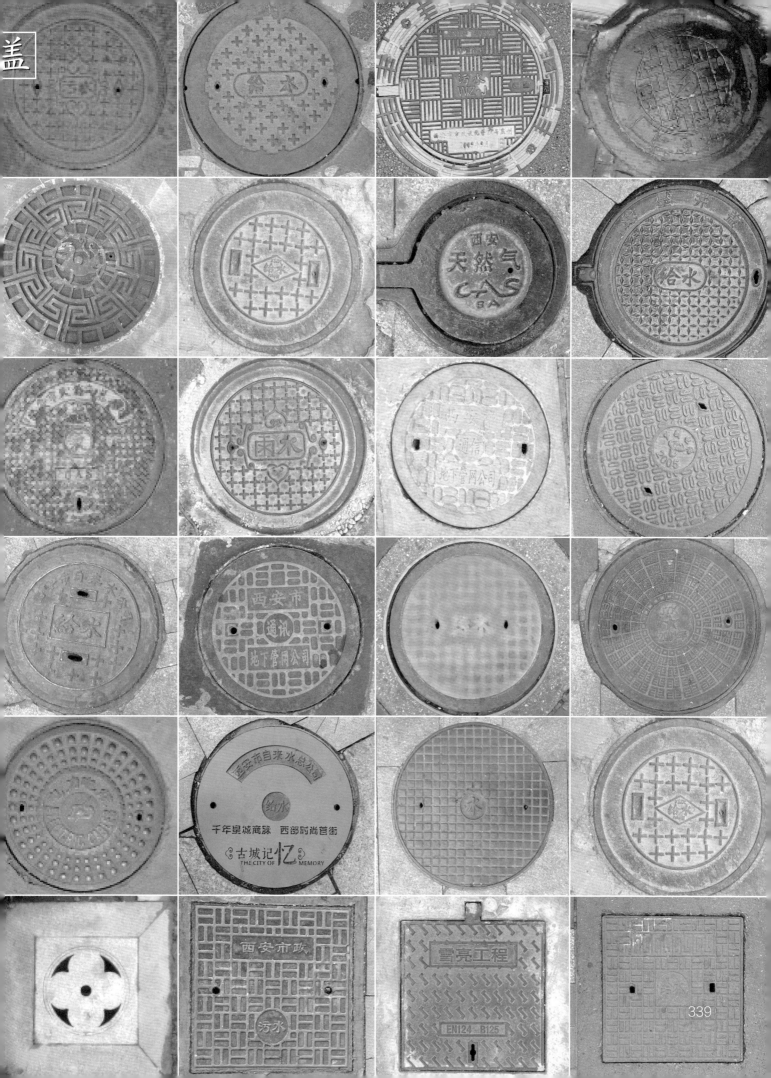

盖

339

地

340

341

"我们发现'繁忙'的开放空间得到了有效使用，它们有密集的设施、引人注目的核心元素和明确的边界，其中的步行通道得以充分使用。"

——［美］克莱尔·库珀·马库斯《人性场所》

8.3 设施：街道环境要素

　　街道设施是城市街道景观中的重要内容，根据不同的使用类别，可以分为交通指示类，如站台、警亭、人行道护栏等；信息情报类，如广告牌、宣传栏、导视牌等；商业售卖类，如售卖亭；休息游乐类，如座椅、儿童游具等；景观观赏类，如花坛、雕塑等；环卫服务类，如垃圾桶、果皮箱等。这些设施不但应满足人们使用的功能需求，还应具有一定美学价值。明城区街道设施是西安城市文明的载体，其设计创意反映了城市经济发展水平，对于提升街道空间品质和文化品位，具有重要意义。

塑

351

亭

城管 执法

永興坊·唐夜市
不夜嘹呼 | 灯光不绝 | 赏眼会友 | 盛唐夜市

环卫工人休息室

高压危险
禁止攀越

"从视觉上来说，绿化可带来休息和安静气氛，人类本来就和绿化有着共生的命运。从色彩学上来说，天空的颜色和树木的绿色都是镇静色，可使人心情平静得到休息。"

——[日]芦原义信《街道的美学》

8.4 绿化：
街道景观要素

　　街道绿化是指在街道的两旁及分隔带内种植树木和绿篱、布置花坛、林荫步道、街心花园以及建筑物前的绿化。作为软质景观要素，街道绿化通过不同高度、不同冠幅、不同色彩的乔木、灌木、花卉和地被植物搭配，形成了不同季节街道景观的多样变化，三季有花，四季有绿，对街道整体景观提升具有重要作用，对街道人群活动起到荫庇效果，给人们心情带来舒缓愉悦。此外，街道绿化还具有组织交通、卫生防护、调节小气候等作用，是城市的整体绿化管理水平的重要体现。

乔

矮

桂花

桃

358

瓦罐煨汤

无患

松柏

银杏树

紫叶李

359

梧桐树

繁缕

黄鹌菜

地

沿阶

木蓝

菖蒲

香菇

步梅藤

迷迭香

鸢

362

耳草

酢浆草

蓝猪

拉拉藤

沿阶草

马蹄金

玉簪

南天竹

蘋

山麦冬

八角金盘

八角金盘

紫叶酢浆草

木榄

地毯草

363

紫叶李

桃花

石榴

五彩石竹

月季

天竺葵

美人蕉

牵牛花

蔷薇

364

鸡冠花

紫花地丁

鸢尾

卉

桂花　　　　　　櫻花　　　　　　夾竹桃

鳳仙花　　　　　　郁金香　　　　　　牡丹

雛菊　　　　　　波斯菊　　　　　　三色堇

芍藥　　　　　　萬壽菊　　　　　　天藍繡球

365

参考文献

古籍

[1](春秋)左丘明著.张永祥译注.国语[M].上海:上海三联书店,2014.

[2](战国)左丘明著.(晋)杜预注.左传[M].上海:上海古籍出版社,2015.

[3](汉)刘向等.战国策[M].北京:中华书局,2006.

[4](汉)赵晔撰.(元)徐天祐音注.元本吴越春秋[M].北京:国家图书馆出版社,2020.

[5](汉)郑玄注.礼记[M].北京:中华书局,2015.

[6](汉)司马迁撰.(宋)裴骃集解.(唐)司马贞索隐.(唐)张守节正义.史记[M].北京:中华书局,1982.

[7](汉)班固.汉书[M].北京:中华书局,1962.

[8](汉)毛亨等.毛诗注疏[M].北京:商务印书馆,1912.

[9](西晋)皇甫谧.帝王世纪[M].辽宁:辽宁教育出版社,1997.

[10](唐)柳宗元.柳河东集[M].上海:上海古籍出版社,2008.

[11](唐)李吉甫.元和郡县志[M].北京:中华书局,1983.

[12](唐)李林甫.陈中夫点校.唐六典[M].北京:中华书局,2005.

[13](后晋)刘昫等.旧唐书[M].北京:中华书局,1975.

[14](宋)欧阳修等.新唐书[M].北京:中华书局,1975.

[15](宋)王溥.唐会要[M].上海:上海古籍出版社,1991.

[16](宋)宋敏求.(元)李好文撰.辛德勇,郎洁点校.长安志·长安志图[M].西安:三秦出版社,2013.

[17](宋)徐松.张穆校补,方严点校.唐两京城坊考[M].北京:中华书局,1985.

[18](宋)程大昌.杨恩成,康万武点校.雍录[M].西安:陕西师范大学出版社,1996.

[19](宋)孟元老.东京梦华录[M].北京:国家图书馆出版社,2018.

[20](元)骆天骧.黄永年点校.类编长安志[M].西安:三秦出版社,2006.

[21](元)李好文.长安志图[M].文渊阁四库全书.台北:商务印书馆,1983.

[22](元)宋史[M].北京:中华书局,1977.

[23](明)徐光启撰.朱维铮,李天纲主编.石声汉点校.农政全书[M].上海:上海古籍出版社,2020.

[24](明)张瀚撰.盛冬铃点校.松窗梦语[M].北京:中华书局,1997.

[25](明)宋濂,王袆等.元史[M].北京:中华书局,1976.

[26](明)王圻,王思义.三才图会[M].上海:上海古籍出版社,1988.

[27](明)何景明.雍大记[M].三十六卷(浙江汪启淑家藏本).

[28](明)马理等.董健桥等校.陕西通志[M].西安:三秦出版社,2006.

[29](明)李贤等奉敕修.大明一统志[M].明天顺五年(1461年)内府刊本.美国:哈佛大学图书馆.

[30](明)李应祥,俞安期纂修.雍胜略[M].北京:全国图书馆缩微文献复制中心,1992.

[31](清)董诰等.全唐文[M].北京:中华书局,2013.

[32](清)顾炎武.于杰点校.历代宅京记[M].北京:中华书局,1984.

[33](清)谭嗣同.仁学[M].北京:朝华出版社,2017.

[34](清)恽敬.大云山房文稿[M].北京:商务印书馆,1936.

[35](清)孙星衍等辑.周天游点校.汉官六种[M].北京:中华书局,1990.

[36](清)毕沅.张沛校点.关中胜迹图志[M].西安:三秦出版社,2004.

[37](清)舒其绅等修.严长明等纂.何炳武总校点.西安府志:乾隆四十四年[M].西安:三秦出版社,2011.

[38](清)张廷玉等.明史[M].北京:北京中华书局,1974.

[39](清)卢坤.秦疆治略[M].清道光间刻本影印.

[40]民国档案:《陕西省人口统计报告表(1936年度)》,陕西省档案馆存.

[41]民国档案:《陕西省建设厅"西安市政府关于本市钟楼四马路四周马路宽度讨论会议记录"》,1946年1月,陕西省档案馆存.

[42]民国档案:《陕西省六年计划纲要》,1946年5月,陕西省档案馆存.

[43]民国档案:《西安市分区及道路系统计划书》,1947年,陕西省档案馆存.

[44]西安市档案馆.民国开发西北.西安:内部资料,2003.

[45]西安市档案馆.民国西安城墙档案史料选辑[M].内部资料,2008.

[46](民国)《西京日报》《解放日报》《秦风日报》《公益报》,陕西省图书馆馆藏资料.

著作

[1]胡戟.西市宝典.上.隋唐长安与西市[M].西安:陕西师范大学出版社,2009.

[2]张京祥.西方城市规划思想史纲[M].南京:东南大学出版社,2005.

[3]刘淑虎.西安城市空间结构演进研究(1978~2002年)[M].北京:中国建筑工业出版社,2017.

[4]一石文化+设计及文化工作室.北京跑酷:18个区域路上观察[M].上海:生活·读书·新知三联书店,2009.

[5]董鉴泓.中国城市建设史[M].北京:中国建筑工业出版社,2008.

[6]沈玉麟.外国城市建设史[M].北京:中国建筑工业出版社,1989.

[7]柴尔德.远古文化史[M].周进楷,译.上海:上海文艺出版社,1990.

[8]贺从容.古都西安[M].北京:清华大学出版社,2012.

[9]李令福.古都西安城市布局及其地理基础[M].北京:人民出版社,2009.

[10]张岂之,史念海,郭琦.陕西通史:原始社会卷[M].西安:陕西师范大学出版社,1997.

[11]张岂之,史念海,郭琦.陕西通史:历史地理卷[M].西安:陕西师范大学出版,1998.

[12]黄高才.陕西文化概观[M].北京:北京大学出版社,2012.

[13]徐雪强,陆益凡.发现陕西:中华文明发祥地[M].西安:未来出版社,2014.

[14]贺业钜.中国古代城市规划史[M].北京:中国建筑工业出版社,1996.

[15]何清谷校注.三辅黄图校释[M].北京:中华书局,2005.

[16]郭琦,史念海,张岂之主编,斯维至著.陕西通史·西周卷[M].西安:陕西师范大学出版社,1997.

[17]傅熹年.傅熹年建筑史论文集[M].北京:文物出版社,1998.

[18]傅熹年.中国古代建筑史(第二版)[M].北京:中国建筑工业出版社,2009.

[19]史念海.西安历史地图集[M].西安:西安地图出版社,1996.

[20]黄留珠,张明,路中康.西安通史[M].西安:陕西人民出版社,2016.

[21]刘安琴.古都西安:长安地志[M].西安:西安出版社,2007.

[22]朱士光,吴宏岐.古都西安:西安的历史变迁与发展[M].西安:西安出版社,2003.

[23]肖爱玲等.古都西安:隋唐长安城[M].西安:西安出版社,2008.

[24]肖爱玲等.隋唐长安城遗址保护规划历史文本研究[M].北京:科学出版社,2014.

[25]张永禄.唐都长安[M].西安:三秦出版社,2010.

[26]张永禄.唐代长安词典[M].西安:陕西人民出版社,1990.

[27]张永禄.西安古城墙[M].西安:西安出版社,2007.

[28]杨鸿年.隋唐两京坊里谱[M].上海:上海古籍出版社,1999.

[29]李健超.增订唐两京城坊考(修订版)[M].西安:三秦出版社,2006.

[30]徐连达.唐朝文化史[M].上海:复旦大学出版社,2003.

[31]荣新江.唐研究[M].北京:北京大学出版社,2018.

[32]马正林.镐京—长安—西安[M].西安:陕西人民出版社,1983.

[33]刘庆柱,杜文玉.隋唐长安——隋唐时代丝绸之路起点[M].西安:三秦出版社,2015.

[34]马得志,马洪路.唐代长安宫廷史话[M].北京:新华出版社,1994.

[35]张永禄.明清西安词典[M].西安:陕西人民出版社,1999.

[36]秦晖,韩敏,邵宏谟.陕西通史·明清卷[M].西安:陕西师范大学出版社,1997.

[37]西安市地方志办公室.民国西安词典[M].西安:陕西人民出版社,2012.

[38]倪锡英.都市地理小丛书·西京[M].上海:上海中华书局,1936(陕西省档案馆存).

[39]张长工.西京胜迹[M].1932(陕西省档案馆存).

[40]杨虎城,邵力子修,宋伯鲁,吴廷锡续修.陕西通志稿:二百四十卷首一卷[M].1934(铅印本).

[41]张其钧,李玉林.陕西省人文地理志,资源委员会季刊第二卷一期—西北专号[M].1942(陕西省档案馆存).

[42]翁恽修,宋联奎.咸宁长安两县续志·二十二卷[M].民国年铅印本.

[43]史念海等.陕西通史·民国卷[M].西安:陕西人民出版社,1997.

[44]周生玉,张铭洽.长安史话·民国分册[M].西安:陕西旅游出版社,1991.

[45]何桑.百年易俗社[M].西安:太白文艺出版社,2010.

[46]武伯纶.西安历史述略.西安:陕西人民出版社,1979.

[47]西安文物管理委员会.西安文物与古迹[M].北京:文物出版社,1983.

[48]陕西师范大学地理系.西安市地理志[M].西安:陕西人民出版社,1988.

[49]《当代西安城市建设》编辑委员会.当代西安城市建设[M].西安:陕西人民出版社,1988.

[50]史红帅.近代西方人在西安的活动及其影响研究(1840–1949)[M].北京:科学出版社,2018.

[51]史红帅.近代西方人视野中的西安城乡景观研究[M].北京:科学出版社,2014.

[52]西安市地方志馆,西安市档案局.西安通览[M].西安:陕西人民出版社,1993.

[53]张岂之,史念海,郭琦.陕西通史·中华人民共和国卷[M].西安:陕西师范大学出版社,1997.

[54]西安市档案馆,民国开发西北西安档案资料丛编[M].西安市档案馆,2003.

[55]西安市统计局.西安五十年(1949–1999)[M].北京:中国统计出版社,1999.

[56]西安市地方志编纂委员会.西安市志·第一卷·总类[M].西安:西安出版社,1996.

[57]西安市地方志编纂委员会.西安市志·第二卷·城市基础设施[M].西安:西安出版社,2000.

[58]西安市地方志编纂委员会.西安市志·第三卷·经济卷上[M].西安:西安出版社,2003.

[59]西安市地方志编纂委员会.西安市志·第四卷·经济卷下[M].西安:西安出版社,2004.

[60]西安市地方志编纂委员会.西安市志·第六卷·科教文卫[M].西安:西安出版社,2002.

[61]西安市城建系统方志编纂委员会.西安市城建系统志[M].西安:陕内资图批2000(AX)040号.

[62]西安市档案局,西安市档案馆.筹建西京陪都档案史料选辑[M].西安:西北大学出版社,1994.

[63]吴良镛.人居环境科学导论[M].北京:中国建筑工业出版社,2001.

[64]胡武功.西安记忆[M].西安:陕西人民美术出版社,2002.

[65]赵力光.古都沧桑——陕西文物古迹旧影[M].西安:三秦出版社,2002.

[66]王军.城记[M].北京:出版地:生活·读书·新知三联书店,2003.

[67]陈景富.西北重镇西安——古都西安丛书[M].西安:西安出版社,2005.

[68]单霁翔.从"功能城市"走向"文化城市"[M].天津:天津大学出版社,2007.

[69]王军,于孝军,陆晓延等.城市记忆——西安30年[M].西安:西安出版社,2008.

[70]徐循初.城市道路与交通规划[M].北京:中国建筑工业出版社,2008.

[71]西安市地方志办公室.西安六十年图志(1949.5–2009.5)[M].西安:西安出版社,2009.

[72]西安环城建设委员会.西安环城建设资料汇编[Z].西安:西安环城建设委员会办公室,2010.

[73]秦建明.西安城墙·历史卷[M].西安:陕西科学技术出版社,2012.

[74]商子秦.西安城墙·保护卷[M].西安:陕西科学技术出版社,2012.

[75]姚立军,商子秦.西安城墙·建筑卷[M].西安:陕西科学技术出版社,2012.

[76]朱文杰.西安城墙·文化卷[M].西安:陕西科学技术出版社,2012.

[77]西安城墙景区管委会.城纪[M].西安:西安出版社,2016.

[78]美国国家城市交通官员协会.城市街道设计指南[M].南京:江苏科学技术出版社,2018.

[79]任云英.转型与重构:近代西安城市空间结构演变[M].北京:科学出版社,2019.

[80]余洋,陈跃中,董芦笛.街道是谁的[M].北京:中国建筑工业出版社,2020.

[81](英)克利夫·芒福汀.街道与广场[M].张永刚,陈卫东译.北京:中国建筑工业出版社,2004.

[82](美)简·雅各布斯.美国大城市的死与生[M].金衡山译.南京:译林出版社,2005.

[83](日)芦原义信.街道的美学[M].尹培桐译.天津:百花文艺出版社,2006.

[84](美)阿兰.B.雅各布斯.伟大的街道[M].王又佳,金秋野译.北京:中国建筑工业出版社,2009.

[85](丹)何乐模.我为景教碑在中国的历险:何乐模为景教碑前往西安府的考察及其结局的传奇[M].上海:上海科学技术文献出版社,2011.

[86](英)斯蒂芬·马歇尔.街道与形态[M].苑思楠译.北京:中国建筑工业出版社,2011.

[87](法)沙海昂.马可波罗行记[M].冯承钧译.北京:中华书局,2014.

[88](美)迈克尔·索斯沃斯,(美)伊兰·本·约瑟夫著.街道与城镇的形成[M].李凌虹译.南京:江苏科学技术出版社,2018..

学位论文

[1]孙顺顺.学术史视野下井田制研究的演进[D].山东大学,2020.

[2]范雄华.《三才图会》设计思想研究[D].上海大学,2018.

[3]郭世强.民国西安城市道路系统演变研究[D].陕西师范大学,2017.

[4]王浴潼.基于场所精神的西安老城区街道空间营造策略研究[D].长安大学,2013.

[5]管玥.西安老城区街道形态的类型化基础研究[D].西安建筑科技大学,2012.

[6]魏继生.秦汉时期道路交通发展述评[D].青海师范大学,2012.

[7]韦静雯.中国古代车的渊源探究[D].南京艺术学院,2012.

[8]潘巍.《周礼》中体现王权制约思想之制度及其后世演变[D].苏州大学,2011.

[9]孙莉.中国古代都城规划布局对我国当代城市规划的启示[D].天津大学,2010.

[10]马凯.城市街道的演变及新模式探讨[D].天津大学,2009.

[11]芦蕊.唐代长安两市研究[D].陕西师范大学,2009.

[12]侯晓燕.唐都长安城绿化[D].陕西师范大学,2009.

[13]马樱滨.从理念到实践:论元大都的城市规划与《周礼·考工记》之间的关联[D].复旦大学,2008.

[14]朱文龙.西安老城历史街区的保护与更新研究[D].西安建筑科技大学,2006.

[15]高茜.西安南大街空间历史演进研究[D].西安建筑科技大学,2006.

[16]朱永杰.五代至元时期西安城市地理的初步研究[D].陕西师范大学,2002.

[17]王军.中国古都建设与自然的变迁——长安、洛阳的兴衰[D].西安建筑科技大学,2001.

[18]张腾辉.从"帝都"到"天下"[D].上海:复旦大学,2012.

[19]安坤.西安地区"都城时代"城市设计历史经验研究[D].陕西:西安建筑科技大学,2012.

[20]田名川.当代中国城市秩序研究[D].天津:天津大学,2013.

[21]王美子.隋唐长安城格局、遗存及标识[D].西安:西安建筑科技大学,2007.

[22]李昕泽.里坊制度[D].西安:西安建筑科技大学,2010.

[23]张薇.隋唐长安城自然形胜及其保护研究[D].西安:西安建筑科技大学,2008.

[24]王力.中国地景文化视角下"长安六爻"起源、演变与现状研究[D].西安:西安建筑科技大学,2015.

[25]李瑞.唐宋都城空间形态研究[D].西安:陕西师范大学,2005.

[26]刘庆佳.唐宋都城规制转型探究[D].郑州:郑州大学,2011.

[27]苏莹.明清西安城市功能结构及其用地规模研究[D].西安建筑科技大学,2015.

[28]杨彦龙.西安城市地域结构探源及演化特征分析[D].西安建筑科技大学,2006.

[29]任云英.近代西安城市空间结构演变研究(1840-1949)[D].陕西师范大学,2005.

[30]郑炜.西安明城区城市肌理初探[D].西安建筑科技大学,2005.

[31]王永飞.抗日时期西北城市研究[D].西安:西北大学,2003.

[32]解立婕.西安城市住区街巷空间研究[D].西安:西安建筑科技大学,2003.

[33]吴冰.西安旧街巷名城研究[D].西安:西北大学,2008.

[34]席侃.西安西大街街道空间形态的形成与演进[D].西安:西安建筑科技大学,2008.

[35]唐登红.西安明城护城河及其环境的保护与利用[D].西安建筑科技大学,2003.

[36]傅野.西安明城区城市空间界面类型化基础研究[D].西安建筑科技大学,2014.

[37]郑炜.西安明城区城市肌理初探[D].西安建筑科技大学,2005.

[38]基于共享理念的完整街道设计研究[D].许炎.南京大学2014.

[39]兰鹏.西安明城区空间形态维度之街区尺度研究[D].西安建筑科技大学,2016.

[40]方异辰.西安明城区空间形态维度之街区可识别性研究[D].西安建筑科技大学,2016.

[41]杨骏.西安明城区空间形态维度之居住地块密度研究[D].西安建筑科技大学,2016.

[42]薛小刚.西安明城区空间形态维度之街区渗透性研究[D].西安建筑科技大学,2016.

[43]马睿.西安明城区空间形态维度之非居住地块密度研究[D].西安建筑科技大学,2016.

[44]塑造人本街道——城市街道设计导则构建方法研究[D].张永鹏.大连理工大学2017.

[45]李佳颖."完整街道"理念下的街道设计导控研究[D].东南大学,2018.

后记

本书是编者结合十余年的教学、基础研究与设计实践，吸纳国内最新考古发现及相关研究成果，历时两年多的反复讨论和集中工作编撰而成。李昊、徐诗伟、贾杨、张洁璐负责整体的框架搭建和内容安排，各章执笔人如下：第一章，李昊、徐诗伟；第二章，李昊、贾杨、徐诗伟；第三章，李昊、贾杨、徐诗伟；第四章，李昊、贾杨、徐诗伟；第五章，李昊、张洁璐、徐诗伟；第六章，李昊、罗军瑞、张若彤、赵逸白、刘振兴、马皓宸、席翰媛、肖麒郦、郝转；第七章，李昊、高健、杨琨、李滨洋、何琳娜、黄婧、王宇轩、高晗、郑智洋；第八章：李昊、罗军瑞、张若彤、赵逸白、刘振兴、马皓宸、席翰媛、肖麒郦、郝转。各章排版、校核、绘图、照片采集：徐诗伟、贾杨、张洁璐、高健、李滨洋、何琳娜、王宇轩、高晗、黄婧、杨琨、郑智洋、罗军瑞、张若彤、赵逸白、刘振兴、马皓宸、席翰媛、肖麒郦、郝转。木作建筑+城市设计工作室完成全书的排版。

本书参考了大量的古籍文献、图书著作、国内外相关研究成果、照片图像等，在注释和参考文献中尽可能予以标识，但部分文字和图片来源无法准确查明出处，在此一并感谢，涉及版权问题请与出版社及作者本人联系，以备修正。